博物馆·自然胜境

自然之镜

美国博物学家的自然保护历程

[美] 玛丽·安妮·安德烈 著
洪晓端 译

中国科学技术出版社
·北 京·

图书在版编目（CIP）数据

自然之镜：美国博物学家的自然保护历程 /（美）
玛丽·安妮·安德烈著；洪晓端译 . -- 北京：中国科
学技术出版社，2024.4
（博物馆·自然胜境）
ISBN 978-7-5236-0493-9

Ⅰ.①自… Ⅱ.①玛… ②洪… Ⅲ.①自然历史博物
馆—历史—研究—美国 Ⅳ.① G269.712.9

中国国家版本馆 CIP 数据核字（2024）第 045229 号

著作权合同登记号：01-2023-4259

NATURE'S MIRROR: How Taxidermists Shaped America's Natural History Museums and Saved Endangered Species

策划编辑	王轶杰
责任编辑	王轶杰
封面设计	中文天地
正文设计	中文天地
责任校对	吕传新
责任印制	李晓霖

出　　版	中国科学技术出版社
发　　行	中国科学技术出版社有限公司发行部
地　　址	北京市海淀区中关村南大街 16 号
邮　　编	100081
发行电话	010-62173865
传　　真	010-62173081
网　　址	http://www.cspbooks.com.cn

开　　本	710mm × 1000mm　1/16
字　　数	280 千字
印　　张	16.25
版　　次	2024 年 5 月第 1 版
印　　次	2024 年 5 月第 1 次印刷
印　　刷	北京瑞禾彩色印刷有限公司
书　　号	ISBN 978-7-5236-0493-9 / G · 1040
定　　价	88.00 元

目录

Contents

前　言

我们的博物馆能成为自然之镜，在完美再现自然方面享有盛名，我觉得这很大程度上要归功于沃德自然科学研究所。

——弗雷德里克·奥古斯塔·卢卡斯[1]

1936 年 5 月 19 日，2000 多人涌进美国自然博物馆的西奥多·罗斯福纪念厅，照相机的闪光灯不停地闪烁着。纽约各个报社的记者们也挤进馆内，忙不迭地记录着。这一天是博物馆特意挑选的日子，以此纪念卡尔·伊森·阿克利 72 岁生日。阿克利是一位具有传奇色彩的标本剥制师和自然保护主义者，25 年前，他首次提出建立非洲野生动物展览厅的想法。如今，为了纪念他，美国自然博物馆终于实现了他的梦想。美国自然博物馆董事会成员丹尼尔·埃利亚泽·波默罗伊，10 年前曾与阿克利一起赴比属刚果探险。也是在这次旅途中，阿克利不幸感染病毒逝世。纪念日当天，波默罗伊在门口剪下了白色丝带，人群随即涌入阿克利非洲哺乳动物展览厅。

厅内灯光很暗，传来微弱的鼓声，像是来自远方。一位记者写道："这里就像丛林中的黄昏。"[2] 8 头大象标本矗立在大厅中间，这是有史以来最大的厚皮动物展览。环绕房间的 14 个展柜内发出光芒，形成一幅"五彩缤纷的全景图，沼泽、山脉、丛林和沙漠、动物和它们的生存环境等映入眼帘，非同寻常，充满艺术美感，极其逼真和精确。"[3] 拉塞尔·欧文是《纽约时报》的探险调查记者，他曾跟踪报道阿蒙森和伯德的极地考察探险，并因此荣获普利策奖。阿克利宏大而精确的动物标本作品让他印象深刻。他单挑出了大猩猩群的标本作品，称之为"有史以来最引人注目的动物集会"。[4] 为悼念这位动物标本制作师，这 5 只大猩猩标本被摆在了卡里辛比火山模型上，那里是 1926 年 11 月阿克利突发高烧去世并埋葬的地方，而这田园诗般的画面也正是他毕生追求塑造完美逼真布景的最好见证。欧文写道:“(看着那样的场景)人们仿佛能听见不久前的嘀嗒雨声。”

50 年前，在博物馆展览或者公开展出中，标本作品能呈现出这种逼真程度，还只是人们的想象。那时，阿克利还是一个满怀抱负的 20 岁出头的小伙子，受雇于亨利·奥古斯塔·沃德，沃德是美国纽约罗切斯特的沃德自然科学研究所（以下简称“沃德研究所”）的所有者。据阿克利后来回忆，他一开始就想在沃德研究所工作，是因为“沃德教授是那个时代动物标本学界权威中的权威。”[5] 他的研究所培养出了威廉·坦普尔·霍纳迪和弗雷德里克·奥古斯塔·卢卡斯，后来分别成为美国国家博物馆自然展厅（现为美国国立自然博物馆）动物标本剥制和骨学领域的负责人，还培养了查尔斯·哈斯金斯·汤森——后来成为费城的自然科学学会动物标本剥制领域的负责人。1880 年，这三人和弗雷德里克·史密斯·韦伯斯特一起成立了美国标本剥制师协会，该协会的首任会长韦伯斯特后来成了沃德研究所标本商店的负责人。

阿克利成长于纽约克拉伦登小镇附近的一个农场，那里离罗切斯特不到 25 英里（**约 40 千米，编者注**）。1883 年秋天，在帮父亲完成收割工作后，19 岁的阿克利走了 3 英里（**约 4.8 千米，编者注**）到达火车站，搭车前往罗切斯特，但他也不清楚自己要去的地方具体在哪里。“我走遍了整个小镇，”阿克利回忆道:“走的时间越长，勇气也就越来越不足了。”终于，他找到了沃德研究所的大门，踏进了那道由抹香鲸下颚制成的拱门。阿克利后来写道:“当时我心中的敬畏之情就和那些走近了伦勃朗或凡·戴克工作室的学徒差不多。”在沃德教授屋门前踱来踱去了好几分钟后，他终于鼓足勇气按响门铃。他被请到了书房，见到了沃德教授。

沃德教授头发灰白稀疏，花白的胡子修得很齐整。他一边翻阅着早上收到的信件，一边吃着最后一点早餐。他抬眸，一双锐利的蓝眼睛透过金丝框眼镜仔细打量着阿克利。“你想做什么？”他厉声说道。至此，阿克利身上那股年轻人特有的自信彻底溃不成军。他说不出一句话，只是将自己的名片递给了沃德，名片上写着“卡尔·伊森·阿克利——精通制作各类动物标本艺术品”。依照惯例，沃德问了眼前这个后生几个尖锐的问题，阿克利严谨的作答令他满意，所以他当场就给他提供了工作。

于是，阿克利便进入了沃德研究所，成了最后一个加入 19 世纪 70 年代和 80 年代那批动物标本剥制师的成员，也是将来最具影响力的。这批动物标本剥制师一同在沃德研究所接受培训，作出了独特、重要的贡献。因为他们，标本剥制术得到了创新，颠覆了未来博物馆标本展览的世界，也彻底重塑了公众对于自然世界的理解。在未来，他们的工艺将推动美国大型动物园的建立，也将为现代野生动物保护运动奠定基础。不过，对于他们这一小群同事兼竞争对手来说，当务之急是将动物标本剥制的工艺彻底改造，从一门只能在街后窄巷古玩店里见到的粗糙手工活变成一门专业的技术性学科，让大众不仅能欣赏其艺术性，也能认可其科学性和准确性。

但这项事业任重而道远。阿克利记得在他的职业生涯之初，动物标本剥制这项工作“几乎没有什么科学性可言，也毫无艺术美感”[6]。为了着重说明这一点，他经常半开玩笑地说：他相信动物标本剥制术的诞生是因为“一些对动物的了解仅有一点点皮毛的老派隐秘的博物学家”，他们把动物皮拎到了街角的家具装饰店，“这里有张动物皮，”阿克利想象着博物学家们这样跟店主说：“给这张皮塞点东西，让它看起来像只活的动物。”[7]阿克利的表述虽然一贯夸张，但他想表达的观点其实很简单，那就是在 19 世纪，动物标本剥制师制作标本的平均水准和一个家具装饰商的水准相差无几，根本无法作出一个栩栩如生、科学精准的标本。因为那个时候大多数标本师只接受过很基础的培训，他们对于解剖学也知之甚少，更没有实地了解过他们要制成标本的动物。

但以弗雷德里克·奥古斯塔·卢卡斯所深入了解的情况来看，动物标本剥制术早期的发展其实并不像阿克利所说的那么轻松，也没有那么简短。当阿克利还在美国自然博物馆的非洲展厅工作时，卢卡斯已经是那个博物馆的馆长，阿克利开始在之前的动物标本店工作时，他已经在那里工作了大约 15 年。卢卡斯写道：“可能是在沃德店里工作的那段时间，阿克利得出了这样的结论，即动物标本剥制师的前身是家具装饰商（事实上也有人问过我说‘是谁装饰了那个标本？’）。”[8]在沃德研究所时，卢卡斯也跟随朱尔斯·弗朗西斯·德西雷·贝利、伊西多尔·普雷沃特尔等欧洲动物标本学家进行学习，掌握了传统的欧洲式剥制方法。他和阿克利一样，对这些老方法的局限性感到失望，所以他开创了新方法，不过他心中对标本剥制先辈的成就也依然保有敬意。

卢卡斯写道：“在博物馆工作的一些年轻人，在搭建那些壮观的栖息地动物群布景时，并没有意识到这些布景其实早在一个世纪甚至更久以前就有萌芽了，他们也没有正视早期的标本师在克服许多困难方面所付出的努力。假如现在这一代标本师也只能在靠壁炉来取暖、靠蜡烛来照明的房间里工作，他们又能作出多少成绩呢？”[9]

17世纪末，欧洲各地的科学家纷纷开始出海进行科学探索，这标志着系统的生物学研究新时代的开始。在这个过程中，他们收集大量动物标本来进行比较研究。但可惜的是，在早期，博物学家打开长途跋涉而来的板条箱和木桶时，往往只能找到饱经摧残的动物皮，皮上也早已没有鲜艳羽毛和丰厚毛绒。即使有一些动物皮能在运输过程中幸存，等到它们被填充好，送进博物馆的柜子里进行展示，也会很快就腐烂或被虫子啃噬殆尽。

为了延长研究用的兽皮的使用年限，博物学家试验过许多粗制的保存技术。比如早在1628年，英国收藏家詹姆斯·培迪弗就曾指示打算寄小鸟给他的人，先用亚麻或麻纤维与松脂或焦油混合在一起，塞进鸟的身体里再寄过来。还有些人会用白兰地作液体防腐剂；还有用盐、明矾或石灰来做干燥剂；用刺激性香料或气味浓烈的樟脑来驱虫。尽管这些防腐剂确实能有效防止动物遭虫害和腐烂，但往往也会对动物的皮肤、羽毛和毛绒本身造成严重损害，从而无法再用于科学研究。[10]

18世纪，法国博物学家勒内–安托万·费尔绍·德·列奥米尔，多年来反复尝试了许多不完善的保存方法，终于研发出了一套科学制备标本的新标准。列奥米尔研究了所有关于保存动物遗体和动物标本剥制术的文献，并得出了结论：虫害是阻碍鸟类学发展的主要原因，也可以说是阻碍自然史所有分支发展的主要原因，因为当时科学家需要通过研究博物馆的动物标本藏品来对动物进行描述和分类。1748年，在英国皇家学会出版的《哲学会刊》上，列奥米尔发表了一本简短的手册，介绍了他首推的标本保存方式。1755年，他充分展示了自己的技术成果，成功上架了一头小象的标本，这或许也是整个欧洲有史以来的第一个大象标本。[11]

几年后，埃蒂安–弗朗索瓦·杜尔哥在列奥米尔手册的基础上增添了更多细节，他也出版了一本小册子，详述了收集、保存和上架动物标本的正确方法，特别强调了运输鸟类时应该如何剥皮和包装。但无论是列奥米尔还是杜尔哥，他们都不知道应该怎么让最终被送进博物馆收藏的标本得到最好的保存。18世纪70年代初，法国药剂师兼博物学家让–巴蒂斯特·贝库尔给出了答案。他发现了含砷（砒霜）肥皂作为防腐剂，可以有效防住昆虫，特别是那些会啃食兽皮的甲虫对标本的伤害。由于这些甲虫糟蹋了无数博物馆的标本藏品，因此，他认为砷皂的使用将大大改善博物馆标本收藏的现状，因为“它不仅能保护动物干燥的遗体，也能用于保护毛发、羊毛和解剖品；总而言之，砷皂适用于任何可能会被昆虫吃掉的东西”。虽然那个时候也有一些博物学家提出了其他的保存方式，但最后贝库尔的含砷肥皂还是成了首选的毒物防腐剂。19 世纪初，在法国国家自然博物馆工作的法国籍动物标本剥制师路易斯·杜弗伦在《新博物词典》上发表了一篇关于动物标本剥制术的论文，令含砷肥皂进一步广为人知。[12]

大西洋彼岸的查尔斯·威尔逊·皮尔，可以说是美国第一位博物馆动物标本剥制师，他在美洲率先使用砷皂来保存鸟类和哺乳动物标本，并把这些标本展出于他 1784 年所建立的费城博物馆。他的标本不仅可以罕见地保存很久，他还将标本摆出了令人惊异的逼真姿势，所以越来越多的访众乐意来他的博物馆参观。但其中有些“鲁莽的访客”令皮尔头疼不已，因为他们不相信那些鸟死了，总要去摸它们，所以皮尔不得不把“请勿摸鸟，小心砷中毒！”的警示贴遍整个博物馆。为了彻底解决这个问题，皮尔开始用玻璃把这些精致的标本围起来。1802 年他率领着工人队伍——领头的工人肩扛着美洲野牛标本，把整个博物馆的标本都搬到了美国独立纪念馆（又称独立厅）的 2 楼，在那里所有的标本都能得到安全封装。[13]

皮尔在博物馆的长厅里建了一排排均匀分布的落地式架子，并按照“目和属”排列他的鸟类标本，“每个标本上都有编号，与目和属的编号一一对应，数字后还写了每只鸟的古名、法文名和英文名”。他还引入了一种创新的展览方式：

> 据说在欧洲，在鸟类或者其他动物的标本箱上画天空和风景的做法并不常见，可能只会放张白纸作为背景，让标本显得整洁干净些。但换个角度想想，画上风景画不仅能让访众赏心悦目，在某些情况下，还能给他们提供动物习性的相关信息，比如画出它们居住的巢、洞和穴，或者其他一些能说明它们来自何方的特定景观。皮尔的博物馆就做了一些这样的尝试。[14]

最为壮观的一些猛禽标本，如秃鹰标本（图 0.1），被放置于巢穴中展出，秃鹰的爪子里抓着刚杀死的猎物，大张着喙仿佛在抵御入侵者。弗雷德里克·奥古斯塔·卢卡斯后来曾称赞皮尔是一位“世界级天才”，因为他的展品

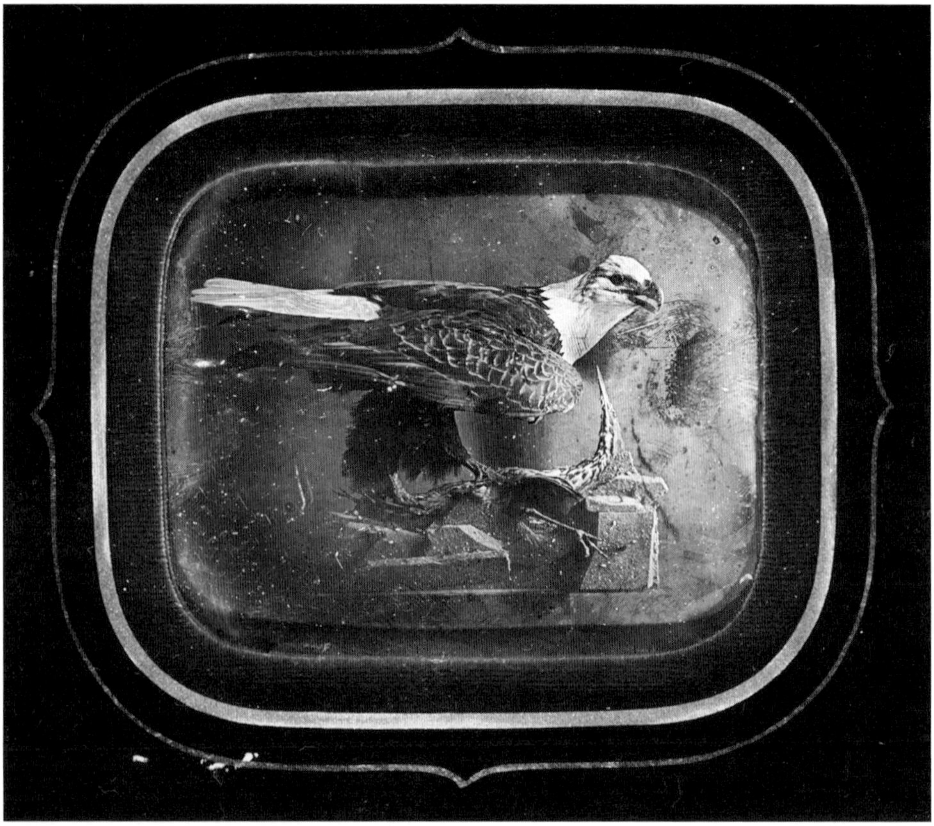

图 0.1　一张早期的银版摄影照片，拍摄的是查尔斯·威尔逊·皮尔放置在美国独立纪念馆的秃鹰标本组。皮尔展现了秃鹰正准备吃它爪子里的一只小鸣禽的瞬间。（由美国国会图书馆提供）

是如此超前。即使“他生活在 100 年后的时代，也一定是那个时代博物馆展览方面的引领者。”[15]

尽管来自英国的威廉·布洛克可能从来没参观过皮尔的博物馆，但他非常了解这个地方，还模仿了许多皮尔保存和展示藏品的方法。布洛克的伦敦博物馆里收藏了超过 1.5 万件的艺术作品、文物、动物标本和从世界各地收集来的奇珍异宝。大厅里的高穹顶天窗让展览区都沐浴在自然光下。天窗之下站着的是一组非洲动物标本，包括 1 头大象、1 头犀牛、1 头南非水牛、1 头斑马、1 头母狮和 2 只鸵鸟，它们都用磨成粉的砷、烧过的明矾、鞣制的树皮、樟脑和麝香进行了防腐处理。这些动物标本都被圈在了一个围场里，围场虽大也被挤得严严实实。[16]

1812 年，布洛克将博物馆搬到了一座更为宏伟的建筑中，并命名为埃及大厅，因为那里有精心打造的狮身人面像和加翼太阳盘，入口处还有伊西斯和奥西里斯的雕像。在馆内，他揭开了气势恢宏的“万神殿”的面纱——一个新的自然展厅，他引以为豪地指出，这个厅的“设计方案是全新的，建这个厅是为了展示所有已知的四足动物，让访众们能比以往任何时候都更充分地了解到这些动物常出没的地方和它们的生活习性，与此同时，标本的陈列布局方式依然经典，每件标本都会得到妥善保存，不会受到灰尘和空气的损害”。

访众们穿过一个玄武岩洞穴，洞穴的原型是苏格兰海岸边的苏格尔山洞，再穿过一间小屋来到“热带雨林”，那里有一棵橘子树，树上有“60种猴属的物种，包括猿、狒狒和猴子”。在另一边放着一些大石头，组成了“猫科动物群”的巢穴，在那里上演着一个著名场景：一只孟加拉虎正挣扎着要挣脱蟒蛇的致命缠绕，孟加拉虎的头朝向访客，嘴巴大张，舌头伸出，因为此时那条蛇对准了令它窒息的部位，用毒牙深深扎进了它的脖子。展室的中央摆放着一些非洲动物，包括博物馆新近获得的一只长颈鹿（“有史以来带到欧洲品相最好的，而且……保存得最完美”的长颈鹿标本）。[17]

展厅中所有参与展览的动物标本被放置在“它们的原生地——荒野与森林中，周围是各个气候下最稀有和最普遍的植被模型，无论颜色还是形状都力求精确，尽显真实现状。遥相呼应的陈设布局呈现出了全景的效果，搭建得恰如其分的景观完美重现了热带气候繁茂景象，二者共同成就了整体画面的构造”。当卢卡斯在1921年读到这篇描述时，他指出“这听起来已经很像最近对动物栖息地群落的描述。即使在今天，一个博物馆馆长也得足够勇敢，还得在有充分的资金支持的情况下，才敢去做这样一个大型的非洲哺乳动物的展览；然而这个展览却在一个世纪以前以私人身份完成了，展览中还有一只已知的最大型哺乳动物，而在数年之后，李文斯顿才探索到非洲深处”[18]。

尽管布洛克充满艺术性又鲜血淋漓的展品已经是标本史上的一大进步，还展现出了一种惊悚骇人的吸引力，但还是很快就被法国巴黎的家族企业梅森·韦罗的标本比了下去，它的标本极具科学性。1803年，雅克·菲利普·韦罗在孚日广场建立了梅森·韦罗，很快这家企业就成了全球各博物馆（尤其是法国国家自然博物馆）的首要自然标本供应商，它为科学搜集考察项目提供资助，向博物馆出售“数千种鸟类、鸟蛋和鸟巢标本，还有哺乳动物、贝壳、爬行动物、两栖动物和昆虫标本”。韦罗不但通过大规模收集和保存科学用的标本和博物馆展览用的标本，推动了科学发展，而且还成功搭建了一套商业模式，这套模式后来被其他博物学家参考借鉴，但在推动动物剥制术向前发展一大步方面，还是他的两个儿子做得最好。

1818 年，11 岁的朱尔斯·韦罗和他的叔叔一起前往好望角采集标本。他叔叔皮埃尔·安托万·德拉兰德是法国国家自然博物馆的博物探险家。探险的成功激励了朱尔斯，他于 1825 年再度返回非洲，继续他在鸟类学方面的科学研究。[19] 朱尔斯还曾在安德鲁·史密斯爵士手下工作，担任南非博物馆馆长。史密斯爵士在 1836 年接待了查尔斯·达尔文，当时达尔文是“贝格尔”号船上的博物学家。1838 年，朱尔斯的船在返回法国的途中搁浅在了比斯开湾。虽然朱尔斯游离了沉船安全上岸，但他收集的标本和做的野外记录都没了。朱尔斯并没有因此一蹶不振，1842 年，他前往澳大利亚，开始了长达 5 年的采集和考察，而这次他带着完好无损的标本和笔记回来了。

朱尔斯余生一直在法国国家博物馆工作，担任动物标本收藏家和剥制师，同时他也和他的兄弟爱德华一起经营着梅森·韦罗。只是在朱尔斯长期缺席期间，公司的事务全权交由爱德华负责了。爱德华也是一位出色的雕塑家和动物标本剥制师，他的杰作“被狮子攻击的阿拉伯信使”在 1867 年巴黎的世界博览会上一经亮相，便引发了一片轰动。作品呈现的是一个邮差和他的坐骑单峰驼被巴巴里狮子群追上的场景，邮差已经杀死了其中一只狮子，但他的步枪却掉了下来，只剩下一把匕首防身，而他正与第二只狮子僵持着展开殊死搏斗。尽管贝尔法斯特女王大学博物学系主任查尔斯·威维尔·汤姆森向王室上报说：梅森·韦罗只是展示了“几个塞了填充物的样本，根本配不上他们所获得的世界级声望，”但法国评委们并不以为然，依然授予了金奖。美国自然博物馆买下了“被狮子攻击的阿拉伯信使”以及另一只也是由梅森·韦罗制作的单独的雄狮，这两件作品是美国自然博物馆收藏的第一和第二件标本，它们展出于中央公园的阿森纳楼。

卢卡斯承认：“这组作品可能显得比较戏剧性和‘血腥’，但作为一件标本作品来说，它却是当时最具有雄心的一次尝试。此外，它还试图展示出标本的生命力和动作，努力吸引观众的注意力，激发他们对标本的兴趣，这是博物馆展品最重要的意义所在。如果你无法引起参观者的兴趣，就更别提向他们科普知识了。”韦罗兄弟为美国的展览活动确立了标准和风格，但卢卡斯指出，更重要的是，“梅森·韦罗让亨利·奥古斯塔·沃德教授产生了在美国也建立一个类似机构的设想”。[20]

1859年末，标本的保存已不再是一个问题，而动物剥制术也发展到新的高度，查尔斯·达尔文在他的惊世著作《物种起源》一书中发表了他搭乘“贝格尔”号在海上航行时记录下的成果。他提出了物竞天择的新理论，基于一个前提，即每个物种都是独一无二的，进化的核心是一个物种向另一个物种变异。像挪亚方舟的故事翻版一样，从每个物种里挑一个雄性和一个雌性标本，把它们收集到博物馆里这种方式已不再适应时代发展的潮流。物种分类学家需要更全面地了解各种类型的变异，才能评判某些动物个体是同属于某一物种，还是真的属于不同的物种。随着科学家对亚种有了进一步了解，他们逐渐意识到了地理因素在物种变异中的主导作用。为了准确区分物种和亚种，野外博物学家不仅需要采集多个标本，还得去到几个当地的种群中获取标本，才能评估出个体变异的范围。[21]

这种对物种形成的新认识让美国步入了开展广泛而深入的生物调查时代，大量标本涌进了收藏室。到19世纪80年代，美国的博物馆空间变得紧张起来。为了容纳新收集的大量皮肤样本、研究用的骨架和保存在液体中的器官，博物馆馆长们积极寻求能节省更多空间的方法来储存标本。最终的解决办法简单且激进。美国主要的自然博物馆开始将保存在密室里用于科学研究的标本与用于向大众科普的公开展览标本区分开来。博物馆展览的标本不再用于科学研究，而只是用来向公众科普知识，或用活体动物进行动态展示，为博物馆招揽参观者并筹集资金。[22]

与此同时，因为马戏团和新建起来的动物园将外来物种直接带到了美国大众面前，人们对于博物馆以往粗糙的标本剥制术有了更高的要求。博物馆参观者对于标本越来越挑剔，单纯用棉花、麻絮、稻草或木刨花塞满动物的身体，把没有关联的标本毫无逻辑地无休止摆成排的方式再也满足不了他们。他们知道这些标本的本质只是粗劣的仿制品，与它们对应的活体动物几乎没有相似之处，也无法让人了解那些动物。标本剥制术要在市场上占据一席之地，必须要有所创新。只有注重展现出标本构造的精确性，并突出其设计上的艺术美感，才能抢回对活体外来物种的动作和表情感到新奇的公众的注意力。但要作出如此水准的标本需要一支技术精湛、训练有素的工人团队，而博物馆往往是请不起像这样的工人队伍的，于是这种需求的存在反而促进了专门科学制造标本和支架的私人供应商的崛起。[23]

在所有这些供应商中，美国纽约罗切斯特的沃德研究所（图0.2）是规模最大，也最成功的一家。众所周知，沃德研究所为水牛比尔制作了野牛标本，为费尼尔司·泰勒·巴纳姆做了非洲大象金宝和其他马戏团动物的标本，这些标本令沃德研究所声名鹊起。沃德研究所的动物标本剥制师为在费城举办的美国独立百年博览会和1882年在密尔沃基举办的工业博览会都组装过大型展品。1893年，沃德研究所为芝加哥世界博览会带来了一场最大型的展览秀，由几十个工人花了好几个月的时间才做好所有展品，当展品在罗切斯特被装上火车时，仅自然标本就占了30节车厢。小马克·V.巴罗在对19世纪博物馆供应商的研究中指出，“比起其他任何机构，沃德研究所……提供的标本是推动美国的自然博物馆运动的最强助力”[24]。

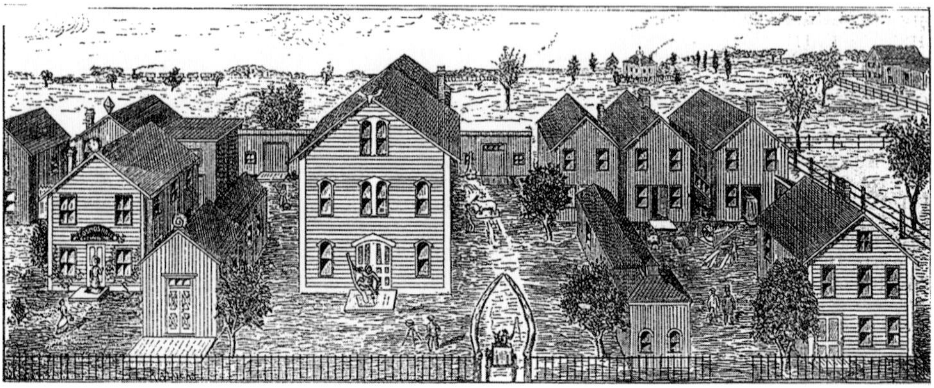

图0.2　弗雷德里克·奥古斯塔·卢卡斯于1883年为《沃德自然科学公报》绘制的沃德研究所。（由美国罗切斯特大学河畔校区图书馆的珍本特藏保存部提供）

但它制作的标本并不是它声誉的唯一来源。创始人亨利·奥古斯塔·沃德是美国19世纪典型的企业家，善于将科学知识、市场营销能力、毅力和雄心结合在一起，终身行事都与众不同，坚持挑战传统。1869年，尽管沃德的事业和他所有的藏品在一场大火中燃烧殆尽，他也迅速东山再起，甚至这一次，他下定了决心要把新业务做得比以前更大更强。他要比任何一家供应商都收集更多更稀有的标本，承接更大的合同，搭出更复杂、更昂贵的标本展品，用所有这些展示他的机构强大的实力。多年后，沃德最出色的门生之一威廉·坦普尔·霍纳迪评价：沃德“在启发、建设和丰富美国的自然博物馆事业方面所做的工作，比他那个时代或自他那个时代以来10个人的作用加起来都要多”。[25]

尽管沃德研究所几十年来一直是美洲大陆上绝佳的自然标本供应商（还持续为科学课堂提供教学用品），但其留下的最大遗产，是它在培养美国历史上最具影响力的动物标本剥制师、博物馆建设者和早期保护主义者上所发挥的作用。19 世纪 70 年代和 80 年代，在沃德研究所工作的人，后来几乎都成了美国所有一流自然博物馆的第一批首席标本剥制师，包括 1882 ~ 1920 年史密森尼学会的美国国家博物馆、1887 ~ 1895 年的密尔沃基公共博物馆、1893 ~ 1909 年芝加哥菲尔德博物馆，以及 1897 ~ 1939 年匹兹堡卡内基博物馆。1900 ~ 1948 年，先后有 3 位来自沃德研究所的学员管理着纽约的美国自然博物馆的动物标本部门，还有另一位在 1911 ~ 1929 年担任该馆馆长。其他还有几位来自沃德研究所的动物标本剥制师后来在密尔沃基公共博物馆、布朗克斯动物园、纽约水族馆、布鲁克林艺术与科学研究所和史密森尼国家动物园担任管理者。

用弗雷德里克·奥古斯塔·卢卡斯的话来说，这些人不仅仅是标本剥制师，还是“全能的”博物学家、经验丰富的实地动物标本收集家，能在工作中运用解剖学、骨学和分类学等多方面知识。他们在野外研究野生动物，记录目标样本的栖息地和行为，对标本作出精确测量，并准备解剖的对比数据。这些审慎的举措创新了动物标本剥制的方式，为科学家提供了数据，还引导大众愈加认识到人类无所顾忌的行为给大自然所带来的破坏。

19 世纪的博物学家对于自然界的了解和热爱主要来源于狩猎活动，其中许多人从不曾丧失对狩猎的热情。根据历史学家约翰·富兰克林·瑞格的说法，美国内战后，“工业化和城市化的快速发展”逐渐对自然界造成威胁，也是在这一时期，美国正式开始了野生动物保护运动。特别是把狩猎视作一项娱乐消遣运动的上层阶级，他们认为野生动物需要被从下层阶级的“锅”里和“市场”上拯救出来，让它们不用成为盘中餐，也不会被用作商业买卖，他们认为那些猎人只想追求个人利益，并不是真心欣赏狩猎这项运动的美学，也不遵守狩猎法或“身为狩猎运动员的道德准则”[26]。这些猎人君子们认为，“真正的狩猎运动员”与猎物之间是存在协议的，比如在繁殖季节限制狩猎，给猎物“一定的机会”逃跑，限制捕猎的数量以确保猎物物种得以留存，未来还能继续狩猎。[27]

当沃德研究所的团队探索自然世界、捕获和收集博物馆标本时，他们对于猎人在物种保护中起到的作用的理解也在不断更新，并最终超越了“狩猎运动员的道德准则”。他们将自己视为博物馆的人，而不是狩猎运动员，他们是为了发展科学而狩猎。他们去到野外实地工作，总能在第一时间了解濒危的动物物种及其减少的数量，这也让他们中的许多人觉得必须向公众科普过度狩猎给野生动物造成的伤害。

在《我们濒于绝迹的野生动物》中，霍纳迪呼吁道："我现在要请真正的狩猎运动员和那些不猎杀野生动物的人都清醒起来，尽到自己的义务，保护狩猎的动物和其他的野生动物，这样做一部分是为了我们自己，但最主要的是为了我们的后代……不然就太晚了。"霍纳迪认为"破坏环境的大军"中"混杂着各类人"，主要包括"区别于真正的狩猎运动员的寻常狩猎运动员、寻常的枪手、猎猪和猎其他动物的人"。[28] 他认为，"真正的狩猎运动员"应该是"一个保护游戏的人，会在打到足够猎物时就停止射击，而不是在达到他能达到的法定捕猎限额时才停下来，而且只要那个猎物的物种已经濒临灭绝，他就能自觉停下，不会去射杀它"[29]。

不可否认的是，从霍纳迪关于"猎杀到极致才停下来的枪手"的观点可以看出，他倾向于把破坏环境的责任都推到富有的白人男性之外的人身上。他谴责"夏洛克（威尼斯商人中的犹太人一角）精神让人们认为自己只要在'法律允许'的范围内，就可以尽情猎杀动物"。[30] 他谴责戴羽毛帽子的女人"虚荣又无情"。[31] 他还曾写道：意大利移民"源源不断地涌入美国"，那些"意大利劳工都是人形猫鼬，一旦给了他权力，他就会把所有有羽毛或者皮毛的野生动物都赶尽杀绝"[32]。他提出了一套道德准则，包含的一个附加条件是"印第安人也无权猎杀更多野生动物……与同地区的白人相比"[33]。《我们濒于绝迹的野生动物》中还有一整章都在介绍"南方黑人和贫穷白人对鸣禽的残害"[34]。

霍纳迪承认即使在一个世纪前，他这种控诉也是有煽动性的。他写道："每当某个特定种族的人群以犯某种特定类型的错误为特色时，只要有人对该种族的犯了这种错的人提出尖锐批评，就会马上被扣上有'种族偏见'的帽子。""我应该要坚决否认这样的指控……然而从动物园的角度来看，我确实对那些专门从事特别恶劣的屠宰鸟类和野生动物的人带有很强的偏见，无论他是哪个种族、什么宗教的，还是来自哪个团体、哪个州以及哪个国家的。而且我也不介意让别人知道我就是这么想的。"霍纳迪曾写下，"如今，保护野生动物是每个绅士该有的主张。"[35]

霍纳迪的观点突显了许多文化和教育机构根基的复杂性，这些机构的创始人往往认为他们的使命是建造一个堡垒以抵御移民、种族融合和性别平等所带来的负面影响。许多贵族资助者和博物馆管理者将自己视为野生动物的救星，即使大规模屠杀对野生动物造成威胁，但他们心中的假想敌依然不是猎人、羽毛收藏家或者商业捕鱼业者，他们反而会将下层阶级和低等种族当作敌人，要从他们的餐桌上把动物拯救下来。不可否认霍纳迪的许多论断都带有种族歧视，但他的言论也成功令城市的统治阶级蒙羞，拿出了部分财富用于野生动物保护工作。他曾写道："有许多人是如此自私，如此无知，如此卑鄙，甚至不愿意从装满钱的钱包里拿出 10 美元来拯救北美的鸟群，让它们免遭灭顶之灾。要是你遇上了这样的人，就不用在他身上浪费时间了。赶紧离开他，转向真正可以称为人的人寻求帮助吧。"[36]

霍纳迪认为是严峻的形势令他顾不上考虑自己的言辞是否得当。他在 1912 年写道："现在的情况和 30 年前不一样了。放任一个原本数量可观的珍贵野生动物群遭受破坏，不管对现在这一代还是后代都是一种犯罪。如果我们想当好一个公民，就不能推卸保护野生动物的责任。我们只是一个受托者，负责把野生动物托付给子孙后代，我们无权挥霍这笔遗产。如果我们在这件简单的事上失职，那肯定逃不了被后代耻笑的命运。"[37] 在霍纳迪看来，自然博物馆和动物园不仅肩负着收集、编目和描述每个物种的共同使命，他们还有一个迫在眉睫的责任，那就是去启蒙那些没有受过教育的普通大众，争取他们对于野生动物保护事业的支持。

尽管霍纳迪有一些明显的缺点，但这也无法抹杀掉他为早期野生动物保护运动所作出的重大贡献——他为国家博物馆收集并制作了美洲野牛标本，写了《美洲野牛的灭绝》（许多人认为这是第一本关于美国野生动物保护运动的书），他在国家动物园开启了第一个圈养繁殖计划，联合西奥多·罗斯福总统成立了美国野牛协会，负责监管黄石国家公园重新引入野牛。《我们濒于绝迹的野生动物》的出版标志着一个新的野生动物保护时代的到来。2010 年，美国历史学家道格拉斯·布林克利写道："正如厄普顿·辛克莱的《屠场》推动了肉类加工业的改革，《我们濒于绝迹的野生动物》也促进了对濒临灭绝的野生动物，如松鸡、美洲鹤和玫瑰篦鹭的保护。"[38]

在保护野生动物的路上，霍纳迪并不孤单。沃德研究所的标本剥制师是一个群体，而霍纳迪更像是其中保护野生动物的代表人物，而不是其中唯一付出努力的那个。弗雷德里克·奥古斯塔·卢卡斯是霍纳迪在沃德研究所的第一位老师，他收集了已经灭绝的大海雀的遗体，为美国国家博物馆制作了大海雀的复制品标本，他还写了《过去的动物》（这是第一本向公众科普动物灭绝知识的畅销书），他以大海雀为例，建议为鲸鱼、鸣禽等一系列濒危物种的保护立法。查尔斯·哈斯金斯·汤森在纽约水族馆开创了圈养北象海豹的先河，建议控制纽约市水道的污染，他和卢卡斯还是美国商务部和劳工部毛皮海狮顾问委员会的成员，努力为保护动物而发声。弗雷德里克·史密斯·韦伯斯特为美国卡内基博物馆在佛罗里达州收集褐鹈鹕和美洲红鹳，并促成了第一个美国国家野生动物保护区的建立，保护了它们的繁殖地。卡尔·伊森·阿克利在比属刚果（刚果民主共和国旧称）收集了山地大猩猩，并在美国自然博物馆开设了大猩猩的展览，他在刚果时还记录了大猩猩的行为数据，这些数据现在被认为是当代灵长类动物学的基础。他还通过游说成功建立了比属刚果的艾伯特国家公园，这是非洲大陆上第一个野生动物保护区，人们都认为它的建立拯救了非洲大陆的物种。

这些博物学家兼动物剥制师积极参与，不仅创造了具有教育意义的展品，而且做了实地考察、撰写畅销书籍和游说等工作，为美国自然博物馆、动物园和水族馆的早期保护运动起到了重要的引领作用，这一作用也一直持续到今天。他们来自沃德研究所，他们个人的研究考察工作和作为一个集体为全世界确立环保主义道德规范的所付出的努力，在加深公众对于动物世界的了解这一方面，超越了其他任何一个团体。对于历代的参观者来说，是这些人把博物馆展柜的玻璃变成了一扇了解自然的窗，也变成了一面自然之镜，让我们反思自身保护野生动物的责任。

第 1 章

业余博物学家聚集地

沃德自然科学研究所和动物栖息地群落的诞生

沃德自然科学研究所让努力实现自我的业余博物学家们齐聚一堂。博物馆少之又少，所以只要是有机会实现自我的地方，不管是哪里他们都很乐意去。他们从事与标本剥制术和骨学相关的工作——制作重要化石的石膏模型、鉴定矿物和贝壳，甚至还会帮忙做些必要的粗活。他们中许多人后来成了博物学家、探险家、大学教授、博物馆馆长和作家，所做的工作获得了大众的认可。

——查尔斯·哈斯金斯·汤森[1]

1873 年 11 月，19 岁的威廉·坦普尔·霍纳迪（图 1.1）从火车上走下来，踏上了美国纽约罗切斯特奥本站的月台。霍纳迪从一岁起就没有离开过艾奥瓦州，但现在他独自一人穿越整个美国来到罗切斯特。他离开了火车站，穿过了横跨杰纳西河的桥梁，沿着学院大道朝一排挨得很近的白色木板房走去。霍纳迪后来回忆道：沃德的研究所“几乎被罗切斯特大学的主楼挡住了”，附近不仅有高大茂盛的榆树和成片的枫树，四周还有防护栅栏，但阻挡不了好奇的学生们探究的目光。进入研究所的唯一方式是穿过一个巨大的哥特式拱门，这个门由鲸鱼的下颚制成。霍纳迪知道自己来对地方了——这里一定就是沃德自然科学研究所（简称“沃德研究所”）。[2]

就在几个月前，艾奥瓦农业学院（后改名为艾奥瓦州立大学）的教授查尔斯·艾德文·贝西为霍纳迪朗读了《美国自然主义者》上的一篇文章。文章的作者坚信，“每个科学工作者都应该去纽约罗切斯特的沃德教授那里看看，

图 1.1 威廉·坦普尔·霍纳迪，他于 1874 ~ 1881 年在沃德研究所学习。（由美国罗切斯特大学河滨校区图书馆珍本、特藏保存部提供）

看看他在那里像搭蜂巢一样建立起来的研究所。”霍纳迪被贝西教授朗读的文章震撼了。30 多年过去了，他依然记得这篇文章描述的沃德研究所，“这里汇集了大量动物学家、标本剥制师、骨学家和铸模师，还有千百种标本，人们都忙于各项能造就博物馆的活动”。文中对于标本剥制处的描述更是深深吸引了霍纳迪。“那里的楼上有一间房，房里有一片奇景。天花板垂吊着千百张动物皮，有猿的、猴的、狼的、熊的、鬣狗的、狮子的、老虎的、树懒的、食蚁兽的、犰狳的、水牛的、鹿的、麋鹿的、驼鹿的、长颈鹿的、牦牛的、野猪的、西貒的……”这份名单还能一直列下去。霍纳迪回忆道：文章盛赞了研究所里那群欧洲技术人员——他们在准备科学标本和博物馆展览方面技术娴熟，还描述了研究所的工作坊中大家都忙碌得热火朝天的景象，研究所搭建起了野外和博物馆之间的桥梁，源源不断地从野外输送标本到各大型博物馆，每件事都令他兴奋不已，但最叫他热血沸腾的还是那间“不可思议的‘皮室’”[3]。

贝西教授知道霍纳迪非常渴望向“仍在世的最好的老师”学习标本剥制术，因此他建议霍纳迪离开艾奥瓦州前往罗切斯特，去那里拜师学艺。当天晚上，这个年轻的学生就给沃德教授写了信，请求沃德教授给自己一个在研究所学习的机会。他在信中写道："我相当了解鸟类标本剥制方面的知识，去年还为学院的博物馆填充了很多标本。但是我对这门艺术的了解有限，而我希望能成为、也决心要成为一名顶级的标本剥制师。"他想问问沃德教授能否同意他进入研究所。沃德教授的答复来得很快，但含糊其词。霍纳迪后来回忆说："沃德教授在信中没有说同意，但也没有说不行。"霍纳迪又把他请贝西教授和艾奥瓦州立大学的校长阿多尼亚·韦尔奇写的推荐信寄给了沃德教授，这些推荐信令沃德教授印象深刻，这次他终于在回信中给霍纳迪提供了一份助理制备员的工作，让他 11 月来罗切斯特，这样的结果令霍纳迪高兴不已。[4]

此刻，霍纳迪穿过了那道鲸口拱门，走进了院子，映入眼帘的是一个出言不善的标语牌，上面写着：

> 这里不是博物馆！
> 而是一个工作机构，
> 这里每个人都很忙碌。

霍纳迪没有因此动摇最初的信念，他与所见到的第一个人提出：他要找沃德教授。[5]

沃德研究所

1834 年，亨利·奥古斯塔·沃德（图 1.2）出生于他家的农场，也就是在罗切斯特郊外一个名叫树丛农场的地方。他的祖父列维·阿尔弗雷德·沃德医生在那里创办了一个金融企业，生意一派兴旺，从一开始的贸易业务和邮寄服务，拓展到了保险、银行和房地产等行业。虽然列维·沃德早已放弃自己的医学专业，但他依然认为对自然科学新发现有所了解是很有必要的。所以当亨利开始采集石头时，他很是鼓励。在亨利 17 岁时，沃德医生把他送到了威廉姆斯学院学习地质学。但亨利很快发现比起坐在讲堂上听课，他更喜欢去野外探索。他很少去听课，反而会带着其他学生到附近的乡村和远在康涅狄格河谷、佛蒙特州和新罕布什尔州等地方进行采集活动。有一次他甚至独自前往纽约，在费尼尔司·泰勒·巴纳姆的美国自然博物馆里参观奇物展览。[6]

图 1.2 亨利·奥古斯塔·沃德，摄于 1862 年左右。（由美国罗切斯特大学河滨校区图书馆珍本、特藏保存部提供）

最终沃德还是没抵挡住去外面的世界看看的诱惑，于 1852 年离开了威廉姆斯学院，和他的朋友查尔斯·沃兹沃斯一起乘船到了法国巴黎。沃兹沃斯的父亲曾主动资助过在巴黎矿业学院上学的沃德。在矿业学院时，沃德还参加了植物园的晨间讲座，并受到了阿尔西德·道比尼的私人指导。此人是法国国家自然博物馆古生物教授。那时，道比尼正为他的基础课程准备一些开创性尝试，他认为古生物学家也需要接受动物学和植物学培训，而不能只学地质学。道比尼曾于 1826 ~ 1833 年游遍了整个南美洲，为法国国家自然博物馆收集了一万多件标本，他鼓励沃德拓宽自己的兴趣，去涉猎自然科学的各个分支。

沃德知道如果他要成为一名有所成就的“科学全才”，并为大学和博物馆建立一个标本供应所，他就必须像道比尼一样开启一场足够大型的探索之旅。他先是去了俄国莫斯科，在那里他看到了一头保存完好的西伯利亚猛犸象，接着他往回走，横跨欧洲来到了挪威和瑞典，然后去了英国伦敦，在那里他与地质学家罗德里克·英庇·麦奇生爵士会了面；他还去到了非洲的西海岸，一路上他一直都在采集标本。截至 1860 年的秋天，他已经将 170 大箱标本寄回罗切斯特，这些标本将用于罗切斯特大学华盛顿展馆举办的展览。他的孙子罗斯威尔后来描述了这一大批标本给他带来的震撼，这 4 万多件从箱子里拿出来的标本涵盖了“从微小的半宝石到巨大的玄武岩块；从一系列光之山钻石和其他著名钻石的玻璃模型到大量已灭绝的软体动物、爬行动物和哺乳动物的石膏模型”。[7]

正如沃德所愿，他大规模的收藏品让他立即获得了美国科学界的信任。他被任命为美国科学院院士，还获得了罗切斯特大学的博物学教授职位。沃德愉快地接受了这项教职，并马上着手设计了 3 个大型的教学用陈列柜，分别用于地质学、动物学和植物学这 3 个博物学的主要分支。但他觉得他还需要再出海一趟，为他所设想的新的大学博物馆收集制作好的外来物种标本。尽管大学校长马丁·布鲁尔·安德森并不支持他这一崇高目标，但一向勤奋的沃德还是通过公众捐资完成了他返回欧洲的旅程。

从法国巴黎的标本供应商那里，沃德“购买了大约 6000 美元脊椎动物的标本”，包括“鲸鱼、海豚、河马、大象、貘、野猪、斑马、长颈鹿、驴、骆驼、美洲驼、羚羊、驯鹿、大食蚁兽、树懒、犰狳……海豹、北极熊、狮子、鬣狗、狼、狐狸、吸血鬼（蝙蝠）、狐猴、吼猴、狒狒、猿、黑猩猩和大猩猩！”[8] 他还买了已灭绝的巨兽和翼龙的化石骨架的石膏模型，想将其放在博物馆中心。安德森校长被沃德收集到的壮观奇物所打动，他让步了，同意在大学主楼上层的 10 个独立而狭窄的房间里放入新柜子，同时，沃德称为“纪元展馆”和“宇宙展馆”的两座新楼也建造了起来。

沃德觉得一切都慢慢步入了正轨。他在给一位朋友的信中写道：“如果有合适的人到罗切斯特大学工作，来这里工作的每个人都能做好自己的分内事，罗切斯特大学就能成为美国教育科学的中心。”[9]

沃德研究所——标本剥制师的训练基地

后来，过了不到 10 年，沃德的梦想就差点破灭了。1869 年底，他的儿子查理开始对制作标本感兴趣。为了鼓励孩子继续下去，沃德带他去狩猎松鼠，夜幕降临的时候，还陪他去宇宙展馆把猎到的其中一只松鼠制成标本。沃德点了一盏蜡烛走进储藏室，在那里找一些麻纤维来填充松鼠。匆忙中他打翻了烛台，那些麻马上就烧了起来。沃德冲向查理，把他带到了外面。彼时宇宙展馆那栋木制建筑已经被大火吞没了，很快地，纪元展馆也起了火。消防部门出动了，为了救火他们把大学的蓄水池都抽干了，却还是为时已晚。纪元展馆和宇宙展馆都烧成了灰烬，沃德的大部分收藏也在大火中付之一炬。损失总计超过了 5.3 万美元，不久沃德还得知了学校并没有给收藏品续保。更糟的是，校长也拒绝出资重建这两个展馆。

于是，沃德决心独立于大学之外，自己来开创一番事业。他向祖父借了钱，在校园北部买了块地。[10] 到了 1870 年夏天的时候，沃德已经建好第一座楼房，全新的沃德研究所的第一栋楼。尽管 1869 年 9 月 24 日“黑色星期五”的金融危机还令他心有余悸，但他依然相信自己可以在动荡的国家经济局势中站稳脚跟，所以他在建好第一座楼之后又迅速建造了其他楼。可是，尽管研究所有稳定的订单需求，但距离破产也始终只有一步之遥。但沃德坚信研究所是能在市场上存活下来的，只要它能生产出比任何一家竞争对手都要更多更好的科学标本。为此，他决定聘请来自欧洲的员工，因为他觉得不管哪一家美国机构培养博物馆专业人员的水平，都无法与法国国家自然博物馆或梅森・韦罗（**1803 年建立的供应自然标本的法国家族企业，编者注**）相媲美。因此，沃德再次去往巴黎，并为研究所聘请了第一批制备员——小型哺乳动物骨学家路易斯・查尔斯・罗克和动物标本剥制师伊西多尔・普雷沃特尔。

不久之后，他开始雇用美国人来协助他们并一起训练。弗雷德里克・奥古斯塔・卢卡斯（图 1.3）就是研究所第一位美国籍标本制备员，1871 年 1 月他来到研究所的时候只有 19 岁。作为马萨诸塞州普利茅斯一位船长的儿子，年轻的卢卡斯有幸参加了两次远航，目的地分别是远东地区和南美洲。两次航行培养了他对博物学的兴趣。在第二次航行中，他担任了船上博物学家一职，负责采集和绘制标本草图、记录数据和标本剥制等工作。他的标本剥制术是向他叔叔学的。他叔叔是一位鸟类收藏家和业余的标本剥制师。卢卡斯试图以标本剥制为业，但这令他的父亲大失所望。奥古斯都・亨利・卢卡斯写信给沃德介绍他儿子时，把弗雷德里克一生的志向解释为——似乎是做“剥蛇皮”之类的工作，并询问剥下来的皮沃德是否“用得上？”对此，沃德的回复是“送他来！”[11]

因为卢卡斯学过解剖学方面的知识，对解剖学也感兴趣，沃德便把他分配到了骨学的工作室，并马上让他着手给一只猪安装骨架，这将成为路易斯・阿加西在哈佛大学比较动物学博物馆的家畜收藏品。但卢卡斯来到骨学工作室这件事却让罗克大为光火，他小心翼翼地守着自己的一亩三分地，不想让

图 1.3　弗雷德里克·奥古斯塔·卢卡斯，他于 1871 ~ 1881 年在沃德研究所接受培训。（由美国罗切斯特大学河滨校区图书馆珍本、特藏和保存部提供）

学徒在他背后探头探脑学走了他的制备方式。在罗克威胁要辞职后，沃德为了安抚他，给卢卡斯安排了相对低级的工作，其中包括制作甲壳类动物的标本、制作板条箱和打包装运"从大象标本到蜂鸟标本，还有石膏模型和骨架等各种物件"。[12]

然而，在卢卡斯到来的这一年，研究所的订单量也随之激增，这让沃德再也无法对卢卡斯搭建动物骨架的技术视而不见。卢卡斯在沃德研究所的朋友查尔斯·哈斯金斯·汤森后来回忆道："组装骨架这项工作对卢卡斯未来的发展尤为重要。他需要对在一个浸渍桶里的两三副骨架进行分类，而这是学习比较解剖学的最好方式。"[13] 卢卡斯回到了骨学工作室，而罗克也像他之前威胁的那般，愤恨地辞职回了法国。沃德马上就雇用了朱尔斯·弗朗西斯·德西雷·贝利来接任他的职位，朱尔斯是从梅森·韦罗培养出来的，比罗克的经验更丰富。他也是"来到美国的第一位能安装人体骨骼的制备员"。[14]

贝利与罗克的性格则截然相反。他很乐意也很热衷于教别人骨学方面的制备技术，还有一种奇特的幽默感——沉迷于把青蛙和其他小动物的标本摆出滑稽有趣的人类姿势。卢卡斯后来回忆道:“只要有人愿意花时间学习，贝利就会把他掌握的知识和技术倾囊相授，这种类型的制备员在当时是很少见的。”贝利成了研究所第一位真正的导师。卢卡斯在多年后写道:“在他的督导下培养出了许多心灵手巧的制备员，”他认为正因为贝利愿意与他的学生分享想法，并帮助他们拓展思路,“(美国)各大博物馆才能发展出高超的骨骼制备水准。”[15]

大约在同一时期，沃德还聘请了从德国汉堡来的荷兰籍骨学方面的制备人员约翰尼斯·马腾斯。用汤森的话来说，沃德研究所“自身成了一个小团体，一个多语种团体，工作人员来自美国、法国、德国、瑞士、意大利等国家，每个人都是各自领域的制备专家，这些领域包括了标本学、骨学和石膏制作等”。天下英才齐聚于此，激发了许多青年博物学家的遐想，他们像汤森一样在这里“努力实现自我”。1871 年的卢卡斯是这样的，两年后的威廉·坦普尔·霍纳迪也是这样的。[16]

1873 年 4 月，当沃德收到霍纳迪从艾奥瓦州寄来的信件时，他正在思索该怎么给工人发工钱的问题，他已经拖欠工人的工资，所以就更别提再聘请一位有才干的制备员了。他面临的最大财务难题是让研究所各机构结清前一年赊购橱柜欠下的债务，这个问题因为 1873 年世界经济危机的到来而变得更糟，从那时起美国经济陷入了长达 5 年的深度萧条。不经意间，沃德恰好选在了这个时期，在经济极其不稳定的流沙之地上建起了自己的新事业。但他成功把研究所的生意做大了，因为他在承接了规模更加可观的项目的同时，还要求他的制备员们工作很长的时间，即使那时他们的薪水并不稳定。

沃德以每周六美元的微薄工资雇用了霍纳迪，让他干研究所里最琐碎的工作——“摞空箱子，刮化石模型，挖下水道，还有，在沃德教授崭新气派的房屋地窖里主管抽水工作，那里有很多积水。”[17] 那时身份低微的霍纳迪仰望着沃德，大眼睛里闪烁着钦佩之情。他后来形容那些年的沃德有“一股紧张的精力，仿佛来自发电机般茂盛充沛，有拿破仑般雄伟的创想和眼界，又像章鱼触手一样多管齐下，收集各种标本，还有如切斯特菲尔德沙发一般沉稳优雅的姿态”。做了 3 个月的基础工作，霍纳迪提醒沃德说他来这里是学习标本剥制术，于是沃德让他第二天早上去标本剥制大楼的“一楼前台”报到。霍纳迪回忆说:“那真是个激动人心的时刻!弗雷德里克·奥古斯塔·卢卡斯，也就是研究所那位年轻的科研领班把我带到了‘皮室’，里边满是樟脑和火碱的气味，他带我看了大量来自世界各地的哺乳动物皮，这些皮都是可以制成标本的。”

卢卡斯让霍纳迪选一张皮来做标本，但霍纳迪不知道选什么，所以卢卡斯给他选择了“一张普通的海豹皮”。[18]

尽管霍纳迪来到沃德研究所时还很年轻，但那时的他在自然史和动物标本制作方面已经有着异常老到的经验。他为艾奥瓦州立博物馆制作的第一个标本是在他们校园里采集到的一只美国白鹈鹕。贝西教授把这张白鹈鹕皮交给霍纳迪的时候，还放了一套由约翰·詹姆斯·奥杜邦编著的《美国鸟类》在他面前，这套书一共有 5 卷。贝西教授要求他按奥杜邦书上所写的，用既有美感又生动的展现方式来制作标本，也就是要做到让这只大鸟标本姿态笔挺，昂首挺胸。因为早期接受过这样的培训，所以霍纳迪接受不了伊西多尔·普雷沃特尔和约翰尼斯·马腾斯相对原始的制作标本的方式。霍纳迪后来回忆说：“看着普雷沃特尔先生把猴子的腿做得像浑圆无比的木杆时，我心中很清楚世界上没有任何野生动物有那样的腿。”“而当我看到约翰尼斯·马腾斯把压实的燕麦秸秆紧紧填塞进羚羊和鹿的身体时，我也会偷偷不照他的方式来，因为我知道那种塞法并不恰当。”[19]

但就目前而言，霍纳迪还是很庆幸研究所能让他有机会接触到非常罕见的标本。他惊叹于“热带地区的丛林、狩猎的山脉和平原以及神秘的海洋深处似乎都在争着抢着把它们最为丰富的动物资源日复一日地输送到这里来”。他觉得沃德研究所“好像一个信号站，从这里辐射出的线路遍布世界每个角落”，每天都有一箱箱“来自伦敦爵禄街的东印度皮毛……来自纽约的活的巨型‘里尔琴’（里尔琴由龟壳制成，这里用里尔琴指代乌龟）……来自巴黎的粗糙不平的哺乳动物骨骼和来自拿骚的一批黑鬣蜥和粉红火烈鸟皮”被送到这里来。他在沃德研究所度过的第一个冬天，怀俄明州那边送来了一批美洲野牛皮，霍纳迪后来回忆说：“这批毛茸茸的皮子让我们忙了一整个星期。”[20]

霍纳迪在沃德研究所工作的一年中，看到了源源不断的来自异国他乡的动物样品，这激起了他去野生的栖息地看活体动物的欲望。据他所回忆的，“我听到了荒野的呼唤，”在他一番好说歹说之后，沃德同意培训他成为一名野外采集员。[21]

来到野外的霍纳迪

1874 年 10 月，霍纳迪乘船前往古巴哈瓦那。到达时当地正值叛乱，所以他很快就被带到了附近的松树岛。在岛上他采集到了一只古巴鳄鱼、一些树鼠和大型鸟类，还有一只一周前被当地渔民杀死的海牛的头骨，这个头骨后来被哈佛大学比较动物学博物馆买了下来。接下来，霍纳迪从松树岛出发前往美国基韦斯特，在那里他收集了热带鱼、珊瑚、贝壳和海绵以及大西洋绿海龟和红海龟。在美国比斯坎湾头附近的拱门溪，霍纳迪遇见了一个来自威斯康星州的年轻农民切斯特·埃利法莱特·杰克逊，这位农民同时也是个爱冒险的旅行者，他们在北美洲一起抓到了一条超过 14 英尺（**约 4.3 米，编者注**）长的美洲鳄，引起了轰动，霍纳迪因此在科学界声名鹊起。沃德研究所将保存下来的鳄鱼皮做成了标本，标本被美国国立自然博物馆以 250 美元的价格购得，随后在 1876 年费城的百年博览会上展出。[22]

沃德肯定很为他这位门生感到骄傲，霍纳迪似乎和他一样，不仅享受狩猎活动带来的刺激和危险，还喜欢参与科研活动，享受为科学做贡献所带来的兴奋感。沃德在 1875 年秋天迅速为霍纳迪和他的新伙伴切斯特·埃利法莱特·杰克逊组织了一场前往加勒比海的远征。在特立尼达岛附近的韦沃斯岛，霍纳迪收集了油鸱的皮、蛋和它们典型的鸟巢，油鸱是一种奇怪的夜行动物，与蝙蝠一样生活在洞穴中，通过回声定位来导航。[23]

霍纳迪回来后，沃德派他做一个小型展览去参加 1875 年的芝加哥博览会。与当时的其他博览会相比，芝加哥博览会的规模并不算大，但从芝加哥回家途中，霍纳迪却意外遇到了他人生的重大转折点。回家路上路过密歇根州时，他去拜访了战溪疗养院的一位主管本·奥滕。大约 10 年前，霍纳迪的母亲在那个疗养院度过了她生命的最后几天。奥滕邀请霍纳迪去参加一个晚宴，在那里，这位年轻的冒险家遇到了一位名叫约瑟芬·张伯伦的 21 岁高中教师。霍纳迪对她一见钟情。“她是位抢眼的金发女郎，仿佛是月亮女神的化身，她的英语发音纯正，听她说话是种令人愉悦的享受。”[24] 但约瑟芬对这个年轻人的印象并不好，霍纳迪的粗鲁令她震惊。他大肆吹嘘自己发现了美洲鳄鱼的事情，还宣扬说沃德已经选中他，所以他很快就要去奥里诺科河进行一场危险的探险活动。霍纳迪在战溪疗养院与约瑟芬分离之前，承诺会给她写信，提醒她说奥里诺科河当地人深信一句至理名言，“五人中只有两人能从奥里诺科河生还”。[25]

在 1876 年的前几个月里，霍纳迪和杰克逊来到了委内瑞拉内陆，并前往奥里诺科河寻找大型哺乳动物，情况不但没有人们所说的那么危险，他们还收获颇丰。俩人一起采集了一只鳄鱼、一只美洲狮、一只美洲豹、一些水豚和吼猴、一条电鳗和许多鸟类。霍纳德回到美国纽约后开始把这些动物做成标本，一部分满足哈佛大学博物馆的订单需求，一部分用于沃德研究所在费城百年博览会上的展览。

8 月，沃德提出让霍纳迪开启一段新的采集之旅，这次旅行的目的地是欧洲，非洲，亚洲的印度、锡兰和婆罗洲（今加里曼丹岛），为期两年。沃德不久前会见了纽约的慈善家路易斯・布鲁克斯，他曾于 1861 年捐赠 5000 美元，资助了沃德在罗切斯特大学建立他的自然陈列柜。沃德的成功令他印象深刻，他想再资助两所南方大学的教学收藏，这两所大学是他在弗吉尼亚州的亲戚的母校。布鲁克斯希望在弗吉尼亚大学建一座大型自然博物馆，在华盛顿与李大学建一个小一点的自然科学陈列柜。他选择了匿名捐赠，所以让沃德来当他的联络人。他还要求沃德亲自监督弗吉尼亚大学博物馆大楼（现为布鲁克斯大厅）的设计。充足的预算和相对的创作自由让沃德作出了迄今为止他能作出的最好收藏品，这些标本藏品由更多来自他国的和更多罕见的动物制成，这些动物也都是霍纳迪自己采集回来的。

在重返野外之前，霍纳迪向约瑟芬求婚了，并提议他们俩在费城见面，这样他们就能一起参观百年博览会。[26] 这次博览会是 19 世纪动物标本剥制术的转折点。的确，美国人民善于发明创造的才能在机械展馆里得到了更淋漓尽致的展现——那里展出了亚历山大・格拉汉姆・贝尔发明的电话，克里斯托弗・莱瑟姆・肖尔斯发明的雷明顿打字机，博览会上所展示的标本的质量见证的是一个新型美国行业的诞生。世界上出现了一种全新的有效的方式让科学家们可以通过这种方式来向公众传递他们在自然界中的发现。值得注意的是，这一变革的先驱并不是沃德研究所，而是一些不甚知名的博物学家和标本剥制师，如科罗拉多州的玛莎・麦克斯韦。

麦克斯韦在堪萨斯州和科罗拉多州展厅向公众展出了她制作的动物标本——那个地方的位置并不突出，所以她的展览也远没有史密森尼博物馆在政府大楼的展览或沃德在罗切斯特大学主楼的教育部门的展览那么有名。但在那个展览上麦克斯韦的展位（图 1.4）却吸引了霍纳迪的注意，因为麦克斯韦的标本是他见过最好的作品。埃利奥特・考斯是一位权威的美国鸟类学家，他曾这样评价麦克斯韦的展览，“它代表的是一种方式，这种方式既能做到向大众普及自然史，又能引起公众对这个学科的兴趣。而要实现这一理想目标，需要

图 1.4　1876 年费城百年博览会上玛莎·麦克斯韦的展位。（来自作者的收藏）

用艺术的方式来制作标本和陈列标本群组。”考斯还认为，麦克斯韦“对自然娴熟而忠诚的呈现”最终将“会被视作实现公共教育的手段”。鉴于麦克斯韦在整个博览会期间都一直在她的展品身边，而且大多数参观博览会的人都提及了他们与她的良好交流，可以推测霍纳迪可能也不仅看到了麦克斯韦的动物标本，还与她交谈过。当然，他原本也对她的制作标本的方式、富有艺术性的设计和仿生的场景感兴趣。[27]

霍纳迪也看过其他具有革命性的展览作品，包括美国国家博物馆的毛皮海狮群（海狗群）、瑞典的“垂死的麋鹿”和拉着雪橇的驯鹿，以及朱尔·皮埃尔·韦罗的“被狮子攻击的阿拉伯信使”（图 1.5）。其中韦罗的杰作尤为引人注目。它由纽约的美国自然博物馆展出，该博物馆于 1869 年购买了这个作品，它也是此类型展品中第一个出现在美国的展品。虽然它准确地描绘了非洲北部人民徒手与狮子搏斗的画面，但人们普遍认为这个标本作品太令人惊骇和戏剧化了，脱离了自然学家工作的严肃性，然而，这件展品是那样出色，所以美国自然博物馆不仅选择买下了它，还将其作为博物馆刚刚起步的收藏品中的亮点之作进行展示。同样，瑞典政府的展品也展现出了相当逼真的动物标本形象，但这些动物都只呈现出了与人类互动的一面——要不就是人类为了饱腹而

图 1.5　朱尔·皮埃尔·韦罗的展品“被狮子攻击的阿拉伯信使”（于美国卡内基自然博物馆拍摄）

狩猎大型动物，要不就是动物被人类驯化来帮忙干活。

相比之下，朱利叶斯·斯托尔策为美国国家博物馆展览所制作的海狗群，陈列的方式就显得静谧许多，16 只海狗懒洋洋地躺在人造岩石的底座上，虽静止却令人印象深刻。当然，当霍纳迪带约瑟芬去看他的美洲鳄和他为史密森尼博物馆展览所准备的其他标本时，他也会看到斯托尔策的这件展品。斯托尔策还有一件展品描绘的是一头公牛和他的母牛眷群及幼崽们，幼崽们“正在玩闹中打滚或正从它们母亲的乳房中‘吸奶’”。《森林与溪流》杂志认为此展品具有“栩栩如生的风格”，该评价让这件展品变得备受关注。该杂志还宣称这次展览是“标本剥制术的里程碑”，并称斯托尔策是“美国接受过最全面培训、最具科学素养的工匠”。不幸的是，这位才华横溢的标本剥制师在展览开幕前不久去世了，年仅 34 岁。[28]

虽然我们无法确切知道霍纳迪对这些展品的反应，但他在接下来两年为沃德研究所收集标本时所提出的想法，很显然受到了麦克斯韦和韦罗的影响。离开博览会后，霍纳迪直接前往纽约市，在那里他和沃德登上了开往英国伦敦德里港的“玻利维亚”号蒸汽船。霍纳迪参观了从爱尔兰到法国巴黎的每一座博物馆，但没有哪一座比大英博物馆更令他印象深刻，在他看来，大英博物馆“是现存同类博物馆中有最完整门类标本的博物馆，而且它也永远都会是最完整的那个，远超过其他所有博物馆……出现另一座博物馆能在规模和涉及门类的完整性这两方面与大英博物馆相提并论的情况，现在不会有，将来也不会有，即使爱自吹自擂的美国也不敢说有”[29]。

在接下来的两个月里，霍纳迪和沃德横跨欧洲来到非洲埃及。在红海时，沃德往北返回德国，而霍纳迪则继续向东前往印度。“好吧，霍纳迪，”沃德向自己的同伴告别时说：“不知道我们是否还会再见面。”他真心这么想，因为当时霍纳迪冒险前往的地方偏远又危机四伏，尤其是他最终的目的地婆罗洲。尽管如此，沃德对霍纳迪的期望还是很高的，他指示霍纳迪采集“大象、印度野牛和麋鹿、红毛猩猩、长臂猿和各种猴子的皮和骨架，如果可以获得，还要两三只老虎的和各个品种的鳄鱼的头和骨架”。霍纳德如今已经是一个探险老手，他的装备准备得很齐全，有指南针、枪支弹药、卷尺、剥皮刀和其他能在野外用于制备兽皮的工具——砒霜、标签和标本箱及一个装在木箱中的阿加西铜罐，里面装了酒精，用来保存标本。[30]

然而，在抵达印度次大陆后，霍纳迪的探险被当地官僚机制的拖延作风和印度密林带来的困难拖慢了进度。他花了几周的时间才获得在安纳马莱森林猎杀公象的许可，又花了 5 个月时间来追踪大象。更不妙的是，当霍纳迪好不容易猎到一头体形良好的公象，却费了九牛二虎之力也没能在茂密的丛林中清理出一块可以工作的区域。在霍纳迪准备剥皮前大象的尸体就腐烂了，只有骨架被他抢救了出来。终于在 1877 年 11 月，他向沃德报告说：他射杀到了另一头大象，但这头大象却存在一个问题。“很遗憾，我打到的大象是只母象，肩高我记得是 9 英尺 10 英寸（**约 3 米，编者注**），它倒在可以说是环境最险恶的丛林中。……要么就它，要么就一无所获，我实在是没办法了……请千万别让它是母象的事情见报，如果消息传回我这边，必将置我于水深火热之中。因为我获得的许可是捕猎长牙大象。”（一般母象并不长牙，原文这里用长牙大象指代公象。）在他关于这次旅行的回忆录《丛林中的两年》中，霍纳迪写道：他成功地猎取了一头“雄伟的长牙大象”，他还为这头大象并不存在的象牙编造了一个长度。为了圆好这个谎，霍纳迪发表了一副描绘雄性大象剥皮过程的画（图 1.6）。[31]

图 1.6　威廉·坦普尔·霍纳迪在他的书《丛林中的两年》中展现剥印度象皮的过程。请注意插图中加入了象牙来隐瞒标本的真实性别。（来自作者的收藏）

在写给哈佛大学比较动物学博物馆的亚历山大·阿加西兹的信中，沃德说他能提供“一头成年的印度大象”作为博物馆展品，只字不提它的性别，阿加西兹一口应允要买下它。在野外给这头母象剥皮抽骨时，霍纳迪发现了它腹中有“一个已经发育得相当好的胎儿，”并“留存了它的皮肤和头骨”。在写给沃德的信中，霍纳迪第一次表达了要从这头小象身上“拿好处”的可怕愿望：“头骨并不值钱，我很想把那张小象皮填塞好，放在图书馆做装饰品。我必须给自己射杀大象的事情留个战利品。”[32]

霍纳迪和贝利后来在 1880 年制作了“剑桥象”的标本。他们可能把霍纳迪早先在采集之旅中所射杀的公象头骨上的象牙装到了这头母象身上，把它变成了“一个有完整性征的‘公象’”。[33] 而沃德不仅为霍纳迪隐瞒了秘密，还允许他把那个胎儿留为己用。

韦伯斯特和汤森的到来

霍纳迪在印度狩猎大象时，沃德听说有一位来自美国特洛伊市的杰出鸟类标本剥制师——弗雷德里克·史密斯·韦伯斯特（图 1.7）。自 1867 年以来，他深耕于鸟类标本群的设计工作，并拍下鸟类标本的照片，拍摄采用了湿版摄影法，照片很有立体效果，他把这些照片打印出来提供给“学校和家庭使用”。1876 年，一位来自宾夕法尼亚州伊利县的商人和自然学家乔治·伯里特·森内特，正在为他前往格兰德河下游和墨西哥研究得克萨斯鸟类的旅程做准备。当时有人给他看了韦伯斯特的一些立体感照片，他便写信给韦伯斯特，劝他把自己考察途中采集到的鸟类制成标本。“他诱使我与他同行，”韦伯斯特回忆说：“他承担我的旅费，但不会给我开工资。”[34]

1877 年 1 月底，森内特前往特洛伊韦伯斯特的工作室找他，顺路去参观了在罗切斯特的沃德研究所。沃德当时正在非洲，是他的新合作伙伴埃德温·豪威尔迎接了森内特的到来。森内特在他的笔记中记录道：“我看到了他们有非常完备的工作车间，雇用了 18 个人，他们没什么鸟标本，也没有这方面需求。他们刚刚收到一批落基山羊……我看得有 100 只，还有 100 张左右其

图 1.7　弗雷德里克·史密斯·韦伯斯特（美国国会图书馆提供）

他动物的皮。”森内特离开了沃德研究所后直奔韦伯斯特处，他看到的韦伯斯特“不但是一个出色的动物标本剥制师，还是一个善于观察、细心认真的博物学家和科学家。”韦伯斯特和森内特第二天一起去了位于奥尔巴尼市的纽约州立博物馆，拜访了馆长詹姆斯·霍尔和昆虫学家约瑟夫·阿尔伯特·林特纳。告别韦伯斯特后，森内特继续他的纽约之旅，顺路去了美国自然博物馆，在那里他见到了博物馆负责人阿尔伯特·史密斯·比克摩尔和他的助手约瑟夫·巴西特·霍尔德，他们“很关照我，我对他们的工作和藏品所产生的浓厚兴趣，简直都无法用语言来形容”[35]。

在他们游历美国得克萨斯州和墨西哥北部的两个月里，韦伯斯特听森内特讲了一路美国自然博物馆的奇妙藏品，以及为该博物馆提供了大部分标本藏品的超凡自然科学研究所——沃德研究所。当两人于 1877 年 5 月返回伊利县时，韦伯斯特把他们考察过程中采集到的一些鸟类制成了标本，还对所有皮毛进行了编目。尽管森内特觉得沃德研究所似乎对鸟类方面的标本剥制术并不感兴趣，但他也开始琢磨难道沃德研究所真的会因为对方专攻的领域而放弃一个技巧如此高超的标本剥制师吗？于是，在森内特的鼓励下，韦伯斯特给沃德寄了一封信和 24 张立体照片，他称这些照片为他的鸟类“群组合集”。韦伯斯特后来回忆说：“让我非常惊讶、更让我自豪的是，3 天后，我收到了一封赞扬我的信，是敬爱的亨利·奥古斯塔·沃德老教授写的，在信的最后，他说‘你可以马上来我这！’”[36]

12 月，韦伯斯特来到了沃德研究所，因为不久前下了一场大暴雪，他在厚厚的积雪地里跋涉，终于，他穿过了沃德研究所的那道鲸口拱门。他走进研究所那栋大主楼，看到“沃德研究所的‘巫师们’正在这座拥挤的圣殿中忙碌着”。沃德带着韦伯斯特跋涉过 7 座工作室和实验室周围的厚雪地，一起走进了一座有两层楼的建筑，那是标本剥制的工作室（图 1.8）。“尽管有烧红的‘大肚子’煤炉，”房间里还是很冷，还有一股潮湿的稻草味。结霜的窗户将散射的光线照在一匹半完工的马标本身上，那是菲利普·亨利·谢里登上将的战马温彻斯特，马滕斯正处理着这个标本。[37]

他们继续走上楼到了另一个光线较好的房间，在那里，贝利正在架设几只鸟。房间后面堆着大约 200 张皮，来自“咬鹃、极乐鸟、虹雉、角雉和孔雀雉、青红花色的彩鹮，还有无数来自他国的较小鸟类”。沃德向他解释道：这些皮都被贝利丢弃了，因为它们都太难搭成标本了。韦伯斯特反驳说：如果这

图 1.8　沃德研究所的动物标本工作室，由弗雷德里克·奥古斯塔·卢卡斯为《沃德自然科学公报》绘制，绘于 1883 年。（由罗切斯特大学河滨校区图书馆珍本、特藏和保存部提供）

些皮做不成标本，不是因为皮的条件或质量不好，而是因为“制作者没有运用恰当的方法”。当他宣称自己可以拯救这些皮，把它们都制成标本时，沃德回他说：“那这就是你的工作了，尽快动手吧！”后来，阿加西兹为哈佛大学比较动物学博物馆买下了韦伯斯特从那堆皮中搭出来的标本。[38] 在沃德研究所任职期间，韦伯斯特制成的许多标本大多数都送到了哈佛大学的博物馆，但他也为阿默斯特学院做过标本，其中包括了大约 100 只由约翰·詹姆斯·奥杜邦采集的美国鸟类，这些鸟是他的女儿玛丽·奥杜邦卖给沃德的。几年后，沃德的另一位标本制备员回忆说：当韦伯斯特来到罗切斯特时，他本身已经具备极高的架设鸟类标本的艺术审美和手工技艺，他也精通鸟类的形态和习性，研究所里没有哪一位欧洲标本剥制师能再教给他哪怕一丝一毫的专业能力。韦伯斯特先生是一位彻头彻尾的美国标本剥制师，在鸟类剥制方面天赋异禀。[39]

尽管沃德不认为研究所是一所教育机构，但有个说法还是广泛流传开了，那就是沃德研究所是完全美式的标本剥制术的培养基地。这里聚集着全美国最好的标本制备者，他们在这里实践着一种全新的科学学科，要制出比整个欧洲的自然博物馆中的标本藏品都要好的标本。

1879 年，沃德雇用了另一位年轻有为的标本剥制师，他对沃德研究所早有耳闻。查尔斯·哈斯金斯·汤森从小在宾夕法尼亚州的比蒂村长大，该村坐落于匹兹堡市外 25 英里（**约 40 千米，编者注**）处。他读到的第一本关于鸟类的书是伊齐基尔·霍姆斯的《对农业有害的鸟类》，里面有 32 幅整版的奥杜邦鸟标本的木刻画，他称之为“一个令人惊喜的发现”，因为他家满屋子都是与神学文献相关的书。这本书成了汤森的野外实践指南。和霍纳迪一样，汤森也参加了在费城举行的百年博览会，在那里他第一次看到了数以千计的标本，但真正激发他去学习制作鸟类标本的是飞过他家乡上空，那群遮蔽了天空的迁徙的旅鸽群。他第一次尝试标本剥制的对象就是一对旅鸽，它们是他在他家附近“零落的橡树林”里用从邻居那里借来的单管前膛枪打到的。汤森在他 50 年后写的自传小记中回忆道：1876 年那年夏天是他最后一次看到这个日渐消亡的物种大面积飞过天空。3 年后，他写信给沃德，表明沃德在费城博览会上的标本展览给了他许多工作上的启发。老人以他特有的热情回了信，并邀请他到沃德研究所来当学徒，他将在那里师从世界顶尖的标本剥制师，学习到最好的标本剥制术。[40]

标本群组的创意及对职业化的渴望

1879 年，皮肤黝黑，身形精瘦的霍纳迪在纽约州罗切斯特的火车站下了车，只见他的导师微笑着迎上来，开口道：“嘿，霍纳迪。”霍纳迪也咧嘴一笑，两年前两人分别时曾感慨道“也不知道我们是否还会再见面”。[41] 此时他们的重逢给这句话画下了一个肯定的句号。在他们回研究所的途中，霍纳迪向沃德讲述了他在婆罗洲猎杀红毛猩猩的神奇故事。

在那段日子里，当地达雅人总划着他们长长的独木舟载霍纳迪去探查岸边榴梿树伸出来的枝干；而霍纳迪一看到枝丫间有黑影移动，就会端平猎枪射击。渐渐地，采集猩猩的工作变得越来越无情冷酷，却也很高效，甚至到最后射杀猩猩对霍纳迪来说变成了家常便饭，有一次，他曾在一天之内杀了 7 只猩猩。但之后有一天，达雅人给霍纳迪带来了一只与众不同的雄性老猩猩。他后来回忆说：“那只猩猩打过一场硬仗，满身都是伤痕。”

它的上唇被咬掉了一块，下唇也被咬穿了；两只手的中指在第二个指节处被咬断了，只剩下主干；右脚第三个脚趾被咬掉了；左脚第四个脚趾和两个大脚趾的末端也都被咬没了；还有一只手指因为被咬伤而变得相当僵硬和畸形，而且，最特别的是，我在解剖的时候发现它因遭受某种剧烈伤害而驼了背，可能是摔了一跤。种种迹象表明，他生前肯定是一个经常参赛的“职业拳击手”、一个一流的亡命之徒。[42]

霍纳迪向沃德解释说：他想象了一下这位“满身伤痕的英雄”所经历过的恶战，这让他开始想要做一些不一样的标本作品，不再是让红毛猩猩局限于模仿大型灵长类动物的寻常姿势，比如用一只手抓着光秃秃的笔直树枝站着，而是让一群红毛猩猩摆出戏剧化的姿势，他如是畅想着——让它们像在日常生活中一样，从一根繁茂的树枝荡到另一根，而中间还有两只打得不可开交的雄性猩猩。

霍纳迪给沃德递了一张拟由 5 只猩猩组成的标本群组的草图，他后来描述的时候给这张草图补充了详尽的细节：

两只身形巨大、面目狰狞的雄性猩猩悬在树梢激烈互搏。这是一个妙趣横生的猩猩家庭，显而易见地，父亲正遭受到另一只猩猩的袭击，对方是为了争夺母猩猩的青睐。而此时，母猩猩怀里抱着一个婴儿猩猩，正匆匆逃离原本的窝，往更高的枝干爬去，她抛下的那个用翠绿树枝搭成的窝正是这种巨猿所搭建的窝巢的典型代表。

从这组猩猩的中间往最上面看，小树的顶端还有一个窝，窝沿边是另一只有趣的小猩猩，显然有一岁了，它正睁大眼睛好奇地瞧着下面的决斗。为了展现出婆罗洲森林顶端局部环境的真实性，这个标本群组的环境配件也会被设计和布局得十分巧妙。这些配件将由树叶、兰花、胡椒藤、苔藓和大量草木组成，置于离地面大约 30 英尺（**约 9.1 米，编者注**）高的地方，这样就能够真实反映自然环境中树木的高度。[43]

沃德认真听完了霍纳迪的畅想，但一开始他并不太情愿同意这个想法。因为霍纳迪已经好几年没在工作室里帮忙了，而他这次探索之旅也花了相当大一笔钱。霍纳迪提议的这个标本群组的项目一方面要耗费大量时间来准备，另一方面他们也从未试过卖这么大型的标本群组给美国自然博物馆，那些博物馆连他们简单的单个标本定价都嫌太高，如果真按霍纳迪所提议的那样，制作整整 5 只猩猩标本，还要作出复杂的姿势，这个标本组群的价格必定会达到前所未有的高度。[44]

霍纳迪据理力争。他认为定价不会是个问题，因为那两只成年雄性猩猩在中间位置决斗的场景将会极具戏剧张力。虽然他承认这个设计“很容易让人联想到我们的对手——那些欧洲的标本剥制师，为确保标本作品足够吸睛而采取的方式，或者换句话说，不只是吸睛，甚至是达到了有点哗众取宠的目的”[45]。但他觉得这样做确实能吸引到某个博物馆来购买他们的标本作品，正如美国自然博物馆无法抵御“阿拉伯信使”这套作品极具戏剧性的动作设计一样。“经过好一番深思熟虑，”霍纳迪后来回忆说：“沃德教授终于决定尝试一下。”[46]但他有一个条件，那就是霍纳迪得答应在两个月的时间内完成这组标本，因为他希望这组标本群能在 8 月份准时参加由美国科学促进会（AAAS）在纽约萨拉托加泉市举办的会议。

熬过了多个漫漫长日与不眠之夜，霍纳迪终于按期完成了作品，他把这对互搏的雄猩猩标本通过火车运到了 300 多千米外的萨拉托加泉。在美国科学促进会的会议上，霍纳迪发表了一场名为“论婆罗洲红毛猩猩及其生活习性的说明”的演讲，介绍了他对红毛猩猩的实地考察。开始演讲前，为了形象阐述猩猩的天性与习性，他公布了他的标本群组作品，这组作品被他命名为“树顶上的斗争”（图 1.9）。参加会议的科学家们大吃一惊——但和霍纳迪想的并不一样，他们并没有被标本的戏剧性构图震撼，而是为霍纳迪展现出来的艺术审美和他在解剖细节上的精准把握而折服。

史密森尼学会的助理秘书乔治·布朗·古德当时也在观众席上。据他后来回忆，霍纳迪的标本群组“非常有活力，兼备良好的工艺和持久性”。古德认为霍纳迪的红毛猩猩群组要好过韦罗的“人物组”，他认为“阿拉伯信使”体现的是“虚假的理想状态”。事实上，霍纳迪给他留下了非常深刻的印象，因此他还给霍纳迪提供了一份美国国家博物馆首席动物标本剥制师的工作，自从朱利叶斯·斯托尔策去世后这个岗位就一直空缺着。然而霍纳迪当下并没有接受这份工作，因为他认为自己还得在沃德那里工作至少两年，才足以弥补他出国考察的那些年落下的工作。[47]

美国自然博物馆的策展人阿尔伯特·史密斯·比克摩尔也参加了这次会议，他也给霍纳迪提供了类似的岗位，但霍纳迪再次拒绝了。比克摩尔并没有因此放弃，他说服了受托人罗伯特·科尔盖特，让他代表中央公园新建的博物馆委托沃德研究所制作一组类似的红毛猩猩标本作品。霍纳迪后来争辩说：“树顶上的斗争”之所以“无法立刻售出”是因为沃德开出了 2000 美元的价格，但科尔盖特却为霍纳迪的新标本作品组开出了 1500 美元的价格。[48]其实更有可能的一种情况是，原先的作品卖不出去不是因为它定价高，而是比克摩

图 1.9　威廉·坦普尔·霍纳迪为美国科学促进会（AAAS）在纽约萨拉托加泉市的会议所制作的"树顶上的斗争"中两只打斗的雄性猩猩。照片出自 1881 年美国标本剥制师协会首份年度报告。

尔和其他潜在买家并不满意这组作品的戏剧性构图，虽然在霍纳迪的想象中，这会成为作品的卖点。比克摩尔是很欣赏霍纳迪的技巧，但美国自然博物馆已经有"阿拉伯信使"这一个迎合大众口味的骇人作品了。

据霍纳迪自己描述，这组他为美国自然博物馆制作的名为"在家中的红毛猩猩"的标本（图 1.10），和他上个红毛猩猩作品相比，"构图类似，但设计非常不同"。他解释道："这组作品展现的是猩猩在家的状态，也是发生在婆罗洲森林顶端一派绝妙祥和的景象，包括 5 只大小不同、年龄各异的红毛猩猩，1 只正在吃榴梿，1 只在窝里睡觉，还有 3 只在树枝间攀爬、栖坐和摆荡。"[49] 但让人哭笑不得的是，启发霍纳迪对猩猩激战场面想象的那只满身伤痕的老猩猩，在这次的作品中却变成了安静休憩的那个，霍纳迪后来若有所思地说：

图 1.10　威廉·坦普尔·霍纳迪为美国自然博物馆架设的“在家中的红毛猩猩”标本作品。（图片来源：美国自然博物馆图书馆，图片编号：#37605）

“唉！对他而言，他的战斗岁月已经逝去，他现在只能安坐在美国自然博物馆的树枝上，静静地吃着蜡制成的榴梿。”[50]

因为潜在的买家们都不愿意花那么多钱购买“树顶上的斗争”，沃德只好把这组作品减少到只剩两个主要的角色，价格也随之降到了 800 美元。1883 年 8 月，当时霍纳迪已经在为史密森尼学会工作，他说服了美国国家博物馆从沃德手中买下整组作品，直到那个时候，完整的作品组才得以复原，他还对这一作品进行了“局部重建”，重建后该作品被放在哺乳动物馆展出。同月，《华盛顿邮报》报道说：这组“以标本剥制师的艺术造诣所能达到的最高水准制成的”红毛猩猩群，不久后将被安装在博物馆大楼西南角的一个大玻璃柜里。[51] 在随后近一个世纪里，霍纳迪的两组红毛猩猩标本作品为东海岸大多数美国人提供了接触到这种亚洲巨猿真身的机会。

但霍纳迪的成功更直接的影响是，沃德研究所的标本制备员们（图 1.11）

图 1.11　沃德研究所的动物标本剥制部，摄于 1880 年左右，出自弗雷德里克·奥古斯塔·卢卡斯的《博物馆标本群组的故事》。美国标本剥制师协会的会员用星号标出。站着的人从左到右依次为弗雷德里克·史密斯·韦伯斯特 *，哈里·普雷斯顿，艾德蒙·盖瑞特，亚瑟·贝诺尼·贝克 *，罗伯特·克勒，弗雷德里克·奥古斯塔·卢卡斯 *，J. 威廉·克里奇利 *，弗雷德里克·斯塔伯纳 *，查尔斯·埃德蒙·米尔盖；坐着的人从左到右依次为纳尔逊·伍德 *，伊西多尔·普雷沃特尔，查尔斯·E. 德肯贝内 *，威廉·坦普尔·霍纳迪 *，约翰尼斯·马腾斯 *，朱尔斯·弗朗西斯·德西雷·贝利 *。（来自作者的收藏）

看到了希望，因为他们中许多人越来越不满美国和欧洲动物标本剥制行业的现状，他们将霍纳迪的名声视作一个给老式标本制备方法祛魅的机会，他们认为正是这种神秘性阻碍了动物标本剥制向最高水平发展。霍纳迪则认为，沃德在他不在的时候所召集的这批动物标本剥制师，尤其是弗雷德里克·史密斯·韦伯斯特，已经具备正式创造一种全新的美国式动物标本剥制流派的必要技能。韦伯斯特后来回忆说："我们的年龄差不多，事业发展意向也类似，所以从一开始就形成了牢固的友谊。霍纳迪看到了我正在做和已经做成的事情，我们可以说是英雄所见略同。"[52]

1880 年 3 月 12 日，沃德研究所的 7 位雇员，即 4 个美国人和 3 个欧洲人聚在一起讨论成立美国标本剥制师协会的相关事宜。不久之后，其中的 4 名美国人被推选出来担任协会的公职。韦伯斯特担任主席；托马斯·弗雷纳担任副主席；霍纳迪担任秘书；卢卡斯担任财务主管。尽管朱尔斯·弗朗西斯·德西雷·贝利和约翰尼斯·马腾斯在沃德研究所里奠定了动物标本剥制术的基础，但对该团体来说重要的是，这是一个要使美国的动物标本剥制师实现专业化，从而建立一种全新的、纯粹的美国式标本剥制风格的协会。该小组经由委员会起草并通过了一份章程，确定了该协会的使命是"促进美国各地对动物标本剥制术这门艺术感兴趣的人之间的交流，鼓励和促进这项艺术的发展，并提升其在美术领域中的地位，直至声名远扬，永垂不朽"。[53]

为了完成这一使命，创始人决定在该协会的年度会议期间举办一个展览竞赛。动物标本剥制师将为获得奖牌和证书而赛，竞赛的评委是 3 位动物学领域的专业人士，奖项也将由他们来颁发。为了宣告美国标本剥制师协会的成立，他们将 500 份协会章程和 300 份通知邮寄给了"美国每一位可获知姓名和地址的标本剥制师"。不论是业余或是专业标本剥制师，经由一名会员书面推荐、执行委员会提名和多数会员选举，便可入会。[54]

为了吸引人们入会，该协会还选定了许多著名的科学家和动物标本制作的赞助者作为该协会的荣誉会员。第一批荣誉会员是来自罗得岛州普罗维登斯的弗雷德·詹克斯和普林斯顿学院博物馆的策展人 W.E.D. 斯科特。这两人加入协会后都成了推动该协会发展的积极分子。后来，名单上又添了其他荣誉会员，其中包括亨利·奥古斯塔·沃德、哈佛大学比较动物学博物馆的乔尔·阿萨夫·艾伦，以及美国国家博物馆的斯宾塞·富勒顿·贝尔德、乔治·布朗·古德和埃利奥特·考斯医生。他们在接受提名时都表达了自己的"关心与鼓励"，因为他们明白美国标本剥制师协会所从事的事业的艰难性。[55]

荣誉会员中尤其是沃德倍感欣慰，因为他看到了他的雇员们正努力提高动物标本剥制术在美术领域中的地位，从而"为动物学科学带来了实实在在的好处，同时也为他们自己赢得了令人艳羡的艺术家声誉"。古德刚刚去过柏林国际渔业博览会，他把沃德研究所动物标本剥制师的成果与展览上德国人的成果进行了比较，[56] 发现前者"完全达到了他在柏林博物馆看到的最佳水平"。他对该协会会员标本剥制的能力印象深刻，他毫不怀疑该协会将"在促进研究和实验方面大有作为，而且通过该协会的手段，这类工作的手工技艺和艺术造诣将比过去任何时候都更接近于完美"。古德的话很快就被证明是充满预见性的。[57]

第2章

赋予填充的动物标本以生机

美国标本剥制师协会

提高美国动物标本剥制术的地位，使之与其他形式的美术平起平坐，这段故事迄今为止还未被写进历史章节。还在世的人中，知道美国标本剥制师协会背后的故事以及它所引发的革命的人大概不超过20个。

——威廉·坦普尔·霍纳迪[1]

1880年12月14日晚，350名美国标本剥制师协会的特邀嘉宾排成一列，依次走进了位于纽约州罗切斯特市一座灯火通明的展馆。整个星期以来，那里的人情绪高涨，因为该协会在当地商店橱窗中展出了动物标本，包括C.E.弗曼服装店的橱窗，里面精美的标本展览吸引了成群行人好奇驻足。展馆里，特邀嘉宾们走到楼梯尽头时，映入他们眼帘的是一对大型猫科动物标本——右边是“一只华丽的狮子，”它的头转了过来，狮口大张；左边是有史以来在美国展出的最大的老虎标本之一，鼻子到尾巴的长度将近10英尺（**约3米，编者注**）。这只老虎是由该协会的秘书威廉·坦普尔·霍纳迪在印度射杀的。

展馆内部宽30英尺（**约9米，编者注**），长超过了100英尺（**约30米，编者注**），但还是被“鸟类、野兽、爬行动物、鱼类、昆虫及一切能被标本剥制师保存下来的东西”挤满了。一面墙上挂满了装饰性标本，比如鹿和麋鹿的头、嵌着死去猎物的镶板、由羽毛做成的挡火屏，以及各个品种的猫头鹰。对面的墙上堆挂着精美繁复的鸟群展示柜，中间过道有一个垫高的台子，面朝着大厅后面，上面站着单个的哺乳动物标本，据《纽约论坛报》报道：上面有

“一头雄伟的美洲野牛、一只傲立于岩石上的华丽山羊、一只羚羊、一头母狮、一只黑熊、一只海狗及其幼崽，以及各种小型动物”。[2]

大多数标本姿势僵硬，就像博物馆参观者们往常在博物馆里看到的那些标本一样，但也有少数标本明显打破了常规。这样的展品包括了霍纳迪的一对大打出手的猩猩和美国标本剥制师协会主席弗雷德里克・史密斯・韦伯斯特制作的一组有 3 只美国火烈鸟的作品，它们的出现极大地振奋了人心。对于当晚在场的大多数人来说，虽然这并不是他们第一次看到这些动物的标本，但这肯定是他们第一次看到这些标本以栩栩如生的姿势出现，并被陈设于仿自然环境的布景里。

第一届年度展览

继前一天晚上私人展览的成功举办，美国标本剥制师协会于 1880 年 12 月 15 日向公众开放了该协会第一届年度展览（图 2.1），展览将持续一周。该协会原本只打算展览 4 天，但由于上次在罗切斯特和纽约市的展览都收获了良好的口碑和积极正面的媒体报道，这让展览的“特点和优点”广为人知，公众观展的热情也因此高涨。“至今还没看到一位观展者扫兴而归，参观的人数反而在稳步增加，”《纽约论坛报》报道说，“该协会的成功已毋庸置疑，它也必将作为一个全国性组织长期存在下去。”[3]

其实不难理解为什么公众会如此着迷。展馆的入口附近有一张小圆桌，桌上展出的作品是该协会财务主管弗雷德里克・奥古斯塔・卢卡斯架设的“被打断的晚餐”，描绘的是一只红尾鵟刚刚杀死了一只披肩榛鸡，但在它即将饱餐一顿时，“一只苍鹰伸着爪子向它扑来，抢走了它的猎物”。苍鹰仰面朝天，左翼护着猎物，血淋淋的喙和爪子高举，呈防御状。卢卡斯巧妙地将苍鹰固定在了一根黄铜支架上，连接处藏在了鹰的尾部，它看起来就像在半空中盘旋。霍纳迪称该展品是“桌子系列标本展品中我所见过的最引人注目的一组”。

展览上有许多更具艺术性的鸟群标本作品，涵盖的物种“从秃鹰到蜂鸟……搭配以自然景观及背景效果，展示出该鸟类常出没的地方和它们的栖息地”。霍纳迪自己设计了一个混合的动物物种组，名为“你妈妈知道你出来了吗？”（早先名为“吓彼此一跳”），陈设在热带地区的沿河岸边，标本内容是一只朱鹮遇到了一只刚从蛋中孵化出来的鳄鱼。[4]

最为奇怪的展品可能要数“畸怪组”了，展览目录上宣称这组动物标本将“为你提供无穷的乐趣，无论你是老是少”。时兴的新奇玩意儿摆满了整间房的地板——里面有“做游戏的”小猫、在决斗、喝酒、抽烟和钓鱼的青蛙、玩纸牌和打多米诺骨牌的松鼠。这里面大多数标本都出自朱尔斯・贝利奇异的想象力和乖僻的幽默感。他还有一个特别受人喜爱的名为“动物标本剥制师”的作品，这个作品以韦伯斯特为打趣对象，用了一只青蛙来代表他，而那只青蛙正坐在桌子上与一只蜂鸟相拥。[5]

图 2.1　在纽约州罗切斯特市举办的第一届美国标本剥制师协会年度展览，自展厅入口处望去——前景是韦伯斯特的火烈鸟群组。弗雷德里克・奥古斯塔・卢卡斯的“被打断的晚餐”在火烈鸟右边的桌子上。威廉・坦普尔・霍纳迪的猩猩组在火烈鸟组的左后方。该图发表于 1881 年美国标本剥制师协会的第一份年度报告中。

大厅的尽头的展品是此次展览无可争议的焦点——由霍纳迪架设的一对红毛猩猩和韦伯斯特的一组火烈鸟标本作品。霍纳迪的展品显然是两件展品中更具戏剧性、也更震撼人心的那组，虽然韦伯斯特认为它“过分真实了，孩子和敏感的人是不会喜欢的”，但他也承认，“和所有可怕的东西一样，它非常引人注目”[6]。显然，它也成功引起了评委们的注意，被评委组授予了银质奖章，这是给整个展览中最佳作品的最高奖项。

与互殴的猩猩形成鲜明对比的是韦伯斯特的鸟类作品，他将它命名为

“在家中的火烈鸟”，模仿了霍纳迪的第二组作品，即“在家中的红毛猩猩”。展览目录仔细描述了韦伯斯特的标本作品：

> 在热带小淡水湖边缘的浅水区附近，一只雌性火烈鸟用泥和草搭了一个高高的巢，以一只脚站立的姿势用身体盖着巢里的卵。这个巢是根据奥杜邦的描述和他提供的尺寸搭起来的。鸟巢左侧的岸边有一只气宇轩昂的雄性火烈鸟正踏入水中，而在右侧，另一只巨大的雄性火烈鸟正弯下腰，全神贯注地注视着一只位于水底的依稀可辨的小乌龟。周围的自然环境配景只有一棵矮胖的棕榈树和一些水生植物，刻意限制植物配景的数量，并省去许多赏心悦目的颜色细节，这是为了保持周围环境自然逼真的整体感觉。[7]

几个月前，当韦伯斯特告知沃德说他打算为该协会的首届展览架设一组火烈鸟标本时，沃德表示怀疑。好几年后，韦伯斯特回忆起他们那次谈话，“‘你要去哪弄到这些鸟？’‘为什么这么问，教授！你不是有好几只吗？’我提醒他说。‘呵呵！我给你提供是吗？那你得让我比现在更感兴趣一点才行。’”[8] 沃德对韦伯斯特作为一名动物标本剥制师的能力充满信心，因为他已经成功制作一组鸭嘴兽群，沃德觉得这群鸭嘴兽有“自命不凡”的姿态。但他对韦伯斯特作为博物学家的知识储备持保留态度，怀疑他是否能制作出经得起训练有素的鸟类学家审查的标本。在韦伯斯特的多番劝说下，沃德终于同意以 75 美元的价格把 3 张非洲火烈鸟皮卖给了他。比起美国品种，韦伯斯更欣赏非洲火烈鸟品种，因为“它们身上丰富的粉色与身体其他部分粉笔般的白色和长长脖子上淡淡的玫瑰色形成鲜明对比。”[9] 韦伯斯特计划打造一个精美的栖息地，希望“影响沃德教授通过开发栖息地鸟类群落标本的方式来增强博物馆展览教育功能”。[10]

为了回应沃德对他科学知识方面的疑虑，韦伯斯特仔细研读了约翰·詹姆斯·奥杜邦的《美国鸟类》中关于火烈鸟这一物种的描述，却发现了一个问题。奥杜邦对火烈鸟筑巢习性的简述是基于英国探险家威廉·丹皮尔提供的二手报告写就的，后者于 1699 年写道：雌火烈鸟用“单脚站在水中，身体撑在巢上”[11] 的方式覆于其巢。然而要按照这种方式来孵蛋，火烈鸟则必须跨坐在其筑巢之上，并将身体压靠在泥巢墙的边缘。正如韦伯斯特所回忆的那样，“常识告诉我，即使身体上再怎么使劲，也没有一只火烈鸟能在没有腿的支撑下压在胸骨上休息好几个小时的。”相反，他推断火烈鸟肯定是要走进巢里，把腿折在下面，从而放低身体。但沃德让韦伯斯特不要“在权威面前天马行空”，并坚持要求他按照奥杜邦的描述来搭建标本。最终，韦伯斯特让了步，他遵照指示让雌鸟跨过了巢（图 2.2），但坚持让它两只脚都触了地。后来，鸟类学家查尔斯·约翰逊·梅纳德的报告为韦伯斯特平了反，1884 年他观察到火烈鸟不会“跨坐”在它们的巢上，并就此作了报告。但直到 20 年后，鸟类学家弗兰克·M. 查普曼从巴哈马回来后，才真正拿出了照片证据，证明了美洲火烈鸟是双腿折叠在身体下面，坐在自己巢里的，他以正确的姿势把火烈鸟群做成了标本，放在美国自然博物馆的一个栖息地立体模型中，名为“安德罗斯岛的火烈鸟。”[12]

图 2.2　弗雷德里克·韦伯斯特的火烈鸟群组。发表于 1881 年美国标本剥制师协会的首份年度报告中。

美国标本剥制师协会的创始成员们都以火烈鸟群组为傲，他们相信这组作品绝对会赢得奖章。在该协会全体会议上，会员们选出了乔尔·阿萨夫·艾伦、约瑟夫·巴西特·霍尔德（美国自然博物馆馆长）和 W.E.D. 斯科特（已当选该协会主席）来评判参赛作品。两天后，3 位评委提交了密封好的评选结果，但他们评定的结果直到展览接近尾声时，评委们都离开了这座城市才公布。出乎所有人意料，评委们的选择与该协会标本剥制师们的一致意见背道而驰，他们没有认可火烈鸟群组作品，甚至连荣誉证书也没有授予。[13] 相反，他们将属于展览第二名的铜质奖章授予了韦伯斯特制作的另一件标本，即一只传统木鸭。毫无疑问，韦伯斯特很失望，但据他回忆，那只鸭子“确实是一件经典之作”[14]。而霍纳迪的评价就没那么宽容了，他说那件鸭子标本只是“一只愚蠢的单只小木鸭，被放在 25 美分的黑胡桃木基座上”[15]。该协会会员都对这个结果很不满意，他们要求 3 位评委给一个说法。根据韦伯斯特和霍纳迪所说，评委们给出的解释是火烈鸟群组“试图达到不可实现的目标”[16]。评委们习惯了将科学标本陈列成一排排的方式，不认为博物馆标本剥制师可以准确展现动物的自然形态，或者在展览柜中重现其栖息地。他们肯定已经意识到，剥制师们是打算把这组火烈鸟标本作为一系列栖息地群组作品的范本，沃德研究所以后会向自然博物馆出售类似的标本群组作品。[17]

该协会一心想要推广栖息地标本群组，因此会员们决心下一年举办的第二届展览要选两位艺术家和一位科学家来担任评委。而当霍纳迪和韦伯斯特还在为该协会的未来担忧时，作为这个团体中最实际，也最有科学头脑的人，卢卡斯已经在他的财务主管报告中提出主张说：“为了避免这个协会仅仅被视为地方性的团体”[18]，下一年的展览应该在罗切斯特之外的地方举行。

美国标本剥制师协会的首届展览于 12 月 21 日晚上 10 时结束。《罗切斯特民主党和纪事报》报道说：该协会“以一种让相关各方都极其满意的方式表明了自己的决心，那就是他们将支持每一项以促进科学与基础知识发展为基本原则的事业”[19]。记者可能曾采访过霍纳迪和韦伯斯特，他们应该会强调他们工作的科学价值，而不管评委会对栖息地群落标本，特别是对鸟类栖息地群组科学合法性的否认。尽管遭受了挫折，协会高层们依然重视标本剥制艺术的方式，他们鼓励会员们以动态的姿势和再现动物自然栖息地的方式来架设标本。该协会成员们希望能激起公众参观栖息地动物群落标本的欲望，这样他们最终才能使得自然博物馆相信栖息地群组展览的教学价值。

第二届年度展览

霍纳迪、卢卡斯、韦伯斯特和威廉・克里奇利（沃德研究所另一位动物标本剥制师）于 1881 年 12 月 10 日抵达波士顿，他们开始给展品卸货拆箱，这些展品是美国标本剥制师协会即将用于在园艺厅举办的第二届年度展览的。仅在两周前，协会的初始会员之一威廉·埃尔金牧师从纽约来到波士顿，是他寻找并定下了这个大厅。园艺厅是举办展览的理想场所，它是在美国内战结束后不久，由马萨诸塞州园艺协会建立的。此次展览计划于 12 月 12 日向公众开放，一直持续到 12 月 21 日。开放日期近在眼前，美国标本剥制师协会都在争分夺秒地准备着。尽管其他人也很快赶过来帮忙安装，但展览还是推迟了两天才举行。展览通过波士顿 6 家报纸的每日广告版块面向公众大力宣传，每家报纸都宣称这次展览“人人都会觉得有趣！”该协会在全市范围内分发了 100 张尺寸是平常纸张 3 倍的广告海报，还有 2500 张海报被贴在商店临街的橱窗上做宣传。

12 月 13 日晚，美国标本剥制师协会在波士顿博物协会的演讲室里召开了第二次全体大会。W.E.D. 斯科特主席就赞美美国标本剥制师协会成就致了开幕辞。之后，霍纳迪发表了两篇技术论文——《黏土作为填充材料的使用》和《在展示柜里安装鱼标本》。在霍纳迪之后，卢卡斯发表了《针对博物馆标本的批判》，极为大胆地谴责了当今的自然博物馆。他认为在那里，参观者一开始会“因为动物标本数量繁多而有些眼花缭乱，而当我们习惯了这种眼花缭乱，就会发现这些展品还莫名地单调乏味”[20]。他特别不喜欢标本都摆出统一的姿势。“有十分之九甚至是更多的肉食动物都张大着嘴巴，明明没有充分的理由却试图表现出凶猛的一面”，还有“我们注意到被密密麻麻排成一列一列的鸟类，大部分看着都像是由一台古怪的车床造的模子批量生产出来的”[21]。尽管卢卡斯把这里面的责任一部分归咎于剥制师，但他也主张说他们只是在按博物馆的要求制造标本。他随后宣读了该协会第一位荣誉会员，同时也是美国国家博物馆哺乳动物馆荣誉馆长埃利奥特·考斯的一封信，考斯在信中断言道：“博物馆的鸟类标本应该是供研究用的，摆出‘雄鹰展翅’式的姿势、人造岩石和花卉等，不管是出现在具有科研目的还是旨在普及教育的收藏展品中，都是完全不合适的。”[22] 然而，考斯显然也感到矛盾。仅仅几年前，他发表了一篇关于玛莎·麦克斯韦在费城百年博览会上所打造的科罗拉多哺乳动物展览的评论，他曾主张她的自然主义剥制方式和以栖息地群组为载体的展览方式“代表了一种普及自然史的手段”，并将“被认为是实现公共教育的一种手段”[23]。尽管在实现公众教育和普及博物学方面具有价值，考斯却坚决否认把标本以群组的方式置于栖息地中的做法具有科学价值。

该协会公开宣扬的使命，即“提升动物标本剥制术在美术界的地位，直到其经久不衰，获得社会认可”似乎并非其唯一使命。[24] 实际上，越来越明显的是该协会一个未曾明说的重要目标，那就是让不管是追求自然主义还是追求艺术性的标本剥制术都能实现双重用途——其一是让标本剥制师的能力获得大众认可，这里的能力指的是他们能让已经死亡的动物宛如重获新生，其二是让博物馆标本作为教学用具获得重视，因其承担了向公众普及大自然知识的功能。博物馆不应该只展示成排的科学标本，仅仅向参观者传授物种在大自然中的数量和形态方面的知识，它们能做到的还有更多，在动物的自然栖息地中展出栩栩如生的动物标本，让架设与展览过程都尽显科学精准性，由此，博物馆可以丰富其使命的内涵，将实现科学教育的使命也一并囊括。这一由威廉·亨利·弗罗尔爵士提出的想法，已经开始在大英博物馆成形，并席卷欧洲。美国标本剥制师协会将通过推动以教育为目的的公众展览的方式，在美国推广弗罗尔的博物馆新理念：

> 博物馆的存在是为了普及知识，仅凭借这个事实，就能解释为什么博物馆中的动物标本的陈设应该尽可能多地展示出它们最引人注目的不同之处和特征。而为了实现这一目的，必须允许标本摆出某些姿势，并尽可能接近它们生活的自然环境。蜂鸟应该在花上盘旋，啄木鸟应该爬到树的一边去啄食，而夜鹰应该纵身悬停在树枝上，伸出翅膀张开嘴巴，作出追逐昆虫的样子。简言之，就是在切实可行的情况下，让每只鸟的标本都能尽量以恰当的姿势架设出来，以此告知大众与它生活有关的某些事实。[25]

卢卡斯意识到，博物馆参观者对于世界上有许多奇异动物这件事只有一个普遍印象，如果自然博物馆的馆长们不转移工作重心，提供给访众超越他们普遍认知的东西，博物馆将难以吸引到公众对它们的长期支持。[26] 对于卢卡斯来说，这种普遍印象无法传递出博物馆的真实意图。但如果能把博物馆的标本制作得吸引人，并让人大概知晓“它们生活的自然环境、多样的动作姿势、它们奇特的习惯、食物和获取食物的方式”，那么观众将会“逐渐了解博物馆的意图，并欣慰于他们看到的不只是一系列动物标本收藏品”[27]。卢卡斯指出，目前已经有两家博物馆——大英博物馆和普林斯顿学院博物馆开始实行这种让标本实现教育意义的新型模式。然而，他也利用这个机会指责了斯科特和评委会的决定，他们在首届美国标本剥制师协会展览上忽视了“在家中的火烈鸟”，他指出尽管普林斯顿博物馆“不允许在藏品中使用弯曲的栖架，还坚持让鸟类尽可能摆出引人注目的姿态……但许多姿势真的很奇怪”[28]。

在对这个话题进行一番激烈探讨后，美国标本剥制师协会选出了下一年协会的公职人员——卢卡斯当选为主席，韦伯斯特为副主席，霍纳迪依然是秘书，而弗雷德·詹克斯被任命为财务主管。第二天晚上，许多人都前来参加展览面向公众开放的庆祝招待会。那里共有 222 件动物标本展品，还有许多用品和装饰品。《波士顿日报》报道说：“每一面墙上都有奇特的兽皮、丰厚的毛皮和华丽的羽毛，种类色彩之丰富，令人目不暇接。”[29] 尽管“树顶上的斗争”和“在家中的火烈鸟”已经参加过第一届展览中的评选，但它们还没有被售出，所以也被带到了波士顿。“面朝大厅入口处的是一组名为‘树顶上的斗争’的作品……（而）大厅头部的显要位置则被一组火烈鸟标本占据。”[30] 该协会创始会员们都坚决认为韦伯斯特的火烈鸟群是一组高质量的作品，他们不会放过任何一个提高其声誉的机会。

其中一个明显吸引了大量关注的新展品是一头“高 2 英尺 9 英寸（**约 84 厘米，编者注**）的印度象”，而“它死亡时可能有 6 个或 8 个月大。”[31] 这个标本由霍纳迪制成，它并不是展览目录中所描述的“小象”，而很可能是霍纳迪在印度安纳马莱森林为沃德研究所采集到的那头母象的胎儿。

霍纳迪还贡献了唯一一组新制成的栖息地动物群落标本，这组作品以 1 只哺乳动物为主，名为“千钧一发”，它获得了专业奖章。作品的亮点是 1 只白色猎犬“突然”[32] 嗅到了一大丛“被秋色染黄的”树叶下掩护着的 6 只鹧鸪的气味。由该协会成员玛丽·伊丽莎白·温莱特·杰弗里[33] 绘制的背景给人一种错觉，仿佛这是在一个秋天的清晨，1 只猎犬正潜行在田野边缘的树林中。霍纳迪捕捉到了大自然的一个瞬间——“尽管狗没看到猎物，但敏锐的嗅觉告诉它，猎物就在附近，它已经走到‘关键位置’，可以向主人表明鸟儿就在这附近了。”[34] 这组作品被装在了墙上的一个箱子里，箱子深 10 英寸（**约 25 厘米，编者注**），正面的玻璃包着一个华丽的画框。

霍纳迪认为这种壁箱是“所有装饰性剥制标本作品中最受欢迎，也最赏心悦目的一种”，并将其演变归因于“想要保护单个标本作品中更珍贵的那个免遭破坏，而这些单个标本最初是用来装饰动物爱好者的家的”[35]。对霍纳迪而言，壁箱中的绘画是一个将动物置于其自然环境之中的迷人装饰图案，起到给标本增色的作用：

> 画面的配色需要非常低调，不能是华而不实或引人注目的，也不应该喧宾夺主，分散了人们对动物标本的注意力。绘画背景应该要体现出距离、天气状况，以及最重要的——该鸟类或哺乳动物栖居地的情况。[36]

但显然，美国标本剥制师协会也很重视艺术家的意见，他们选举了詹姆斯·卡特·比尔德和托马斯·休斯·辛克利，以及博物学家约翰·惠普尔·波特·詹克斯出任第二届展览的评委。比起单个的动物标本，他们并没有更青睐于“千钧一发”这组作品或其他更大型的标本群组作品，没有让它们拿走大奖。实际上共同获得展览最佳作品奖的是——霍纳迪架设的一只名为“被咬的猴子”的单个非洲猴子标本（他的小印度象标本反而被忽略了），[37] 以及韦伯斯特制作的一只红嘴巨燕鸥标本。评委们尽管不看重大型哺乳动物标本群组，却青睐于鸟类群组标本，他们给许多鸟类群组作品颁发了小奖。霍纳迪和其他协会领导层都对评审工作表示满意，他们在《沃德自然科学公报》中指出，评委们的评定报告“协会已经收到，协会对这份报告非常满意，对评委们的批评意见也会好好铭记于心”[38]。对于协会高层而言，有特殊重要意义的是相较于上一年，所有参赛作品的质量水平普遍都得到了提高。协会正在对成员们产生着积极的影响，而“特别精良”[39] 的标本剥制术水平也为沃德研究所招揽来了业务。波士顿博物协会买下了霍纳迪的“小象”标本，还向他订购了“一只高品质的黑熊、一只加拿大猞猁、一只食鱼貂、一只狐狸和一只海狸，随后还将继续预订其他标本”[40]。

然而，美国标本剥制师协会的财务状况就没有那么理想了，第二届展览入不敷出，在广告上的支出增长得最为显著。[41] 可能是因为沃德研究所在波士顿的知名度没有在罗切斯特那么高，所以即使该协会为确保突出的公众出席率而对展览进行了铺天盖地的宣传，最终门票的收入也仅比前一年增加了 32.78 美元。霍纳迪将此怪罪于波士顿的标本剥制师出席率太低：

> 波士顿及其周边地区 16 位专业动物标本剥制师中，仅有四五位

> 剥制师除外，其余人一律对美国标本剥制师协会持以极其冷漠和怀疑的态度，他们也不将自己视为展览活动的一员。从这个角度看来，他们与我们的展览和委员会所接触过的动物标本剥制师完全不同，而他们的这种行径毫无道理可言，也无从为自己开脱。[42]

然而，导致出席者不多还有一些具体原因，包括展览的时间临近圣诞假期以及在展览的同一周波士顿还有其他各种各样的活动——有著名的美国演员埃德温·布斯在公园剧院演出《哈姆雷特》（此剧在19世纪具有最强的票房号召力）和《奥赛罗》，两部剧的观众多到“只能站着看”；有被誉为“本季的轰动剧目”，由吉尔伯特与沙利文创作的新喜剧《佩兴斯》，又名为《邦索恩的新娘》，在摩西·金博尔所创立的波士顿博物馆里上演，观众买一张剧场门票，还能进去参观金博尔的珍品陈列柜，他的珍品中以蜡像最为出名。美国标本剥制师协会在波士顿举办的展览收取25美分的入场费，这个价格与许多戏剧表演的费用（价格在25 ~ 75美分）不相上下，该协会可能没预料到他们的展览还要和戏剧演出争观众。[43]但不管是什么原因，都让该协会在准备第三届展览时面临着严峻的财政危机。

第三届年度展览

在美国标本剥制师协会的第二届展览结束后仅3个月，沃德就失去了他最好的两个手下，他们去到了美国国家博物馆工作——霍纳迪于3月被任命为该馆首席标本剥制师，卢卡斯则于6月成了该馆的骨骼学家。在此之前，两人的好友及研究所前同事查尔斯·哈斯金斯·汤森，也已经去华盛顿特区工作，成了美国鱼类委员会的野外博物学家。他也是美国标本剥制师协会的会员之一，不过从未进入过协会高层。往后30年里，他们的人生将发生多次交集，因为他们三人互不干涉却又齐头并进的事业将他们从纽约带向了华盛顿。不久之后，韦伯斯特也将跟随他们的脚步来到华盛顿，不过他没有加入任何组织，而是选择在那里创立自己的私人动物标本工作室。

新任美国国家博物馆馆长乔治·布朗·古德和他的秘书斯宾塞·富勒顿·贝尔德从一开始就很关注美国标本剥制师协会的发展。（古德和贝尔德于1880年被该协会评选为荣誉会员。）古德尤其热衷于聘请该协会的创始成员，因为他认为是他们开创了动物标本剥制术的“美国式新流派”。他相信史密森尼博物馆就是该协会创始人浇灌“协会所奉行理念”的最佳土壤。回首往事，古德说他们博物馆也雇用其他人，“但这是因为我们不愿带走沃德研究所太多顶尖人才，从而阻碍这个对于罗切斯特来说很重要的机构的发展。”[44] 古德对亨利·奥古斯塔·沃德非常敬重，他认为沃德将“利益追求”置于“对博物学的热爱以及为博物馆提供好的标本的雄心”之后，而这种理想主义在商业机构中“并不常见”。[45]

尽管博物馆的管理层支持美国标本剥制师协会，但新到博物馆的标本制备人员首要职责还是为博物馆去设计展品和制作标本。因此，霍纳迪和卢卡斯都很难抽出时间来组织该协会的第三届年度展览。虽然卢卡斯一直都在华盛顿工作，但他对协会的事务向来不怎么感兴趣，更多时候是发挥他所自诩的“一根精神上的刺”的作用。[46] 因此，推动协会发展的大部分责任落到了霍纳迪身上，他一直致力于协会发展，更重要的是，致力于实现协会使命。

他肯定花了很长时间才适应了他在史密森尼博物馆的新职责，而当他适应后，却发现以通信的方式来组织该协会的主要成员变得越来越困难。而这还不是霍纳迪以及协会面临的最大挑战。上一年波士顿展览上造成的财务亏损不得不由几位协会会员内部消化，其中包括卢卡斯、W.E.D. 斯科特、朱尔斯·贝利和托马斯·弗雷纳等人，如今协会的银行账户已经空空如也。因此霍纳迪开始把目光放到协会之外，希望能在协会之外筹集到足够的资金，确保在纽约至少能定下一栋建筑举办下一届展览。

截至 1882 年 10 月，霍纳迪找到了一位赞助人——雅各伯·亨利·斯图德，他是一位博物学书籍的出版商，刚刚出版了第四版《斯图德的流行鸟类学：北美鸟类版画：写生与着色》。他捐赠了一本书以供拍卖[47]，拍卖所得用来帮该协会支付他们所拖欠的《罗切斯特民主党和纪事报》在第一届展览上的服务费。更重要的是，他主动为协会第三届年度展览“预付”了 500 美元，并强烈要求沃德拿出这笔钱的一半的数，也就是再在此基础上添 250 美元。[48] 但这 250 美元只有在这次展览也像波士顿那次一样确实亏损了，才会捐赠给协会。用霍纳迪自己的话说：他的努力让协会“像一个恢复了精力的巨人一样崛起了”。为了回报斯图德的慷慨，协会高层们决定成立一个展览委员董事会来协助展览的策划工作，这样标本剥制师就能投入更多时间准备标本。斯图德被选为了董事会的主席，乔治·布朗·古德任副主席，约瑟夫·巴西特·霍尔德医生为秘书，安德鲁·卡内基为财务主管，温德尔·普莱姆博士、詹姆斯·卡特·比尔德、亨利·奥古斯塔·沃德、罗伯特·科尔盖特和艾伦·比克摩尔被选为董事会成员。作为主席，斯图德负责组织展览。但霍纳迪不愿将控制权拱手让予斯图德，这很快让双方关系紧张了起来。沃德显然充当了两者之间裁判的角色。那年秋天，霍纳迪与沃德往来了一回言辞激烈的书信，沃德试图在信中平息他的怒气。

他们争论的焦点是斯图德曾答应为在12月举行的展览提供贷款，但到了10月下旬，已经有人在谈论说要把展览推迟到1883年的2月。提供展品的动物标本剥制师们都力劝霍纳迪推迟展览，霍纳迪自己也知道推迟展览的好处。波士顿展览的失败给美国标本剥制师协会的标本剥制师们的心理留下了巨大阴影，他们不愿重蹈覆辙。如果有更多的时间，至少能确保作出更多的展品。对于国家博物馆首席动物标本剥制师这份新工作，霍纳迪可能也感到力不从心，所以对他来说，延迟展览是他兼顾平衡两份职责的好机会。古德鼓励霍纳迪和卢卡斯拿他们已经为博物馆剥制好的标本参展，从而减轻他们为展览准备标本作品的负担。但霍纳迪并不确定他是否要带任何一件标本作品去参展，因为他认为既然他已经达到美国动物标本剥制师中的最高职位，就没有必要再去竞争。不过即便如此，他也表示竞争精神对他来说仍旧是一股强大的动力：

> 除非我找到充分的理由改变我目前的想法，否则今年我就不带任何作品参赛了，也许以后也不参加了。只有我听到别人影射说在哺乳动物标本剥制方面出现了能压制我的人，我才会被迫出山，因为这样才有必要参加技能竞赛来一较高下。既然我已经达到如今的成就，那么只要我的地位得到应有的认可，我就不想再和我的老同事去竞争什么。但是，在人们都开始参与可憎的攀比活动之前，非必要我是不会参与竞赛的。前几天，卢卡斯怀着胜利的喜悦告诉我，贝克刚刚写信跟他说："他们刚刚运往中央公园的哺乳动物标本，比任何一次协会展览或其他地方展览上出现的展品都要好。"那这就是专门为我准备的免费的实打实的服务了。最好不要再出现这种情况，除非你的人真的想让我再跟他们一较高下。如果卢卡斯说的是真的，那么我必像往常那样加入参展名单去与所有人竞争。而如果不是事实，就不应该那么说。如果还有任何人质疑我在各种大型或小型哺乳动物剥制方面取得领先的能力，那么我想比到他们彻底服气，他们也将对我服气。[49]

向沃德吐露了他对其他协会会员不满的一个星期后，霍纳迪决定带着一些他的作品去参赛，参赛作品有 1 只北极熊、1 只辛纳蒙黑熊、1 只海豹、1 只羚羊、4 个哺乳动物的头、1 只鹮的展箱和 1 张兽皮地毯。[50] 更为重要的是，他采用了一种新的标本剥制方法架设了 1 头大象和 1 只吉娃娃的标本，他之所以拿这两件作品来参赛，是因为它们最能展示出他在剥制大型和小型哺乳动物方面的专业性。

霍纳迪接收到了除了亨利 · 沃德之外的各方敌意，所以他与沃德每周一次的通信继续保持了下去。到了 1882 年 12 月，他和斯图德的关系已经恶化到辱骂彼此的地步。

> （霍纳迪在给沃德的信中写道）斯图德在展览推迟的问题上大为光火，事实上，我一离开纽约，他就马上开始重新筹办展览，现在还说什么“沃德教授和你可以回来随你们自己的意愿办个展览。”……我对他感到厌恶。现在只剩下一件事，那就是让你成为董事会主席，让他去地狱，他属于那里。[51]

一周后，霍纳迪还是很生斯图德的气，“只要我尚有余力，我就要和他斗个你死我活。他应该受到来自美国标本剥制师协会每位会员和许多其他更具影响力的人的敌视”[52]。在 1883 年 4 月举办展览的新日期确定了下来。1883 年 1 月出版的《沃德自然科学公报》中有一个关于该协会的专栏宣布了这一消息，该专栏还夸赞了斯图德为展览提供了贷款：

> “协会的会员和朋友们……有理由欢欣雀跃，因为就各项协会活动眼前的发展趋势来看，协会前途可谓一片光明，大有希望。……最近，协会资金方面迎来了一个可喜的转机，这个转机让协会“像一个恢复了精力的巨人一样崛起了。”……雅各伯 · 亨利 · 斯图德先生……慷慨主动地预付了 500 美元作为展览开销的保障资金。[53]

沃德还指出，美国标本剥制师协会已经聘任斯图德作为展览委员董事会的主席。诚然，他希望能借此机会终止协会乱作一团的局面，但显然他是在为协会的利益服务，因为他把关于斯图德答应贷款的声明白纸黑字地印发出来，就能加大斯图德翻脸不认账的难度。公报中还发表了霍纳迪对斯图德《北美鸟类版画》这本书的好评，虽然霍纳迪发誓说如果斯图特违约，他必将“贬损……他的书”[54]。沃德努力了，但问题最终还是没能解决。斯图德撤回了贷款，也从董事会卸了任。当选新任董事会主席的不是沃德，而是约瑟夫·巴西特·霍尔德博士。

对协会来说幸运的是，1879 年，霍纳迪在为沃德研究所采集动物的途中，于新加坡遇到了安德鲁·卡内基，当时他们两人都在当地的美国领事家里吃饭。那时卡内基与他的助手约翰·W. 范德沃斯特正在环游世界，他立刻被霍纳迪所讲的采集动物的故事迷住了。霍纳迪回忆说：“对他来说，猩猩、儒艮和巨蛇不仅具有市场价值，价格还会有所波动，是他在远东发现的最有趣的事情。”[55] 卡内基在他的《环游世界》一书中，幽默地描述了他们的这次相遇：

> 霍纳迪对自己冒险经历的讲述非常有意思……在没有其他商业情报的情况下，我就引用一下他所说的市场行情吧。据悉，老虎依旧“畅销”，猩猩销量在“抬头”；每年这个时节，蟒蛇虽然能在市面上看到，但市场并没什么活力；此外，长鼻猴的数量依然稀少。狮子被“抢购”得厉害，袋鼠一进入市场也会被疯狂地“扑倒”。大象“贵重”；天堂鸟价格“耷拉着”；鳄鱼被抢购一空，儒艮则售价高昂。与此相比，冶炼金属算得了什么呢？[56]

回美国后，两人建立了一生的友谊。随着卡内基的兴趣从慈善事业领域转向了各式各样的社会组织和教育机构，理所当然地，美国标本剥制师协会的努力也引起了他的注意。他同意出任协会第三届年度展览的财务主管。霍纳迪一确定斯图德不会兑现自己的承诺，他直接就去找了卡内基，卡内基毫不犹豫地给了协会办展览的全款资金，还额外赠予了资金结清了协会在波士顿欠下的债务。为了表示协会的感谢，协会管理层任命卡内基为荣誉会员，并赠送给他一面孔雀防火屏和一枚白鹭奖章作为展览纪念品。[57]

4 月 30 日星期一，该协会第三届年度展览在位于纽约第 41 街和第 42 街之间的第六大道上的抒情厅举行，开幕式举办了一个应邀才能参加的招待会。协会也邀请了记者团提前参观展览。在当晚的活动中，沃德简要解释了协会的宗旨，他将协会宗旨定义为以“自我修养”驱动协会发展。[58] 接着他介绍了美国自然博物馆的无脊椎动物馆馆长约瑟夫·巴西特·霍尔德，他发表了演讲。

从一位经验丰富的博物馆馆长和科学教育工作者的角度出发，霍尔德谈论了美国动物标本剥制术的过去、现在和未来。他给“旧时的博物馆”下定义，认为其“并不总是青睐最好的艺术”，而据他宣称，如今的博物馆是“需要大量最好的艺术”的“科学博物馆”，已经取代旧时的博物馆。[59]他赞扬了对美国西部地质和地形的调查研究，认为是它创造了博物学家精通标本剥制术的需求，他援引了奥杜邦的西部平原之旅作为例子——如果没有作为美国第一批知名的标本剥制师之一的约翰·格雷厄姆·贝尔的协助，奥杜邦的探索不会如此成功，而贝尔当晚也在场。霍尔德认为史密森尼学会“在很大程度上算是这门标本剥制艺术的赞助者，它不仅出版了如何保存标本的指南，而且提供了各种方式和手段，让外出探索的各方人士都能在可能采之有物的地区实现成功探索……如今我们博物馆巨大的藏品储存仓库就是得益于此的证明，而这仅是在短短几年内就实现了的”[60]。虽然他称赞博物馆在聘请熟练制作动物标本的剥制师方面取得了进展，但他也指出，这门艺术在不久前还被认为“仅是一门秘术”，但如今新型的动物标本剥制术是“将四足动物、鸟类、鱼类和蛇类的皮打造得像是活物”的艺术，被公认为是一门彰显出“强大能力”的艺术。[61]他相信美国动物标本剥制术的新流派显然受到了著名的动物标本剥制师先驱朱尔斯·韦罗的影响，但他同时也相信美国的标本剥制师可以从本土的动物学插图画家，如奥杜邦那里得到启发，制作出栩栩如生的标本。他接着激励了新生代标本剥制师，让他们“尽自己所能”创造出极致的艺术，号召他们学习观察自然、写生和做模型：

> 用黏土或其他材料做模型的过程中，似乎有很多东西可以教会我们的眼睛迅速捕捉到物体所需的形态。事实上，一切有助于促进艺术官能发展的工具都是有用的……仔细观察大自然，观察动物们灵动的自然形态，观察它们在各种可能发生的状况下的特有姿态，所有这些都会让人受益无穷。[62]

为了阐明他的观点，他旧事重提，谈到了韦伯斯特一直以来饱受争议的火烈鸟群组作品，最终揭示了第一届展览的评委不推选该作品的原因：

> 某些鸟类腿部在伸直的情况下，脚背会自然地突然弯曲，但这

> 组作品中火烈鸟的其中一只脚却平展着放在地上，这被判定为该作的欠妥之处。查看了活鸟的姿态后却证明这位艺术家其实是一位细心的观察者，他是对的。一张类似火烈鸟的瞬间照片清楚地显示了这一特征……这个故事告诉我们要更仔细地观察活体。[63]

这次对于评委失误的公开声明，不只是再次赞扬韦伯斯特的火烈鸟群组作品，更是对该协会标本剥制师的认可，认可他们达到了与国家自然收藏品的策展科学家的同等地位，这也是对美国新兴标本剥制运动的进一步认可。

霍尔德强调了美国标本剥制协会使命的重要性，他在演讲的最后简要阐述了动物标本剥制术与自然历史博物馆之间的关系是如何成为“最重要的关系”之一的。在他看来，动物标本剥制师不再创造“塞满填充物的恐怖玩意，不再因为剥制得太离奇而毁掉了所有人的感官享受”。最近这门艺术已经发展到连国家级的博物馆都可能会自豪展示他们的“宠物标本”的境地。然而，他也承认优秀动物标本作品的匮乏不能完全归咎于旧时的自然博物馆没能引起公众兴趣，他谈到了这样一个事实——尽管美国自然博物馆在近 15 年前成立之初就提出了将大众教育与自然科学相结合的使命，但直到今天，这个使命几乎没能得到施行。

但霍尔德对这一双重使命坚信不疑，而且他认为新兴起的动物标本剥制术是争取公众支持的一种方式。“好的艺术……是一股强大的力量，而我们现在终于开始看到它巨大的影响力。”[64]《初级动物学》这本书是阿普尔顿出版公司面向高中年龄读者出版的自然科学系列丛书中的一本，作为这本书的作者，霍尔德了解自然博物馆需要作出哪些改变才能提供有价值的公共教育，而作为美国自然博物馆的资深科学家，他也有足够大的影响力争取到其他馆长的支持。

在霍尔德之后，卢卡斯发表了一篇关于《标本剥制的范畴和需求》的论文。他同意霍尔德的判断，即新兴动物标本剥制术将改造博物馆的旧面貌，那里的“枯骨和了无生气的兽皮传来的声响已经微不可闻……见证我们博物馆风格改头换面的那天即将到来”。他还称赞美国的博物馆馆长们首先认识到了博物馆“最有吸引力和最有教育意义的特征很大程度上要靠标本剥制师来获得；其次他们还认识到了标本剥制工艺质量参差不齐”。然而他坚信博物馆缺乏优质标本收藏品的原因，不在于现在的标本剥制师刚开始制作高质量标本，而是过去博物馆不愿意为优质的“展品”标本付费。像美国自然博物馆这样的博物馆已经意识到，“廉价的工作到最后并不总是最卑贱的。”[65]

卢卡斯感觉到一场期待已久的巨变马上就要发生了，他相信博物馆的剥制师们是时候把注意力转到新兴标本剥制运动的“范畴和需求”上来。在这个时期，扩展标本剥制术的范畴，将它重新定义为一种美术形式的想法并不算新鲜。事实上，早在 18 年前，美国景观设计奠基人弗雷德里克·劳·奥姆斯特德和他的合作设计师、建筑师卡尔弗特·沃克斯在发展景观设计师这项职业时就曾提出，他们的工作应该被抬高到美术层面，但当时这项职业仅被视为自然科学的延伸。沃克斯和奥尔姆斯特德都认为像这样强调这份职业的地位，将有助于它的推广并获得公众支持。[66]

像沃克斯一样，大多数标本剥制师也非常热衷于把自己划进美术圈的范畴。因此，卢卡斯解释道：“正如艺术家能为我们呈现出我们永远无法亲眼所见的风景的美和壮丽，我们也必须依靠剥制师的手艺来认识大多数动物，他们的技巧水平决定了这些动物给我留下的印象的准确性。”[67] 他强调剥制师们的工作迫在眉睫，“我们的野生动物，尤其是那些较大的物种，正迅速从地球上消失，”所以博物馆的标本最终将成为某些物种留存下来的唯一形式。[68] 他认为剥制术比起手绘和油画都更准确，因为“只有最好的画作才能产生类似于真实动物所引起的感受。我们或许能欣赏一副老虎的画作，却不会对它感到畏惧；而尽管我们能从大象的形象上意识到它是庞然大物，也仍无法完全领会它的真实体积大小”[69]。卢卡斯后来写道：博物馆“因其执镜映照出自然而备受赞誉”。[70] 但显然，他相信标本剥制师才是真正掌握了反映自然真实图景的能力，让博物馆参观者获得知识和精神上启迪的人。不幸的是，卢卡斯感叹道：标本剥制领域的现状是“我们制成的标本中有太多是想象力的产物”[71]。他接着阐述了一些指导方针，遵循这些方针，美国各地的标本剥制师们可以开始改革剥制领域——方针中他特别指出，认真研究动物的形态将大大改进剥制师们在剥制美学和技术方面所认知的原理。在此之后，他们就能开始建立起合理的标本制作规范。最后，他敦促剥制师们比较彼此的作品，“坦率承认自己的作品也许并不完美，并努力从同行的优点中获益。”他继续强调，“我们必须彻底摆脱这样的观念，即认为只有一个人才是这门艺术的大师，而那个人就是我们自己。”这句话直指霍纳迪。由于卢卡斯从未渴望过成为最厉害的标本剥制师，他比他同时代的人都更明白一个道理——如果对这门艺术的竞争性质没有加以有效利用，就可能会导致它走向消亡。

第三届年度展览呈现了卢卡斯所描述的最佳作品和最坏的反面教材。高质量和低质量标本之间不幸分化得非常明显。正如《森林与溪流》所诟病的：

> 参观者走进展馆，期待他们看到的所有作品都是品质极佳的，但实际上，有许多作品确实还不错，但之中夹杂着大量平庸之作和一些极其糟糕的作品，这些作品甚至还不如一个只剥制了不到 100 个标本的男孩所制的标本。今年协会展出了许多标本佳作，但也有很多非常糟糕的作品。这也在所难免，因为如果不接收所有被送来参展的作品，就会引发一些人嫉妒和心理不平衡的情绪，展品被拒绝接收的参展者会觉得自己受到了协会的不公对待。[72]

尽管这篇文章并没有提及举办年度展览的目的是启迪标本剥制师们，但它的确显示了公众对博物馆高质量标本的期望和需求。

霍纳迪的展品又一次吸引了公众和评委的注意。鉴于他此次参展的目的是解答谁才是美国最优秀的大型和小型哺乳动物剥制师的问题，也就难怪他不仅带了一头非洲象“芒戈”，作为比较还带来了一只吉娃娃犬来参赛，这种犬也被称为“墨西哥无毛梗犬”。这两个标本作品证明了后来被霍纳迪命名为“黏土覆盖空心像”法在应用于大型哺乳动物标本制作上的有效性。尽管在霍纳迪之前，玛莎・麦克斯韦就已经使用过这种方法，但她没有发表任何相关记录，因此霍纳迪声称自己是第一位在填充物上使用黏土的美国标本剥制师。事实上，在《动物标本剥制术和动物采集》一书中，霍纳迪写道：“在 1880 年之前，我认识的剥制师中没有人使用过黏土，而当笔者发现其价值并广泛应用于剥制中时……我的许多竞争对手却设想了这种方法的各种负面后果，如今它的普及却证明了美国动物标本剥制术真正走进了一个新时代。”[73]

霍纳迪希望能展现出通过黏土法可以把从大型到小型的哺乳动物制成漂亮的标本，甚至即使是几乎没有毛发的哺乳动物。[74] 其中最具代表性的极端例子之一是一头 6 岁的非洲象芒戈，它于华盛顿去世，当时正在费尼尔司・泰勒・巴纳姆马戏团最大的竞争对手 [75]——亚当・福雷帕的马戏团和动物园中工作。福雷帕马戏团的经理将它卖给了美国国家博物馆。霍纳迪在向沃德描述这头象时提到芒戈是“非洲象，但它不是金宝”——它只有 5 英尺（**约 1.5 米，**

编者注）高，是巴纳姆那头大象（金宝）的一半大小。这样大小的动物样本非常适合霍纳迪试验它的新方法。因为芒戈足够大，可以显示出黏土法的有效性，但他又不至于太大，大到让霍纳迪无法克服由于象皮重量及需要大量黏土来塑型所产生的问题。

即使体形相对较小，芒戈依然带来了许多挑战。将没什么毛发的哺乳动物制成标本时，要尽可能在其活着的时候，或者刚死时对它进行精确测量，美国标本剥制师协会经常强调这样做的重要性。因此，霍纳迪制作芒戈标本的过程就是从测量开始的，他测量了大象的“身体，包括其各个部位的长度、高度和围长，以及其四肢和象鼻的尺寸，还通过各种图纸和制作大象一个侧面头部和四肢的石膏模型来对测量数据进行补充”。霍纳迪另一个需要克服的障碍是骨架，骨架通常是在动物体内被安装起来的，但这次需要被单独安装。因此，他开始制作一个大象的“假身体”，或者说是一个模型：

> 脊柱……由一块宽 2 英寸（**约 5 厘米，编者注**）的木板组成，将其上缘被精确切割成了完美符合非洲象经典背部轮廓的形状。象腿是通过重型角钢固定到这块木板上的，用于支撑其腿部的铁杆穿过了 L 形角钢自由臂上的一个孔洞。这些腿是将木屑紧实缠绕在粗糙的木骨架上制成的。随后加上的是宽大的悬垂骨盆，接着在已经搭建好的假体上继续搭建出带有巨大下颚的头骨。头骨相对突出的部分由石膏模型精心雕刻而成，而那些深埋在肌肉内的部分则复刻得不太精细。
>
> 大象原本的长肋骨由多根被麻丝包裹着的铁条替代，铁条上部固定在木板脊柱上，下部则固定在模型下方。一块扎裹着木屑的薄木板组成了大象模型的脖子，连接了它的头和身体。现在安装好了木制的肩胛骨，再加上尾巴和象身，然后就是按照图纸和附带的测量数据，仔细填充象腿上部与身体相邻部位之间的空隙。

卢卡斯在一篇发表在《科学》期刊上的文章中，用赞叹的语气将制作大象假体过程中的这一阶段比作是用魔法创造稻草人“羽毛头”的过程，在纳撒尼尔·霍桑小说中，里格比大妈赋予了稻草人生命并将他变成了一位绅士，“这个阶段的大象已经呈现出由木头和麻丝所构成的生物外形（图 2.3），它所

图 2.3　威廉·坦普尔·霍纳迪制作的非洲象标本“芒戈”，标本被麻丝包裹着，尚未覆盖象皮。该标本是霍纳迪将“黏土覆盖空心像”法应用于搭建大型哺乳动物标本的一次尝试。（图片来源：史密森尼学会档案馆，图片编号：#MNH-2791）

等待的仅有最后一步蜕变，届时，木制的空洞眼眶将填进闪烁的眼睛，赋予整个模型框架类似生命的感觉”。

必须先完成将皮肤覆盖到骨架上的工作（图 2.4），芒戈才能被赋予生命。首先将皮肤沿着背部固定住，然后在皮肤下面薄涂一层“剁碎的麻丝和黏土的混合物”。这个工作需要迅速完成，一位剥制师涂抹黏土混合物，另一位则同

图 2.4　威廉·坦普尔·霍纳迪制作的非洲象标本“芒戈”，标本被麻丝包裹着，并被象皮所覆盖。（图片来源：史密森尼学会档案馆，图片编号：#MNH-2789）

时摆好皮肤位置并把它缝合起来——先完成象身的部分，然后“一个接一个地处理腿部、象鼻和象尾，象皮每晚会用湿布盖住，让其保持湿润和柔软”。缝合完成后，给象皮添上褶皱的精细活则需要尖状的造型工具来完成。那些相对难处理的皮肤褶皱，特别是“象鼻、肘部和侧腹部位的皮褶，会被铁丝或麻绳固定在适当的位置，直到它们变干”。大象的面部表情一完成，就会装入“根据芒戈原来眼睛的彩色草图制作”而成的玻璃眼睛。等到模型完全干燥后，“用纸浆填充”缝合处，并“小心翼翼地给它上色，将皮肤复原至其原来的样子（图 2.5）。”这种新型的黏土法就此解决了一个问题，即如何架设出一头逼真的大象标本，使其皮肤自然起皱，“而不是像往常架设的那样光滑而肿胀”。

霍纳迪坚信即便是亲近他的那些人也会想证明自己能在剥制动物方面胜过他，但卢卡斯表达了对霍纳迪及其工作的高度评价。他在《科学》期刊文章的结尾写道：芒戈的标本代表了国家级博物馆动物标本剥制术新时代的开始，标本的质量达到了更高水准。《科学美国人》杂志将霍纳迪的大象描述为“展览中最完美的作品”，也是“该剥制师艺术的一个最优秀的例证，它比迄今为止任何已完成的标本作品都要出色，至少在这个国家可以这么说……而且这个标本看起来甚至比原本有血有肉的芒戈还要更加逼真。霍纳迪先生……已经证明自己不仅仅是一个剥制师，同时也是一个艺术家”[76]。40 年后，霍纳迪以他一贯的自负之态回顾了芒戈的制作，“如果今天我们重新制作一次这个标本，也不可能超越原来的版本。而且我们怀疑并非每位‘雕塑家兼剥制师’都注定能在剥制工作结束的 40 年后，还带着自鸣得意的心情欣赏自己所制成的

图 2.5　非洲象“芒戈”的成品，该成品于 1883 年在美国标本剥制师协会第三届展览上展出。（图片来源：史密森尼学会档案馆，图片编号：#MNH-2788）

大型哺乳动物标本”。[77]尽管霍纳迪的黏土制作方法被其他标本制作者采用并在几年后得到了改进，但芒戈依然代表了新型动物标本剥制术的一次胜利，霍纳迪是当之无愧的用黏土模型法制作哺乳动物标本的美国之父（而玛莎·麦克斯韦则是这种方式的美国之母）。即使是用来与芒戈作对照的那只小型哺乳动物——墨西哥无毛梗犬，也让所有参观展览的人惊叹不已。《科学美国人》报道称，这只狗的标本“品质上与大象不相上下”，但“被评审会误以为是石膏模型而忽略了。但这无疑是对这件作品的优质性的一种褒奖”。[78]约10年后，罗伯特·威尔逊·薛斐尔描述了这个标本：

> 这只狗看起来没有任何毛，皮肤像普通写字的纸张一样薄，但有了依照这只狗的全身所打造的石膏参考模型的帮助，再加上对黏土覆盖假体犬方法的应用，一件极其精妙的标本作品就成功被塑造出来了。这件标本在必要的位置进行了精细着色，而且因为现在已经保存好了，所以将会在未来很长一段时间内都保持不变。[79]

《沃德自然科学公报》认为只有标本剥制师才能“真正认识到架制这样的标本所需克服的困难”，他们会发现“这件作品唯一的缺点在于皮肤的着色，而我们也坦率承认无法解决这个问题。难点就在于如何涂抹颜料，才能让颜料呈现出一定的深度感，让标本皮肤的质感呈现出生物状态”。[80]

虽然霍纳迪的吉娃娃标本是展览中最受欢迎的狗标本，但展览也展出了他在波士顿展览上展出的作品“千钧一发”，这件作品被挂在展馆入口右侧的墙上。霍纳迪在壁箱里架设狗标本的风格马上在鸟类猎人中找到了市场，他们想要为自己最亲爱的伙伴留下一份永久的纪念。另外还展出了两只狗标本，希望从人们对留下纪念品的这种兴趣中获利，但是在潜在客户中很受欢迎的杂志《森林与溪流》批评道：这3件标本中没有一只看起来像活狗。据该杂志描述，“千钧一发”这件作品拥有出色的背景和配件，却不像笔者所见过的狗。“它又长又瘦，头非常小，事实上可以说是微小，”作者写道：“显然狗的皮肤被拉得太紧了，头做得很精美，但身体其他部分都与头部不成比例。”[81]过道另一侧是托马斯·弗雷纳制作的狗标本，那是胡尔伯特·哈林顿·沃纳的“老弗兰克”，这只狗标本据杂志描述，是“一只棕白相间的指示猎犬，正站在一对披肩榛鸡附近”。比起霍纳迪，作者更喜欢弗雷纳的整体设计，称其“展示箱、地面和鸟类都比霍纳迪做的猎鸟犬的配置要好”。然而，他对这只狗的身体部位则更为挑剔些，称“它又圆又没有形状；实际上这副标本的身体肥到连一根骨头也看不出来。它的侧腹部没有向内凹陷，也看不见任何肋骨或脊柱骨。这种身材的狗不可能，也不会狩猎一个小时的”。两周后,《森林与溪流》发表了弗雷纳对这只不自然的标本的解释：

> “老弗兰克”11 岁了，它非常胖，而且还因为长了个肿瘤而生病了一年。沃纳先生尝试了所有已知的医疗手段来医治他，但都治疗无果，所以将老弗兰克交给了我来处理，我使用了氯仿将它安乐死。它的肥胖并不是我的失误，其实在它生病之前，它在野外的表现非常出色，也非常可靠，是狗中最好的。[82]

不过,《森林与溪流》至少对展览会的其中一只狗表示了赞赏，杂志选中的是约翰·华莱士那只在一群鹌鹑之间的黑白花色的指示犬标本，认为它是“展览中最出色的狗标本。尽管这只狗所选的姿态并没有另一只指示犬那么合适，但它完全就是一只狗，要是能像另外两只狗展示得一样好，必将远胜过它们”。[83] 这是第一次有美国标本剥制师协会创始会员之外的参展者，受到来自公众对于他剥制技术的赞扬。显然，整个展览的作品质量正在提高，该协会开始吸引更多像华莱士这样经验丰富的标本剥制师加入，这些剥制师将该协会视作推广他们制作更为精细和昂贵的标本的平台。

华莱士是纽约著名的动物标本剥制师，但他的工作室很简陋，只是个位于布鲁克林大桥下北威廉姆街的小地下室，卢卡斯写道：“那里无论如何也不能被称为工作室。”[84] 不过，早先时候斯宾塞·富勒顿·贝尔德和奥斯尼尔·查利斯·马什等人就常常光顾他的工作室，柯林顿·哈特·梅里厄姆等年轻博物学家也在这里当过学徒。[85] 尽管华莱士为美国国家博物馆和美国自然博物馆都制作过标本，甚至有段时间还在他的家乡，也就是新泽西州的帕特森市经营自己的博物馆，但卢卡斯并不认可华莱士的剥制工作，认为其剥制术仍然是旧式的代表。[86] 他声称华莱士“可能比其他任何一个人都填充过更多的动物标本”，还谴责他的事业只是“一个商业机构，特别是一个主要从事为博物馆制作单个标本的机构”。[87]

事实上，华莱士的成功可能是拜他年轻的助手卡尔·伊森·阿克利的工作所赐。阿克利曾受雇于沃德研究所，是 1883 年填补霍纳迪和卢卡斯离开后留下空缺的人员之一，但他在与沃德发生争端后被解雇了。[88] 在美国标本剥制师协会发布第三份年度报告前，沃德已经向阿克利道歉并重新聘回了他，但在第三届年度展览之前和展览期间，阿克利其实一直在为华莱士工作，可能他协助或单独完成了的标本作品是以华莱士的名义参展的。阿克利的高超技术可能有助于解释为什么被认为是业余从业者的华莱士，能在第三届展览中获得众多奖项，包括最佳头像展品的银质奖章；颁给"被狮子攻击的鞑靼猎人"（向韦罗的标本"被狮子攻击的阿拉伯信使"致敬）和"海湾的大角鸮"的专项奖章。他的指示犬和鹌鹑标本作品、雌狮的标本、雌雄白化鹿标本、猴子标本和一只白头海雕的标本都获得了"标准标本剥制术"的荣誉证书；在哺乳动物类别中，名为"争夺猎物的狮子"的标本和单个的猴子标本都因其构图和戏剧效果获得了高度赞扬，在鸟类中，这个优点则呈现在一组猫头鹰的展品中；白头海雕的标本也获得了高度赞扬。华莱士充满戏剧性的标本作品如此成功地吸引了参观者来到抒情厅，以至于在展览的那一周里，《哈珀周刊》刊登了半页版画，版画的中央是"争夺猎物的狮子"的标本，该版画由展览评委之一丹尼尔·贝尔德所制。[89]

虽然远不及华莱士的展品那样引人注目，但根据《森林与溪流》杂志的评定，栖息地群组中"最引人注目的是一组鸭嘴兽……和一组淡水龟"。韦伯斯特制作了这组鸭嘴兽，他因"作品显著的准确性和明显经过深入研究"[90] 而受到赞扬。该群组在一个展示柜中展出，里面的鸭嘴兽一只是雄性、一只是雌性，还有一只幼崽。沃德在澳大利亚进行标本采集时，观察了鸭嘴兽的行为，并收集了 9 个年龄大小各异的标本。紧接着他构思了一个呈现鸭嘴兽生命史的群组展览，他打算让韦伯斯特来制作这组标本。而这取得了开创性的成果：

> 这个标本群展示了这些奇怪的小生物居住在河岸弯曲处的景象。那里有一个清澈的浅水池，水池表面飘着百合花，两旁则是芦苇，这样的环境可以让鸭嘴兽凭自然习性来安排自己的姿态和位置——进出洞穴，在水中游，在岸边挖掘，卷成睡姿，趴着晒太阳，以及在悬在水面的树枝上嬉戏玩耍。这个作品还展示了它们栖居地的植被，尽可能地还原了当地的情况……岸边的一处塌方暴露了一个洞穴的内部和狭窄的地下通道……通道位于水面下方。[91]

有人指出，这个展品"充满活力和温馨的家庭氛围"使它"特别讨人喜欢”，因此“吸引到了很多注意”。[92] 美国自然博物馆以 325 美元的价格买下了这个展品，并将其安装于哺乳动物馆内。[93] 尽管韦伯斯特的鸭嘴兽标本群组非常成功，但还是霍纳迪的非洲象获得了代表整个展览中最佳展品的银质奖章，韦伯斯特的作品中，是名为“受伤的鹭”的标本获得了铜质奖章，而非鸭嘴兽标本群。这只鸟标本实际上是一只白鹭，被一支金色的箭射穿，伤口滴着血，“它被安装在蓝色天鹅绒的背景下”[94]。《沃德自然科学公报》称，这个美丽的标本“也许是我们见过的最能代表高度艺术化的标本剥制术的绝佳作品。”[95] 虽然有人批评它“左翼的姿势是活鸟不可能做到的”，但韦伯斯特为自己辩护说这样的姿势在一只挣扎的鸟身上是可以实现的。[96]

另一组受到《森林与溪流》杂志赞扬的作品是卢卡斯的“可食用龟类”，他因此获得了爬行动物展品第二名的铜制特别奖章，这组标本展示了在同一个栖息地内的北美洲龟类的 4 种龟，它们也是 3 个相近的属（一只钻纹龟，一只黄腹彩龟，一只红腹伪龟和一只拟鳄龟）。这些龟要不被放在“水”上，要不就被放在水下。只有一只是正在潜水（可能是拟鳄龟，因为这是该组中唯一有蹼足的物种），它的身体一部分在水上，一部分在水下，按霍纳迪的评估，这“是一项非常精湛的技术成就”[97]。卢卡斯意图通过这组标本展现出一种可能性，将“像乌龟一样不容易制成群组标本的动物”做成群组的可能性。鸟类和哺乳动物相比之下都更容易地被组合成兼并艺术性和教育性的标本群[98]。8 年后，霍纳迪在《动物标本剥制术》中称赞了这组作品的布局，称之为“一组独特而美丽的标本，给人们上了一节非常重要的课，那就是即使是最平凡的动物，如果它们能被很好地做成了标本，并配以能代表它们自然栖息地环境一起展出，也会变得有趣”[99]。

展览中最不寻常的展品是命名为“剥制师的密室：工作中的剥制师”的展品，它是美国国家博物馆剥制师共同努力的成果，位于抒情厅南边的房间。1882 年 4 月，在霍纳迪被任命为首席剥制师一个月后，史密森尼学会的负责人斯宾塞・富勒顿・贝尔德委托美国标本剥制师协会准备“一组能表现剥制艺术现状及可能性的展品”，它不但要能与“博物馆的其他教育特色”相结合，还要能“引起人们对于标本剥制术应用于各个装饰艺术领域中的可能性的注意，并且……激发剥制师间的竞争，从而发展出更高水平的工艺技巧”[100]。“剥制师的密室”是博物馆安装的第一批动物剥制展品。约翰・亨德利设计的剥制师形象坐在一个工作台前，台面上摆放着剥制过程中需要使用几样工具和材料。他弯着腰在工作台前制作一只鸟，四周是处于各种剥制阶段的动物标本。《纽约商业广告报》刊登了一则关于这个作品的幽默报道，声称“这个剥制师形象是如此逼真，以至于昨天还有一位绅士向它提了几个关于剥制过程的问题。”[101] 该展品是为那些对剥制术艺术和科学层面都不了解的访客打造的，对他们来说，剥制师的工作间“本身就是一个奇珍异宝店”[102]。

展览结束后，“剥制师的密室”被搬到了美国国家博物馆，一起过来的还有3次年度展览上的几个获奖展品，包括霍纳迪的“千钧一发”、卢卡斯的“被打断的晚餐”、韦伯斯特的“受伤的鹭”和约翰·华莱士的白头海雕等（图2.6）。美国标本剥制师协会认为，“剥制师的密室”这个展品将成为“动物标本剥制术第一次被正式认可为一门美术”的象征，成为“协会的一个永久纪

图2.6 1883年在纽约的展览对美国国家博物馆标本收藏的贡献，该照片被用于协会第三份年度报告中。（1）威廉·坦普尔·霍纳迪的“千钧一发”；（2）弗雷德里克·奥古斯塔·卢卡斯的“被打断的晚餐”；（3）J.威廉·克里奇利的驯鹿头；（4）托马斯·弗雷纳的孔雀挡火屏；（5）弗雷德里克·史密斯·韦伯斯特的“受伤的鹭”；（6）埃尔文·卡彭的死去的海鸥；（7）约翰·华莱士的大角鸮；（8）约翰·华莱士的白头海雕；（9）P.W.奥尔德里奇的狐松鼠；（10）亨德利夫妇的蜂鸟；（11）约瑟夫·帕尔默名为“胡桃钳”的松鼠标本；（12）威廉·帕尔默的南方偏南部的鸭子；（13）朱尔斯·弗朗西斯·德西雷·贝利的“再次售出”；（14）朱尔斯·弗朗西斯·德西雷·贝利的青蛙、蟾蜍；（15）托马斯·罗兰德的雪白鹭；（16）由朱尔斯·弗朗西斯·德西雷·贝利赠送的朱尔·皮埃尔·韦罗的肖像。（图片来源：史密森尼学会档案馆，图片编号：#MNH-2783）

念碑”。1884 年初夏，协会第三份年度报告终于出版了，作为新任协会主席的霍纳迪，在这份报告中放了一张全版照片来突出该展品，并在他简短的“协会宗旨”中指出了他所认为的协会最重要的成就是：

> 协会会员们强烈渴望提高博物馆工作的标准，让美国的博物馆在展品质量上领先于全世界，让博物馆充满栩栩如生的动物标本，而不沦为畸形动物标本的仓库。令人欣慰的是，如今为我们的大型博物馆做的所有工作基本上都是由本协会会员来完成的。[103]

第四届年度展览

不论第三届年度展览人们所欢欣鼓舞的场面有多么盛大，它都是转瞬即逝的。1884 年 7 月 30 日，美国标本剥制师协会在美国国家博物馆的讲堂里举行了最后一次会议。[104] 会员们相聚在此，讨论古德邀请他们参加在新奥尔良举办的世界工业和棉花百年博览会的事情，该博览会是为了庆祝美国棉花生产、制造和商业化 100 周年。他们因此将该协会“一年一度的”年度展览推迟到了下一年，所以第四届年度展览将于次年再在纽约举办。协会将共享国家博物馆在政府与州立大厦的展览空间，古德还主动提出支付所用协会展品的货运费用，以及协会派遣委员会的费用。该委员会由协会会员组成，将负责监督“展览的接待、处理和布置事宜，并兼顾好协会的整体利益及参展者的个人利益”。协会会员们一致同意接受古德的邀请。为了延续协会举办展览的形式，古德联系了新奥尔良博览会的总负责人爱德华·奥斯汀·柏克（他在美国南方很有影响力，既是《新奥尔良时代民主报》的编辑，也是路易斯安那州的财务主管），古德还建议该博览会组织一场动物标本剥制比赛。柏克同意了，而且主动提出颁发金质奖章给最佳鸟类群组标本、最佳单个标本作品和最佳综合展品，第二名则颁发荣誉证书。[105] 然而，他也保留了不颁奖的权利，即如果任何类别的最佳作品都达不到获得最高荣誉的水平，他将不颁发奖项。[106] 这些细节一确认下来，霍纳迪便紧急给协会发送了通知，强调了此次展览的重要性以及美国国家博物馆所提供的支持和赞助：

> 无须再特别提醒，相信各位协会成员已经明白这次展览对于整

> 个行业的重要性，以及国家博物馆高层领导们在促进协会利益上所付出的努力。在这个博览会上，协会将踏入一个全新的领域，如果能妥善利用好这次机会，结果将会是百利而无一害的。[107]

不幸的是似乎只有霍纳迪一人对展览充满热情，因为只有他和卢卡斯（后者很可能是不情愿地）组成了“展览委员会”。

最终美国标本剥制师协会参展的展品有参加过纽约那次年度展览的“剥制师的密室”和协会会员获奖作品，霍纳迪一直在收集这些优秀作品，他是为了能在美国国家博物馆长期地展览协会的标本作品。尽管筹备得仓促，史密森尼学会仍然夸赞道：美国标本剥制师协会展览了“协会中优秀会员的最佳作品，这些会员包括霍纳迪、卢卡斯、弗雷纳、韦伯斯特、威廉·帕尔默、约瑟夫·帕尔默、亨德利、福尼、贝利及华莱士”等人。[108]对标本剥制术及协会流行风格的认可，得到新闻媒体的证实。《国家共和报》和《华盛顿邮报》都刊登了两栏专题文章来宣传新奥尔良的博览会，并且文章中都提到了该协会的标本展览。[109]1885年，在博览会接近尾声的时候，《新奥尔良时代民主报》赞扬了美国标本剥制师协会，文章写道：“这个协会达到了它的目的，证明了动物标本剥制术确实是一门美术”，并把协会的成功归功于霍纳迪和他的剥制术水准。[110]讽刺的是，在《森林和溪流》杂志激烈批评过纽约展览会上霍纳迪的“千钧一发”标本后，这次该杂志的特派记者却称这个作品“美到无法形容”，并称赞了协会整个展览“在执行和艺术设计上的美”[111]。

新奥尔良博览会在1885年5月结束。6月，在霍纳迪的监督下，所有展品都被送回了华盛顿。同月，他在美国国家博物馆安装了美国标本剥制师协会的展品。第四届年度展览再没举办下去。美国标本剥制师协会因为霍纳迪不在而失去了所有动力。此时霍纳迪的注意力都转向了美国西部，因为那边的美洲野牛可能就要灭绝了，他需要为国家博物馆的标本收藏采集野牛样本。协会似乎从没有正式解散过。后来霍纳迪曾争论说协会实现了其目标，就没有存在下去的必要了，而卢卡斯则认为协会的目标过于宏大，导致协会难以为继。[112]

在某种程度上来说，两个人说得都没错。在卢卡斯看来，将所有标本剥制师集中到一个组织下进行管理的难度太大了。即使是在美国标本剥制师协会最受欢迎的时候，也只吸引到100名出头的会员，他们都来自东海岸，尤其是波士顿、纽约和华盛顿这几个地方，但全国可是有成百上千名标本剥制从业者。而且对于博物馆的剥制师们来说，彼此分享知识确实是有利的；但商业领域的剥制师就不一样了，保留自己的剥制秘方他们才能获益。他们一直都对自己的作品获奖这件事很感兴趣，但他们也绝不会公开分享他们的剥制经验。然而，该协会所宣扬的艰巨使命，也就是“将动物标本剥制术提升到被公认为是一门美术的艺术地位”，似乎已经被实现了。甚至在第三届年度展览之前，公众和科学界在报纸和期刊上都已经将新型标本剥制术作为美术来讨论。1886 年，《科学美国人》曾指出，“从博物馆和收藏家在选择标本时都表现出了更高的鉴赏能力中，我们已经能看到这个令人钦佩的协会所产生的影响。这不再是一个人在一天之内能在标本剥制工作间作出多少标本的问题，而是他工作的质量问题。”[113]

然而，美国标本剥制师协会并没有满足于强调目前的剥制术趋势，协会的创始成员也不会无所作为地随波逐流。相反，该协会是变革的主要推手——其创始人们开创了美国新型标本剥制术运动。在不到 5 年的时间里，这个协会成功地强制性推动了一个戏剧性的范式转变，这种转变已经持续一个多世纪，至今也没有受到反对。随着大众对于新型标本剥制术的成功接受，自然博物馆的馆长们已经不能再为了让访众快速浏览而将单个标本排成排作展览了，因为来博物馆的参观者们期待看到的是更逼真、更艺术化的标本被呈现在恰当的栖息地布景中。该协会通过实现其主要但并未明说的目标，即“积极倡导群组的理念”而为博物馆的展览带来了根本性的改变，让美国自然博物馆逐渐演变成了开展教育的地方，影响了美国大众看待动物及其栖息地的方式。

1885 年 8 月，韦伯斯特在接受《华盛顿邮报》采访时，介绍了他位于宾夕法尼亚大道上蓬勃发展的工作室，但是他也谨慎地指出，“在过去的几年中，特别是自美国标本剥制师协会成立以来，标本剥制的艺术有了很大的进步，但未来它的地位肯定会比现在还要高得多。”[114] 多年后，在韦伯斯特的预言成真的当下，这个协会却如其创始人们曾感叹的，并没有因为它对标本剥制艺术所作出的贡献而被人们更好地记住，霍纳迪认为它的贡献在于“为填充的动物标本赋予了生机”[115]。从 20 世纪 30 年代晚期的视角回顾，霍纳迪认为，“博物馆动物标本剥制术从那个时间点开始到现在为止所历经的惊人崛起，完美印证了协会所秉持的原则的正确性。”[116] 知道这样的事实令他倍感安慰——单纯地将动物皮塞满已经成为“一场死去和被埋葬的噩梦了”，而新型标本剥制术越来越为人所接受，“其发展势头已经强劲到无人能挡。”[117] 即使并不看好协会的卢卡斯也曾承认，“人会死去，机构也会消失，但思想会永存。”[118]

第3章

人类造成的破坏

史密森尼学会的标本剥制术和野生动物保护的开始

> 人们可能普遍没有意识到，人类的活动正如此迅速而广泛地改变着世界上几乎所有的动物群系。当然，以前在自然原因的作用下，变化就一直存在了，动物一个物种接一个物种地从地球上消失，但自然界的灭绝方式和人类的破坏方式之间存在天壤之别——大自然的绝种过程通常比较缓慢，而且一个物种是以被另一个物种所取代的方式消失的；但人类对物种的破坏却是迅速的，这种破坏所造成的物种空缺也无从弥补。
>
> ——弗雷德里克·奥古斯塔·卢卡斯[1]

美国标本剥制师协会旨在改变博物馆展示标本的方式，所以该协会在达成其目标后就此解散可能也不足为奇。如今，许多著名的协会成员在美国各个自然博物馆中担任要职。其中，该协会的3位主席——弗雷德里克·奥古斯塔·卢卡斯和威廉·坦普尔·霍纳迪在美国国家博物馆任职，而弗雷德里克·史密斯·韦伯斯特则在华盛顿开了一家私人工作室，主要客户是史密森尼学会。他们在国家博物馆里获得了空前的创作自由，不论是卢卡斯还是霍纳迪都不再需要自费试验创作新标本了，但这也意味着博物馆赋予了他们许多新职责，因此二者都没能为协会在新奥尔良博览会上的展览贡献任何展品。

相反，美国国家博物馆要求各个部门的负责人和制备人员以博物馆的名义作出一个宏伟展览，展示出整个美国的民族文化、动物及矿物资源。这是一场大规模的展览，美国国会因此为它拨出了创纪录的7.5万美元预算，还临时搭建了个场地，让展品在被运往新奥尔良前能有地方放置。博物馆要求霍纳迪在仅仅 7 个月的时间内，准备好所有哺乳动物目的标本，装进 4 个大型展柜。卢卡斯的任务则是准备配套的动物骨骼标本，这个任务量实在太大，所以他最终并没能在规定时间内完成。[2]

霍纳迪提出了一个复杂的、多层级的展示北美野生猎物的方案，将这些标本“安装在简单的基座上，到现场再配以自然的环境和效果，摆出一个非常引人注目的群组（仅供暂时展示）”[3]。据他的铅绘草图（图 3.1）所示，他的想法与马莎·麦克斯韦在 1876 年费城世界博览会上展出的阶梯状分布的动物标本群组惊人地相似，他的作品中包含了一块后面有乔木和灌木露出的岩石，岩石被放置在以下这些雄性动物的标本之间——几种梅花鹿、一只驼鹿、一只北美驯鹿、一只雪羊、一只大角羊、一只麝牛、一只“老”的和两只一岁的叉角羚以及几只小型哺乳动物。霍纳迪毫无疑问选择展示每个品种的雄性标本，因为它们有令人印象深刻的体形和显眼的鹿角、羊角。麦克斯韦也这样做过，

图 3.1　威廉·坦普尔·霍纳迪在新奥尔良博览会所绘制的野生猎物群草图，这些动物是美国国家博物馆会做成标本的动物。在霍纳迪的提案中，他建议野生猎物“安装在简单的基座上，到现场再配以自然的环境和效果，摆出一个非常引人注目的群组（仅供暂时展示）。”（图片来源：史密森尼学会档案馆，图片编号：#SIA-2019-006026）

但霍纳迪不同于麦克斯韦的设计是，他将一个壮观的野牛家庭群组标本放到了展台中央。

哺乳动物馆馆长弗雷德里克·特鲁最初同意的霍纳迪的计划是，在展览中囊括“巴拿马地峡以北现存的整个北美哺乳动物群”[4]，但霍纳迪很快发现史密森尼学会的收藏品中北美大型哺乳动物的标本并不多。他提出的美洲野牛家庭群组标本方案是不可能实现的，因为收藏品中没有成年雄性野牛，仅有“两张年代久远、制作粗糙并且已经残破不堪的毛皮”，一张是一只雌性野牛的，另一张是一只小公牛的。[5]霍纳迪需要新的动物皮毛，但他已经没有时间去搜寻，更别提把它们制成展览用的标本了。改进收藏品的工作必须得等到博览会结束后才能进行。所以取而代之的是，霍纳迪准备了一个更简化的、相对没那么壮观的标本群组，即仅展出北美反刍动物的标本。这些标本被摆放在一个 3 层的、简单的白色金字塔结构上，四周也没有放他原计划的栖息地环境配饰，如图 3.2 所示。公众并不知道这次展览其实是霍纳迪妥协后的结果，但他们明显感觉它在剥制质量和展示创意方面都不如美国标本剥制师协会的展览。

在接下来的几个月里，霍纳迪都在督促自己和他的助手们对博物馆现有的动物皮毛进行剥制和修复，以参加新奥尔良博览会。他们着重于为小型哺乳动物制作群展，其中包括水鼬、水獭、河狸、兔子和松鼠等物种。但在新奥尔良博览会结束后，乔治·布朗·古德和秘书斯宾塞·富勒顿·贝尔德要求霍纳迪和卢卡斯清点出他们为博物馆准备展览的过程中哪些动物样本不足，以便授权相应的动物采集远征活动。恰好的是，他们在沃德研究所的老同事查尔斯·哈斯金斯·汤森最近刚从西海岸回来，他现在受聘于美国鱼类委员会，但同样也受贝尔德的领导，因为贝尔德既是史密森尼学会的秘书，也是鱼类委员会委员。汤森带来了一个令人震惊的消息——北象海豹似乎现在已经灭绝了。

霍纳迪和卢卡斯一致认为，采集动物的远征活动应首先聚焦于濒危或最近刚灭绝的物种，因为此时还有机会获得它们的样本或骨骼以供研究。他们还认为，应该引导美国公众关注危害这些物种的掠夺行为，而引人入胜的展品可以鼓励形成更具责任感的环境伦理。古德和贝尔德对此表示赞同。在汤森的带领下，霍纳迪走遍了美国西部，特别是蒙大拿州，寻找很快就要成为稀罕物的美洲野牛，而卢卡斯后来则去了纽芬兰的芬克岛，采集已灭绝的大海雀的骨骼和羽毛。

通过这些采集考察活动，美国国家博物馆开创了收集濒危动物样本和近

图 3.2　威廉·坦普尔·霍纳迪妥协后为新奥尔良博览会所制的北美野生猎物展品。（图片来源：史密森尼学会档案馆，图片编号：#72–2375）

期灭绝物种遗骸用于其科学收藏的先河，并将多余的动物样本分发给世界各地的博物馆以拓宽它们对这些物种的研究。但更为重要的是，这些采集之旅启发了三位参与者，为他们后来的职业生涯指引了方向——他们从撰写科普类文章和书籍，到创立协会，再到游说立法，成功推动了里程碑式的动物保护立法。最终，他们的努力不仅让自然历史博物馆改头换面，还为美国野生动物保护运动的各个关键部分都确立了标准。

汤森和象海豹

1884 年 10 月 14 日，汤森乘坐双桅纵帆船“劳拉”号从圣地亚哥港出发，向南航行抵达马格达莱纳湾，他在那里的海岸线和外围岛屿探索，寻找象海豹的踪影。人们普遍认为，为了得到它们的脂肪来制作灯油，残酷的捕猎产业已经将这个物种赶尽杀绝。[6] 但后来开始有报道披露这件事，报道称，1880 ~ 1884 年，捕猎者在加利福尼亚海岸发现并杀死了近 300 只象海豹。有人在离塞德罗斯岛以南 50 英里（**约 80 千米，编者注**）处的偏远地区发现了一些象海豹个体，这个地方在所有地图上都被标记在了圣克里斯托瓦尔湾，所以那里也被捕猎者们称为“象海豹滩”。[7] 汤森是从旧金山的詹姆斯・莫里森船长那儿打听到这个地方的，莫里森告诉汤森说去年 1 月他自己曾乘坐单桅纵帆船“自由”号来到那个海滩，在那里杀死了 33 只象海豹，3 月重返故地的时候他又杀死了 60 只。汤森迅速将这个信息通过电报发给了秘书贝尔德。“猎象海豹的人们又开始了他们毁灭性的工作，”他后来回忆道：“这是一场我们之间的比赛，我们将比赛争夺最后一只象海豹样本，看看它是供科学研究用还是制油用。”贝尔德局长回复了电报，他建议汤森租一艘双桅纵帆船，并雇用莫里森担任船长。[8]

他们大概在一周后抵达了“象海豹滩”，抵达的时候汤森只看到了 3 只幼年象海豹躺在沙滩上睡觉。他决定不采集它们，希望它们的存在能够吸引这个季节的其他象海豹也在同个地点上岸。在观察了幼象海豹并记录了几个小时的数据后，汤森选了 3 名船员留下来，让他们保护那 3 只小象海豹免受捕猎者侵害，而且如果有任何成年象海豹出现在海岸上，他们也能在他不在的时候进行采集。汤森则沿着海岸继续向南走了几个星期，却再也没有发现象海豹的踪影。最终他放弃了寻找，回到“象海豹滩”，那里既没有成年象海豹出现，3 只中也有 2 只幼象海豹离开了海岸。

他下令射杀剩下的那只象海豹，并向船员们展示了如何解剖一只科学动物样本以备后续制成标本。在准备解剖这只小雌性象海豹时，他发现它的皮上“臀部位置有一条大裂口，鲨鱼牙印清晰可见”。他还发现它的胃部“受到腹部寄生虫的严重侵袭”，这些长长的、线状的、白色虫子和他以前在其他鳍足类动物身上看到的寄生虫都不一样，[9] 所以他也采集了这种寄生虫以供进一步研究。

汤森意识到象海豹身上还有很多他们不了解的知识，于是他继续向北前进，搜寻象海豹，这次依旧是沿着海岸线走。他后来回忆起那段几个月的海上时光，他们的工作艰难辛苦，生活危机四伏：

> 我和这支小型船员团队在甲板上日夜不断地轮流值班。为了补充食品库存，我们去到崎岖的荒岛上迫切地猎捕野山羊；长途跋涉寻找淡水水源，必须把水桶都装满了再费劲把它们送上船。搜寻过程中，我们肯定有 20 次登上那些布满岩石的小岛，小岛周围的海面波涛汹涌，结果发现那里栖居着的是数百只海狮。日复一日，当船在近岸巡航时，我们仔细地检查着绵延数英里（**一英里约为 1.6 千米，编者注**）的海滩。我们在被各种海浪侵扰中上岸，有时船甚至还会被海浪淹没。[10]

有那么一个时刻，锚被卡在了礁石中；还有一次，铸铁起锚机被砸碎了。有一回，一名穿着及髋部高筒靴的船员掉进了水里，差点淹死。似乎每度过一次波折，这趟旅途就变得更加危险，但汤森仍然不肯放弃。

经过数周的无果搜寻后，汤森让船员将船开回“象海豹滩”。当他们到达时，已经是新年的前夜，距离他们初次登陆这个地方已经过去两个多月。只有 15 只象海豹在那里上过岸，包括 1 只雄性象海豹、2 只幼崽和 12 只雌性象海豹。汤森不禁对此感到沮丧，看起来他来晚了一年，无法拯救这个族群了。“从我们仔细搜寻却收获寥寥的结果看来，它们已经被完全扫荡。”他在当时写下，“在我们到访之前的秋冬季节，在圣克里斯托瓦尔湾的旧海鸟栖息地对象海豹进行的大规模屠杀，无疑是导致它们数量稀少的主要原因。”[11]

汤森花了几个小时观察象海豹的活动，认真记录并比较了它们和黑海狮的不同爬行方式。直到没什么可以观察后，他指示船员们杀死海滩上所有象海豹。同时，他沿着海岸线仔细搜寻，挑选其他象海豹的骨骼遗骸。翻遍整个海岸，汤森找到了已经风化的象海豹头骨和其他骨骼，他记录下证据，说明“它们以前的数量并没有被高估”[12]。那天，在象海豹海滩上，他找到了一只被海水冲刷过的头骨，长度几乎达到了两英尺（**约 0.6 米，编者注**），汤森猜测头骨应该来自一只近 20 英尺（**约 6.1 米，编者注**）长的雄性象海豹，而这是他们目前观测到的任何象海豹的两倍大小。调查完现场情况后，他写道：“这种有趣而又有价值的动物在生存斗争中面临着巨大的挑战和困难。”[13]

霍纳迪和对最后一只野牛的狩猎

霍纳迪迫切希望通过公共展览的方式提高人们对已灭绝的和濒危物种的认识，就像汤森一样，他开始相信自己也身处一场与动物皮毛猎人的比赛中。在准备新奥尔良的北美哺乳动物展览时，他发现史密森尼学会只有两个粗制的野牛标本。霍纳迪制定了采集额外的动物的计划，并请求贝尔德秘书批准组织一场前往蒙大拿州的旅程，去那里采集野牛以供研究，并通过展览这些“最有价值和有趣的美洲哺乳动物”来提高公众对这种动物的消亡的认识。[14]贝尔德同意了，他要求霍纳迪采集 20 ~ 30 件完整的野牛皮和野牛骨架，以及至少 50 个野牛头骨。这些样本将完善美国国家博物馆自己的收藏，也使史密森尼学会能向世界各地的博物馆提供动物样本。

长期以来，历史学家一直认为导致该物种灭绝的主要原因是美国政府的种族主义政策，该政策鼓励猎人和军队与平原原住民作战，剥夺他们的主要食物来源以加速他们移居保留地。然而，似乎并没有历史证据能支持这一说法。丹·弗洛雷斯在《美国的塞伦盖蒂》一书中写道：猎野牛者詹姆斯·库克在 1907 年出版的《边界与野牛》一书中，记录了他的狩猎经历，并试图美化那些兽皮猎人，声称他们是菲利普·亨利·谢里登上将所制定的、政府所批准的政策的一部分。该政策旨在清除北美草原上的原住民。如果谢里登将军有机会制定这样的政策，他会参照他在谢南多厄河谷会战中的成功经验。当时他指挥联盟军队将山谷夷为平地，焚烧庄稼和谷仓，掠夺牲畜。尽管最终谢里登的战略摧毁了南方军队的食品供应并加速了战争的结束，但并没有证据表明这种策略被明确用作对付平原部落。看来在霍纳迪发表《美洲野牛的灭绝》的 20 年后，因为霍纳迪在书中谴责了兽皮猎人将美洲野牛推向了灭绝边缘，所以库克编造出了谢里登的政策，为他们开脱这个遗留的骇人罪责。[15]

仅仅 100 年前，还有数千万头野牛在北美的大草原上漫游。据梅里韦瑟·路易斯上尉和威廉·克拉克少尉描述，这群野牛是“行进的一大群”，令“整个草原都变得黑压压”。但在 19 世纪的最后几十年里，文化变革席卷了大草原，摧毁了平原原住民，也将野牛推向了灭绝的边缘。这种变化以干旱、欧裔美国人定居者、马匹、铁路、疾病和商业狩猎的形式出现在草原上。内战结束后，铁路将成千上万名前内战士兵带到了西部，他们变成了兽皮猎人，铁路也方便了野牛皮、骨头和舌头（一种美味佳肴）到沿海市场的运输。需要强力的皮带来转动推动工业革命的机器，这种对皮带的需求确保了对皮革的无限需求。[16] 霍纳迪必须迅速采取行动，以获得研究用和剥制用的标本，供史密森尼学会使用。

1886 年初春，霍纳迪前往蒙大拿州的迈尔斯城的安排都做好了，那里是即将消亡的北方野牛群所处的中心地带。[17] 这不是狩猎野牛的最佳季节，因为它们会脱掉冬天的毛，但霍纳迪决定先进行一次旅行，看看是否能发现还存活的野牛个体的下落，如果还能找到任何一只野牛的话。战争部长命令驻扎在蒙大拿州和达科他州领地的基欧堡、马金尼斯堡和麦金尼堡的军官为霍纳迪提供一支装备齐全的采集队伍。内政部长则命令印第安事务官和侦察兵在霍纳迪有需要时协助他。霍纳迪、他的助手安德鲁·福尼和他来自纽约的一个熟人，也是一个标本剥制师乔治·赫德利于 5 月抵达迈尔斯城。驻扎在亨特利的美国陆军医生 J.C. 梅里尔上尉定期为国家博物馆采集动物，他写信给霍纳迪，告诉他当地有传言说能在大干溪附近找到野牛。于是史密森尼学会的野牛考察队沿着密苏里河往北行进，并在那里看见了“数百万头野牛的下落”：

> 整条路上密密麻麻地散落着泛白的骨架，像可怕的屠杀纪念碑。它们躺着的样子和 4 年前倒下时完全一样，只是身上不再有肉。头向前远远伸着，仿佛是为了喘最后一口气……剥皮者总是不给公牛的头部剥皮，厚实的皮在头骨上已经干得比骨头本身还要硬。……许多这样的牛头保存得如此完好，再加上它们浓密的褐色卷发看起来又是那么新鲜，直接将这场数百万只野牛的屠杀活动带到了当下，仿佛屠杀就发生在昨天。看到这些骨头我们还尚可忍受，但这些毛茸茸的巨大头颅让我们最为深切地感到了我们所失去的一切。[18]

由于找不到任何活着的野牛的迹象，探险队往西南方向前往鲁巴牧场，牧场主人曾报告说看到一群 35 只的野牛。霍纳迪一建立起长期性营地，就有一个在牧场工作的蒙大拿州牛仔欧文·博伊德和一个夏延族印第安人侦察员加入队伍，担任了向导的工作。两天后，他们发现了一只单独的野牛牛犊。又过了一周，他们小干溪上发现了两只公野牛，但只成功抓住并杀死了其中一只。这只动物还在脱落它的冬季毛皮，而因为它的皮毛不能做成有代表性的标本，他们就只带走了它的头和骨架。霍纳迪缩短了旅程，因为这只牛犊和他们看到的几只成年野牛确切证明了，蒙大拿领土上确实还有小部分野牛存活并繁衍着。福尼带着野牛犊返回华盛顿，而霍纳迪则匆忙打包了他们采集到的大量野牛骨骼样本，准备跟着他们两个回到史密森尼博物馆。[19]

1886 年 7 月，美国国家博物馆的草坪上聚集了大批人群，他们来看野牛犊。因为它“长着一头呈均匀黄褐色的相当长的浓密卷发，”[20] 霍纳迪给它起名“桑迪”。桑迪还太小、太虚弱，不能在博物馆前的草坪上自由走动；白天它被拴在木桩上，晚上则被带进标本剥制工作室，以防被偷。[21] 很多人担心这只病弱的小牛会活不下来。事实上，桑迪非常温顺，在他手上松松地拿着系在桑迪脖子上的木桩绳的情况下，霍纳迪甚至还和它一起合了张影（图 3.3）。

图 3.3　威廉·坦普尔·霍纳代与桑迪的合影，摄于 1886 年。（图片来源：史密森尼学会档案馆，图片编号：#79-13252）

在几周内，桑迪的情况就开始好转了，很快他就变得太强壮、太难驾驭了，甚至连负责照顾它的安德鲁·福尼也难以控制他。

一天晚上，下过一场大雨后，福尼正带着桑迪向博物馆的动物标本剥制工作室走去，但小牛突然开始从斜坡上跑下去，“头冲下，尾巴在空中甩，泥巴从他蹄跟飞溅开，”霍纳迪写道：“安德鲁追在他后面跑，无助地拉着绳子。”[22] 显然，博物馆对于桑迪来说还是空间不够，所以霍纳迪把他带到了博物馆图书馆馆长牛顿·普拉特·斯卡德尔的乡间住所，在那里他被带到了牧场上和牛群一起吃草。没过几天，桑迪就死了。起初，对小牛的突然死亡感到震惊的霍纳迪怀疑小牛是被人毒死的，然而很快就发现桑迪其实是因为吃了潮湿的三叶草后死于牧场（瘤胃）胀气。[23]《华盛顿邮报》报道说：霍纳迪“一度因失去它而几乎悲痛欲绝”[24]。

霍纳迪的悲痛之情不仅来自他对小牛父亲般的爱，更是因为事到如今，他深知美洲野牛正在走向灭绝。每一只野牛的死亡都在让这个命运更近一步。他剥下了桑迪的皮（图 3.4），并用之前的照片作为参照，将桑迪标本的姿态

图 3.4 安德鲁·福尼（坐在左边，正在准备孟加拉虎皮）、威廉·坦普尔·霍纳迪（位于中间，正在制作孟加拉虎标本）和一位不知名的助手在美国国家博物馆的剥制工作室工作，大约摄于 1886 年。请注意照片前景中的野牛头骨和皮毛。（图片来源：史密森尼学会档案馆，图片编号：MNH-2783）

制作得栩栩如生。在将这个标本放入博物馆的美洲野牛群前，霍纳迪把它放在了动物标本剥制工作室的入口处，作为物种快速灭绝的象征。这种现象在远离国家首都的地方仍在持续发生着，这也能每天提醒他们认识自己任务的紧迫性。[25] 当霍纳迪和他的助手们准备返回蒙大拿州时，他们下定决心一定要为美洲野牛保留住某些遗迹，即使只是以制成标本的方式。

霍纳迪和野牛考察队于 9 月回到了迈尔斯城。经过 3 个月的狩猎，他们最终找到并杀死了 22 头野牛，并从已干枯的野牛残骸中采集了 24 张野牛皮、16 个野牛骨架和 51 个野牛头骨。[26] 曾经庞大的野牛群如今却如此衰败，所以当霍纳迪遇到一群 15 只的野牛时，他决定放过它们。对他而言，他明白为了保护物种而杀死物种的“最后一只”非常具有讽刺意味。回到华盛顿后，霍纳迪策划了一个复杂计划，试图拯救最后一批野生野牛。

卢卡斯和大海雀探险队

和霍纳迪一样，弗雷德里克·卢卡斯也逐渐认清了这样一个严峻事实，许多正在消失的北美物种可能只能以剥制成标本的方式保存下来。早在 1885 年，卢卡斯就和贝尔德秘书商讨过派遣一支采集探险队到纽芬兰东北海岸外的芬克岛的可能性，那里曾是大海雀的繁殖地（如今被称为“大海雀墓地”）。作为骨学家，卢卡斯发现国家博物馆只拥有一只这种曾经数量众多的鸟类的剥制得很粗糙的标本，一颗蛋和一根肱骨。大海雀早就灭绝了，卢卡斯对找到该物种任何活体遗迹并不抱希望，但他确信在芬克岛上能采集到大量骨骼，并从这些残骸中搭建出一副大海雀骨架来。不幸的是，当时博物馆还没有准备好为这样的探险投入它所需要的巨额经费和相对充裕的时间，更别说当时的关注点是尚未灭绝的物种。[27]

在接下来的两年中，当霍纳迪将精力转向获取北美哺乳动物，特别是美洲野牛的样本时，卢卡斯则专注于对博物馆所收藏的濒危物种进行评估。他撰写了一份报告，是关于世界上已经灭绝及面临灭绝风险的物种的，警告读者们由于“人类的行为”，世界动物群正迅速发生着变化。卢卡斯列举了一些“更为具体的导致物种灭绝的原因”，包括农业、家畜的增加以及人们认为要保护牧群免受野生动物捕食，外来物种的引入以及为了食物、时尚或运动而过度猎杀具有经济价值的物种。卢卡斯认为，直接导致这些结果的原因是“一个常见而致命的认知谬误，即因为一些动物大量存在，所以它们就能取之不尽，也不需要被保护。人们往往会将这样的信念付诸行动，直到这些物种濒临灭绝”[28]。霍纳迪在野外的采集经历不仅引起了科学界的注意，也引起了知情公众的关注，其中有许多人并不赞成国家博物馆采集濒危物种的做法，而这就凸显出了卢卡斯评估工作日渐增长的重要性。

1887 年 3 月，卢卡斯为博物馆和汤森的工作进行了辩护，他对《森林与溪流》上发表的一篇题为“致命的灭绝”的社论作出了回应。在过去几年里，象海豹已经被从加利福尼亚海岸连根拔除，几乎要被猎杀殆尽。这篇社论的作者谴责了国家博物馆和汤森为了获取象海豹样本而进行狩猎，称这种行为是“冷血、无情而残忍”[29]。这篇社论凸显了公众对于野生动物保护的日益担忧，但同时也说明了人们并不了解自然博物馆在保护濒危物种方面所发挥的作用。卢卡斯写了文章为汤森辩护，称赞他“为科学捕获到了我们最大的鳍足类动物中的个体，即使只抓到了少量且它们尚未成熟”。他认为，获取“尽可能多的标本以供科学研究，就算让物种面临灭绝的风险”，也好过把这些幸存者“留给海豹猎人，期待他们手下留情”。[30]

此外，卢卡斯还解释道：美国国家博物馆在挑选了几只象海豹个体作为自己的收藏品之后，就把剩余的标本分发给了大英博物馆、比较动物学博物馆、美国自然博物馆和费城自然科学院。大海雀无论是种群还是标本都没能留下一只，这件事一直萦绕在卢卡斯心头，他问社论的作者是否“宁愿象海豹的皮被制成皮革，宁愿它们的骨头被留在海滩上变白？没有人会比本文作者更痛恨残害动物的行为，但他认为屠杀海象不仅是合理的，而且是值得赞扬的”。仿佛为了印证卢卡斯的话一般，汤森自己后续的探索适时地将象海豹从灭绝的边缘拉了回来——在 1911 年的考察中，他在瓜达卢普岛上再次发现了一个幸存的象海豹群，促使了墨西哥政府和后来的美国国会通过了针对象海豹的保护性立法。[31]

大海雀就没有这样的复活机会了。尽管如此，1887 年夏天，卢卡斯还是毫不犹豫地抓住了机会，登上了美国鱼类委员会的新双桅纵帆船“灰海豚”号，参加了一次前往加拿大纽芬兰和拉布拉多海岸的考察活动。卢卡斯的考察报告除了有他对这种鸟类的历史和比较解剖学方面的观察，还包含了他对这个鸟群中的个体差异、第二性征和年龄变化的记录。但这份报告读起来也像美国著名的博物学家约翰 · 伯勒斯和约翰 · 缪尔的许多雄辩散文一样。关于他对芬克岛的第一印象，他写道："南部以及最广阔的岩石隆起的地区都有很大一部分被厚厚的植被覆盖着，早已灭绝的大海雀的腐烂尸体和它们缓慢分解的骨头滋养了植物，用鲜艳的绿色标示着这里曾是大海雀的繁殖地。"[32] 卢卡斯通过分析植被的丰富程度来定位正处于草皮下方的数百万只缠绕在一起的大海雀的骨头。在石头围起来的"圈"或围栏附近发现了数量最多的遗骸，这些鸟"像许多绵羊一样被赶进去"[33]，并被留在了那里直到被屠宰。卢卡斯想象了当时的场景——"大锅晃动着，里面的鸟儿被煮至半熟，以便能轻松拔毛。"[34] 采集队挖开了直径 10 ~ 12 英尺（**3 ~ 4 米，编者注**）、深度两英寸（**约 5 厘米，编者注**）的草皮，一层紧密堆叠在一起的木炭和骨头露了出来。找不到一个顶部没有破损的头盖骨，要不就是头盖骨的后方"几乎没有了"，因为这些鸟都被这些为了收集鸟羽而捕杀鸟类的人用棍棒击打了头部。[35]

尽管探险队成功地采集了这种已灭绝的鸟类数以千计的骨头，但卢卡斯指出，他们最终"拼凑出了不到 12 具骨架，而且这些骨架并不绝对完整"[36]。但他后来又表示，他能从中拼凑出至少 5 个"完整的标本"，也就是说它们是由来自不同海雀个体的骨骼构成的，这 5 个标本一个留在了美国国家博物馆，其他的则被送到了哈佛大学的比较动物学博物馆、美国自然博物馆、英国爱丁堡的科学与艺术博物馆和澳大利亚悉尼的澳大利亚博物馆。美国国家博物馆还保留了两具骨架作为"备用系列"，以及各种用于科学研究的单个骨骼。1890 年，根据卢卡斯在解剖学上的新发现，国家博物馆里收藏中已有的那只大海雀被重新架设，它最终缩短了 3 英寸（**约 7.6 厘米，编者注**），因为早期大多数标本架设技术往往会拉长皮肤。

"格兰普斯"号的考察活动唤醒了卢卡斯心中对物种灭绝速度之快的深刻理解。他回想起自己以前与父亲一起航行到亚洲、非洲和南美洲时的观察，那些地方似乎有无穷无尽、各种各样的物种，特别是鸟类。但在短短几十年的时间里，他亲眼见证了物种在数量上的巨大变化。大海雀的灭绝预示着人类文明将威胁无数物种的命运。

卢卡斯下定了决心要引起科学界和美国公众对这个问题的关注，他开始在《科技新时代月刊》《自然》和《海雀》等出版物上发表大量科普文章。他还完成了对史密森尼学会用于科学研究和展览的收藏品中所持有的已灭绝和濒危物种样本的评估。在史密森尼学会 1889 年的年度报告中，他公布了一份带注释的清单，罗列了 14 个动物样本，代表了近期已灭绝或濒临灭绝物种，包括大海雀、渡渡鸟、拉布拉多鸭、西印度僧海豹、“加利福尼亚象海豹”（北象海豹）、太平洋海象、大海牛、加拉帕戈斯象龟和瓷鱼。这是同类型作品中的首创，但它也不只是一份冰冷的列表。卢卡斯始终以理性代言人的身份，号召博物学家和普罗大众共同努力，保护物种免于毁灭。[37] 而威廉·坦普尔·霍纳迪是他最强有力的盟友。

活体动物部和野牛群组标本

在 1887 年的头几个月里，霍纳迪得知了猎人们杀死了他在蒙大拿州所放过的最后一群野牛中的 3 只。[38] 是时候采取行动了。霍纳迪向古德提出了两个并行不悖的目标。

回忆起桑迪在公众中的受欢迎程度，霍纳迪提出的第一个建议是史密森尼学会开设一个动物园——或者他称之为“活体动物部”，一个旨在制定一项圈养繁殖计划以拯救最后几只留存于世的野牛的部门。1887 年初，古德同意了这个想法，到 10 月份的时候，这个新部门就正式组建了起来，霍纳迪担任其馆长。古德解释了建立新部门这一举措的合理性——这个部门将“让剥制师们有机会观察各种物种习性和姿态，以便利用所获得的知识来为哺乳动物的系列展览制作标本。”[39] 霍纳迪的第二个建议是组装一组宏大的野牛群组标本，配上他在西部采集的土壤和植被，这个作品将展示出这些野牛的原生栖息地，也就是蒙大拿州。与之前更为静态的自然展览相比，这次的展览变化巨大。他希望通过这个展览向博物馆访客们介绍野牛这个物种，进而提高人们对他所热爱的野牛所面临的困境的认识。此外，万一活体动物部的计划失败了，这个群组标本也可能会成为这个曾经兴盛过的物种唯一的永久记录。

以两只被围在史密森尼学会城堡后的野牛为起点，活体动物部现在已经演变为国家动物园，而美国国家博物馆也变成了第一所展出了野牛家庭标本组的博物馆。这个展览代表了科学标本剥制术的巅峰水准。

为了实现这两个目标，也因为日益的紧迫性，霍纳迪组织了一次前往西北地区的考察活动，目的是为活体动物部收集大量物种。贝尔德秘书安排他乘坐美国鱼类委员会的专用货车前往。货车上满车的活鱼在初次西行的旅程中分配完毕，所以回程时这辆车就改装成了运送动物活体的车辆。1887 年 10 月 8 日，鱼类委员会 1 号车从华盛顿特区出发，前往太平洋海岸，它的预定停靠站包括明尼苏达州的圣保罗、达科他领地的法戈和曼丹、蒙大拿领地的海伦娜、华盛顿领地的塔科马、俄勒冈州的波特兰、爱达荷领地的芒廷霍姆、犹他领地的盐湖城和怀俄明领地的夏延。美国国家博物馆正在采集活体动物的消息传开后，市民们纷纷涌向火车站，希望美国国家博物馆把动物作为礼物送给他们或卖给他们。活体动物部主要物种包括 2 只赤狐（*Vulpes vulpes*）和十字狐（赤狐的一种部分黑化的色型）、1 只辛纳蒙黑熊（*Ursus americanus cinnamomum*）、1 只白尾鹿（*Odocoileus virginianus*）、1 只哥伦比亚黑尾鹿（*Odocoileus hemionus columbianus*）、1 只骡鹿（*Odocoileus hemionus*）、2 只美洲獾（*Taxidea taxus*）、1 只截尾北美猫（*Lynx rufus texensis*）、4 只草原犬鼠（*Cynomys ludovicianus*）和 1 只金雕（*Aquila chrysaetos*）。行驶 7000 多英里（**超过 1.1 万千米，编者注**）后，装着一大批收藏品的货车回到了华盛顿特区。很快，这些动物就被存放在一个 25 英尺 ×106 英尺（**7.62 米 ×32.3 米，编者注**）的带暖气的木制围场里，该围场建于美国国家博物馆南侧，建材是从新奥尔良展览的附属建筑回收来的。[40]

霍纳迪一刻不停地为他的小型动物围场进行宣传。他对《华盛顿星报》说："推动整个运动的原因是西部动物被杀害的惊人速度，以及在未来几年内，许多具有代表性的美国动物会彻底灭绝的必然性。"[41] 最终，霍纳迪的努力没有白费，报纸纷纷吸引人们前来参观。

1887 年 12 月 31 日，这个小型动物园开始向公众开放。到 1 月底，里面动物的数量已经增加到 58 只，其中包括哺乳动物和鸟类。2 月 1 日，霍纳迪挖来了另一位沃德研究所的雇员纳尔逊·伍德，让他担任这些动物藏品的管理员，他是一位技艺高超的鸟类标本剥制师和艺术家。伍德后来一直在美国国家博物馆的标本剥制部门工作，直到 1921 年去世。1888 年春，博物馆获赠 6 头野牛，其中的 1 头母牛和 1 头公牛是纽约渔业专员尤金·布莱克福德为史密森尼学会购买的，他是在内布拉斯加州西部沙丘的一个牧场主那里买到的。这 2 头野牛（图 3.5）与牛群一起饲养，性情相当温顺。这些野牛成了动物活体部里最受欢迎的动物。动物园的成功令霍纳迪充满了动力，他在 1888 年 12 月初向古德提议，让史密森尼学会负责建立野牛繁殖计划。

但是，此时霍纳迪将注意力转向了设计和架设他的野牛标本群组，他认为这是一个剥制"实验，（它）应该被视作针对群组标本理念的一次关键测试，这个理念是为了适应科学型博物馆的目的而作出的调整"[42]。截至目前，美国自然博物馆中已架设好的标本群组数量正在激增。即使它们还不是主力军，也绝对并不少见。那么霍纳迪的野牛群组在他看来到底有何革新之处呢？答案在于他在他称为“特殊展览群组”的标本和科学型群组的标本之间做了区分。朱尔·皮埃尔·韦罗的“被狮子攻击的阿拉伯信使”，埃德温·沃德的“狮子和老虎的斗争”，以及约翰·华莱士的“争夺猎物的狮子”都是“特殊展览群组”标本的典型代表——它们所描绘的都是陷入了生死搏斗的动物物种，用血淋淋的伤口来为作品增添戏剧性。[43] 简而言之，霍纳迪对于什么标本才适合自然博物馆的想法正在进化。也许现在他会赞同韦伯斯特早先对于“树顶上的斗争”的评价，即它过于骇人，并不适合科学型博物馆。因为展览的群组标本具有“戏剧效果”，所以如今他认为最适合它们的地方应该是“大型展览、橱窗、集市、水晶宫殿”。[44]

霍纳迪将这种区别规范成了一套规则，这套规则在一开头就告诫标本剥制师要“抑制住你们的标本发展出暴力行为的所有倾向”：

图 3.5　来自美国内布拉斯加州的母野牛和公野牛，它们被安置在美国国家博物馆南侧的临时围场里，摄于 1888 年左右。（图片来源：史密森尼学会档案馆，图片编号：#MNH-8008A）

> 在一个管理得当的博物馆里，不允许打斗的形象出现。展示出你们的动物日常的、和平的、居家的生活场景。不要试图让观众感到震惊和恐惧，而要引起他们的兴趣并教育他们。让它们吃东西、走路、爬上去、躺下来、警惕地站着、和彼此玩耍或者昏昏欲睡地反刍。总之，除了打斗、跳跃和奔跑之外，怎么样都可以。[45]

虽然他自己的第二个标本群组作品“在家中的红毛猩猩”严格遵循了这些新规范，但这给霍纳迪带来了另一个棘手的难题，那就是这个群组标本其实从科学的角度上看，是非常不准确的。霍纳迪设计这个展品的目的是展示出该物种第二性征及年龄的变化范围，但他在这样做的同时，也就牺牲了对猩猩行为刻画的准确性。他很清楚红毛猩猩是一个独居的种类——他曾在美国科学促进会上发表的一篇科学论文中描述过，也在他的畅销书《丛林中的两年》中再度提到过这一事实，所以人们在野外绝不可能发现大型红毛猩猩群落。为了弱化戏剧性的暴力场面，霍纳迪与其他推行群组标本概念的剥制师反而去突出强调了群组标本“阖家欢乐的氛围”。[46] 如今，随着他制作野牛群组标本工作的展开，他终于能够设计出一个具有科学准确性的大型哺乳动物群组作品，这促使他对展览每个部分的准确性的提高都有了要求。

绝不允许以欺骗的方式去增强或者以任何方式去篡改标本的外观。在当时，通过拉伸兽皮或过度填充的方式来夸大任何大型雄性动物尺寸的做法很是常见的，但霍纳迪摒弃了这种伎俩，他坚持说：“我们竭尽所能，首要的是从动物尸体上测 3 组不同的尺寸数据，一个接一个进行互相比对校正，以便在安装标本时以完全相同的形式再现他活着时所具备的形态。”[47] 堪萨斯大学博物学教授刘易斯·林赛·戴奇曾在霍纳迪手下当学徒，学习如何制作野牛标本，学成后他会回到该大学新建立的自然博物馆准备自己的群组作品。戴奇后来给霍纳迪寄去了他在堪萨斯大学所制作的公牛标本的照片，他的作品令霍纳迪感到失望。因为戴奇偏离了解剖学的准确性，为了突出公牛的肌肉组织，他把标本做得比原型更瘦。“虽然我看得出来这是你有意为之，”霍纳迪在给戴奇的信中说道：“但我认为这样做对野牛几乎不公平。典型的野牛不一定是肥胖的，但它无论如何一定得是营养充足的。”更糟糕的是，戴奇放错了这头公牛骨盆的位置。“我想我完全知道这是怎么回事，”霍纳迪写道：“你太过专注于野牛肌肉结构的发育，却忽视了骨骼学层面的问题。”如今，要更正这个错误意味着要对标本进行大量返工，但霍纳迪认为这个失误过于严重，不能不加以纠正。他建议戴奇“甚至现在就可以动手把它切开并改变它！”

霍纳迪严格的新规范体现在他的野牛展品的方方面面。展柜的底部铺的是“真正的草原草皮，每块大约一英寸（**2.54 厘米，编者注**）厚，一英尺（**约 0.3 米，编者注**）见方，从蒙大拿州的野牛区切割后，再装进桶里运往华盛顿来”[48]。在展柜内部，草皮块被“仔细地拼在一起”，“接缝处……巧妙贴合”[49]。类似地，展品还展示了“从蒙大拿州挖来的一丛丛三齿蒿和一束束须芒草”，野牛的踪迹是用“蒙大拿州的泥土”铺就的，上面的足迹是“真正的野牛蹄印”，展品中还有一些野牛骨骼，“在蒙大拿州，经常可以看到它们在流水侵蚀而成的河床斜坡上露出来”[50]。霍纳迪夸耀道：“在野牛展品的所有配件中，除了形成水池表面的玻璃板之外，目光所及之处的所有东西都来自蒙大拿州的野牛区。”[51] 在国家博物馆哺乳动物馆的开幕式上揭幕这件展品之前，《华盛顿星报》发表了一篇应和了霍纳迪兴奋之情的文章，文章称此次展览将展出“真正的野牛草、真正的蒙大拿州泥土和真正的野牛”[52]。

虽然霍纳迪长期以来都在倡导标本剥制的科学准确性，但野牛群组作品（图 3.6）达到了其理念的一个新巅峰。眼看着野牛这一物种可能很快就要灭绝，霍纳迪明白这些标本必须做到准确无误。事实上，他在设计这组标本的布局时已经就考虑到这一点——他将成年公牛和母牛放到了容易被看见的前景处，并将它们置于平地。霍纳迪解释说：

> 如果把我们的大型群组展品中那只巨型的公野牛被摆成爬上山或走下山的姿势……他的肩高就会不可避免地随之夸大或缩小。像现在这样把他刻意放置在一个平坦的水平面上，那只母牛也是如此，这样的话，即使它们身处于群组展览中，对于那些要求所有标本都必须安装在平面上，并摆出传统姿势来进行比较的技术型动物学家来说，它们的研究价值也不会有任何折损。[53]

然而，霍纳迪的自信，或者说是他的傲慢，似乎惹恼了他在博物馆的同事和上级。在他的野牛群组作品揭幕的前一年，《芝加哥新闻报》驻华盛顿的记者指责了霍纳迪将自己的公野牛标本标榜为“一件伟大的艺术品以及对大自然的真实还原”，过分自傲于自己的“成功和技巧”。[54] 该记者写道：霍纳迪相信研究活野牛的专家都会同意他的做法——把野牛放置于位于博物馆入口处的基座上，还邀请了斯宾塞·贝尔德、谢里登将军和斯图尔特·莱昂纳德·范·弗里特将军，以及“其他一些曾在平原上狩猎颠跑着的野牛的杰出军官”来点评他的作品，“他所期望听到的只有赞美”。然而让他感到失望和沮丧的是，他们不约而同地开始用最激烈的言辞批评他的标本，这令他瞠目结舌。其中一人说它长度太短，另一个却觉得它太长；有些人声称它太胖了，但有更多的人说它太瘦了。有些人说它腿的位置不自然，还有一些人宣称，没有一头活野牛会把鼻子像这样伸向天空。它身上没有一根毛是能让所有人都满意的。这群参观的人都感到惊讶，他们没想到像霍纳迪先生这样有经验和技术的人，居然会把时间浪费在填充那样一头锈迹满满的老野牛标本身上。有人建议霍纳迪扔了这头标本，再去一次西部挑头好的。[55]

“可怜的霍纳迪，”这位记者写道：“他心都碎了。”然而他解释道：霍纳迪

图 3.6　美国国家博物馆的野牛群组标本，由威廉·坦普尔·霍纳迪于 1886 ~ 1887 年安装。（图片来源：史密森尼学会档案馆，图片编号：#NHB-5470）

其实是一场恶作剧的受害者，这是受邀而来的评论家们为了“羞辱他”而策划的一场阴谋。史密森尼学会的一位科学家曾透露说：“霍纳迪已经因为那只遭受谴责的老野兽标本获得了太多荣誉，我们是想杀杀他的威风。事实上他曾自认为整个博物馆里除了那头野牛，没有一件标本值得一看。但现在他的想法改变了。”

敏感且自傲的霍纳迪并不接受这个玩笑。这篇广为流传的文章令他非常愤怒。他写信给转载了这篇报道的《波士顿广告报》，强烈谴责说该报道是“一连串的恶意谎言”，所谓的史密森尼学会“科学家”（霍纳迪加了引号）是“一个无耻的骗子”。霍纳迪提供了范·弗里特将军提交给贝尔德的信的副本为自己辩护，信中范·弗里特将军发表了他的真实意见。他是这样写的：

> 谢里登将军认为这只野牛太高了，但剥制师给我们看了他的笔记本，他射杀这只动物时记录了它的尺寸，这只填充起来的标本的尺寸符合这些数据。我觉得可以把它的左后腿往前移 6 英寸（**约 15 厘米，编者注**），这样将会让野牛的长度看起来更短一点。但我甚至不相信我会作出任何改动，因为现在的它就已经是一个不得了的标本，极其地自然。[56]

《波士顿广告报》的编辑立刻道了歉，解释说他们从不认为霍纳迪的作品质量有理由受到质疑，这是“一个针对霍纳迪先生所作的恶作剧”，“报道中呈现得非常严肃，自然会令这位艺术家感到困惑和烦恼”。但在无意中冒犯了霍纳迪之后，《广告报》官方向霍纳迪保证说：“如果这头野牛标本与他其他那些为国家博物馆增色的标本作品一样，”[57] 他们相信他的野牛标本确实值得范·弗里特的赞美之词。

范·弗里特的赞誉确实才是人们对霍纳迪作品的普遍共识，这样的赞誉在整个标本群组完成后又进一步得到了升华。乔治·布朗·古德称赞霍纳迪的作品兼具了艺术效果和科学准确性，是“一场标本剥制师在艺术上的胜利，就目前而言，它在科学准确性、艺术设计和处理方面都超过了任何同类标本作品”[58]。罗伯特·威尔逊·薛斐尔在对国家博物馆的动物标本进行点评时，称赞霍纳迪的野牛群组是“动物标本剥制艺术在这个国家所取得的最伟大成就之一”[59]。为了强调这组作品的艺术价值，他将其与保罗·波特著名的小公牛画作了个比较，他说："如果让我在保罗·波特的公牛画作和这些野牛标本之间进行选择的话，我会毫不犹豫，马上就能作出决定——我会支持后者。"[60]

做好了野牛标本群组后，霍纳迪为俄亥俄河谷百年博览会策划了一项特别展览，名为"灭绝的哺乳动物系列"（图3.7）。该展览于1888年揭幕，展出了包括美洲野牛、驼鹿、麋鹿、羚羊、雪羊、大角羊、海象、象海豹和河狸等的标本。不过它的重点还是美洲野牛。展览中心放着一个简易展柜：

> 在一块来自蒙大拿州草原的一平方英里（**约2.6平方千米，编者注**）的草皮上放置着一副大型公野牛的完整骨架，它的大小为8英尺×10英尺（**2.4米×3米，编者注**）。放在那就像当时它在草原上被发现时一样，也像现在躺在地上的一万只野牛一样。强烈的天气侵蚀作用剥掉了野牛骨头上的每一寸的肉，剩下了白骨，骨头间还有干枯的韧带连接着彼此，所以野牛骨骼保持着准确位置，也精准地标识出野牛当时倒下时的位置。[61]

图3.7　威廉·坦普尔·霍纳迪的"灭绝的哺乳动物系列"展品，于1888年在美国俄亥俄河谷百年博览会上展出。（图片来源：史密森尼学会档案馆，图片编号：#MNH-4465）

《森林和溪流》杂志称之为“令人毛骨悚然的展品”，它“肯定会唤起每个年老的野牛猎人心中的悔恨之情”。展览中有市场价值不等的各种兽皮、动物分布生态地图、詹姆斯·亨利·摩泽的油画以及用于残害当下濒危物种的武器。展览达到了“给每位动物爱好者留下深刻印象及悲伤情绪”的效果。[62] 的确，这个“令人震惊的”展览与当时的其他展览形成了鲜明对比。科学社会学家苏珊·雷伊·斯塔尔在她对标本剥制术的评论文章中，提出了一个总体性的主张，那就是“标本剥制术已经清除了殖民主义、父权制和暴力行径对自然造成的破坏和问题”[63]。但霍纳迪的展览却生动演示了殖民主义对野生动物的影响，因为它凸显出了数百万头美洲野牛死于白人猎人暴力杀害的事实。[64]

1889 年，通过发行《美洲野牛的灭绝》一书，霍纳迪向更多的读者传达了美洲野牛面临着灭绝的消息。历史学家认为，这本书是美国野生动物保护运动的第一本重要著作。著名的美国自然主义者约翰·缪尔主张保护自然栖息地，比如于 1890 年成立的优胜美地国家公园，但霍纳迪却认识到美洲野牛等物种所面临的灭绝现状更为迫在眉睫。

国家动物园的诞生及霍纳迪的出走

霍纳迪的蒙大拿考察之旅让他下定了决心，一定要提高公众的意识，意识到需要制定立法保护受威胁和濒临灭绝的物种，以及在最极端情况下，需要开展圈养繁殖计划以弥补几十年来肆意屠杀造成的后果。他的坚持不懈最终使史密森尼学会的活体动物部改组为美国国家动物园，他的努力也说服了美国第 50 届国会（1889 年）拨款 20 万美元来建设动物园，该动物园的既定宗旨是推进“在舒适、豪华的圈养条件下保护并繁殖每一种濒临灭绝的一些美洲四足动物优良样本的工作”[65]。

1890 年 5 月 10 日，霍纳迪被任命为国家动物园的代理园长。[66] 但史密森尼学会的新秘书塞缪尔·皮尔庞特·兰利并不喜欢霍纳迪，认为霍纳迪致力于确保动物园园长的权力与一个饲养员别无二致，没有引领新动物园的发展方向。两人争吵多次后，6 月，霍纳迪就辞去了自己在动物园和博物馆的职位。这是霍纳迪职业生涯的关键转折点，标志着他在博物馆的标本剥制工作走到了尽头，而他热情投身于保护美国野生动物的运动开始了。多年以后，霍纳迪写道:“这是我一生中做过最明智的事之一……这件事加速了我走向真正的人生事业的舞台。”[67]

虽然霍纳迪提前从国家动物园离职了，但他圈养繁殖野牛的梦想依旧很快实现了。来自美国内布拉斯加州的母野牛被捐赠给霍纳迪用于试行的动物园，1890 年 11 月 3 日，它在美国国家博物馆的草坪上生下了野牛幼崽。每天都有数百名游客涌向动物园来看它。这只黄棕色的野牛幼崽长得和桑迪很像，而桑迪在 4 年前还是一只深受华盛顿人喜爱的小牛。

接下来的 5 年里，霍纳迪一直住在纽约州布法罗市，从事房地产业，也涉足了当地政治，直到 1893 年的经济萧条（美国历史上最严重的事件之一）严重打击了整个国家，房地产业也因此陷入低迷。霍纳迪在这场金融危机的最低谷时，意外收到了亨利·费尔菲尔德·奥斯本的一封来信。当时奥斯本是哥伦比亚大学的动物学教授，这封信由美国农业部生物调查部门负责人柯林顿·哈特·梅里厄姆的强烈引荐，信中邀请霍纳迪来掌管“纽约动物公园，这是一所配得上西半球大都市的动物园”。该动物园最近由新成立的纽约动物协会（NYZS，现为野生动物保护协会）所领导。[68]

在史密森尼学会的一番工作经历让霍纳迪对“‘科学家们’和动物园”都持怀疑态度。他跟奥斯本说:“如果你想要的是一位动物学研究员型的园长，那我就不是你们想要的人。但如果你想要的是一位十分了解动物学实践应用的务实管理者，我想我能给你们提供很好的帮助。”鉴于该协会的董事会成员律师和商人居多，他们都有狩猎运动爱好者的心愿，即保护野生动物，同时娱乐和教育大众（而且他们都是西奥多·罗斯福的布恩和克罗克特俱乐部的成员），难怪他们都坚称霍纳迪就是这份工作的最佳人选。而霍纳迪这边，他将这个职位视为一个机会，借此机会他能重新开始他的野生动物保护运动，追求自己在一个机构中圈养繁殖濒危物种的梦想，而且这个机构会为他提供无与伦比的资源和自由。纽约动物园——很快以布朗克斯动物园的名称而广为人知，已经准备好让霍纳迪从头开始设计。1896 年 4 月 1 日，霍纳迪正式接受了其首任园长的职位。[69]

在《纽约时报》发表的一篇采访中，霍纳迪向他在纽约的观众发表了讲话。他充满乐观地宣布说：纽约动物园“将成为大纽约地区最受欢迎的娱乐场所”。他还提议在动物园推出一个教育模块，致力于“普及动物学教育”，重点强调物种保护的需要和以动物为对象的线描、油画和雕塑等主要美术形式方面的指导，艺术家，尤其是剥制师能在那里研究活体动物，这是他曾打算为国家动物园做的事情。霍纳迪还借助这次机会将他的公众形象从“猎人、博物学家、剥制师”转变为野生动物保护的管理者和代言人。他宣称自己“从来不算是一个所谓的狩猎运动爱好者，虽然我杀过数十个物种和数百只大型野生动物，但我从未以猎人的身份打猎，只是以博物学家的身份，专注于研究和以某种形式保存被猎杀的动物中值得在博物馆中展示的每一只”。他接着解释说：虽然他喜欢狩猎，并且“仍旧野蛮到会享受追踪一只优良的敏捷的动物”，但他强烈反对那些所谓“狩猎运动爱好者”追求的大规模捕杀猎物行为。霍纳迪明确表示，他会利用他的新职位来积极推动野生动物保护。[70]

两个月后，卢卡斯和汤森被任命为第二届毛皮海豹联合高级委员会成员，该委员会由来自美国的科学家（他们由有影响力的鱼类学家和斯坦福大学校长大卫·斯塔尔·乔丹领导）和来自英国的科学家组成，委员会的目的是调查白令海海域毛皮海豹群的现状。当乔丹被任命时，他高兴地发现“两位美国国家博物馆最能干博物学家”之一，现任比较解剖学部主任的弗雷德里克·卢卡斯和爬行动物馆的馆长莱昂哈德·赫斯·史丹奈格，以及在美国鱼类委员会汽船“信天翁”号上担任博物学家的查尔斯·汤森都被任命为委员会的合作伙伴，而“信天翁”号也为委员会所用。卢卡斯的研究专注于对毛皮海豹的观察研究，以期解决某些有争议的解剖学问题；而汤森则侧重于绘制地图并拍摄海豹繁殖地，他们一起在猎捕海豹的船队中巡航，在“信天翁”号的甲板上解剖海豹尸体。[71] 委员会的任命对卢卡斯和汤森来说意义深远，因为正如大卫·斯塔尔·乔丹 [72] 所言，这份任命让他们成了科学界中拥有“最高地位的博物学家”。这样的地位，再加上他们在博物馆学方面的经验，他们很快就和他们的好友兼同事威廉·坦普尔·霍纳迪一道被推向了具有影响力的管理岗。可是当时的他们却不知道，他们所收集的有关北海狗（又称北毛皮海豹）的研究和他们所提出的管理该群落的建议，将会直接与霍纳迪及他重新发起的野生动物保护运动产生冲突。

第 4 章

理念的交锋，机构间的竞争

卡内基自然博物馆和菲尔德自然博物馆之间关于标本剥制术的艺术性和科学性之争

> 依我所见，当今的标本剥制术可以被分为截然不同的两种类型，即博物馆或者称为机构型剥制术以及装饰型剥制术。前者保守而稳定，后者则激进而有进步意义。每位标本剥制师都必归属于其中一方阵营。
>
> ——弗雷德里克·史密斯·韦伯斯特[1]

在 19 世纪 90 年代，美国各大主要都会区出现了兴建新博物馆的热潮，其中最重要和代表性的莫过于芝加哥的菲尔德自然博物馆和匹兹堡的卡内基自然博物馆。[2] 两家博物馆都各自由一位慈善家出资开办，前者是芝加哥的马歇尔·菲尔德，后者是匹兹堡的安德鲁·卡内基。他们都希望能为自己的城市打造一颗文化和思想启蒙上的“皇冠明珠”，即建造一个既能代表艺术又代表科学的机构。这两家为公众教育和娱乐而设计的博物馆，建筑结构庞大宏伟，内部拥有宽敞的空间，专门为革新的公共展览量身打造。

不出所料，两个博物馆的馆长都力图聘请最优秀的标本剥制师来填满这些宏伟的新展馆。菲尔德自然博物馆聘请了卡尔·伊森·阿克利，而卡内基自然博物馆则聘请了弗雷德里克·史密斯·韦伯斯特。这两位都曾是沃德研究所动物标本剥制部的主管，还有多年的为博物馆制作展品的经验。然而，尽管接受相同的培训，但他们离开沃德研究所后剥制动物标本的理念却变得针锋相对。阿克利认为成功的博物馆动物标本制作应无缝结合艺术性和科学性；韦伯斯特却认为动物标本剥制术是一门装饰性艺术，博物馆强调收藏品科学性的传统只会限制剥制师的艺术表现。因此，尽管二人都是极为熟练的标本剥制师，但其中只有一位有远见的人，成功地将博物馆剥制术带进了 20 世纪。

装饰性及科学性标本剥制术

1881 年，弗雷德里克·奥古斯塔·卢卡斯离开了沃德研究所，加入了美国国家博物馆，在他走后，亨利·奥古斯塔·沃德难以找到合适的人来接任他研究所领班的职位。威廉·坦普尔·霍纳迪在一封写给沃德的信中，给出了他的意见和建议：

> 我认为韦伯斯特非常适合这个岗位，因为他对动物的形态和比例都有着艺术家的眼光，他还了解这个行业的所有方法和窍门。至于涉及科学方面的工作，尤其是鉴别生物物种，他必须进行学习，但他会像和你一起工作的任何人一样迅速地学会新知识。[3]

霍纳迪担心韦伯斯特需要花费“很长时间才能掌握卢卡斯先生的科学知识”，但他认为韦伯斯特是“一个宝藏、一个宝石般的人”，他建议沃德支付他一份试用工资，“让他能立即结婚，安心定居下来”。韦伯斯特确实于 1882 年结婚了，并留在了沃德身边，但只工作到了那一年结束，后来韦伯斯特也搬去了华盛顿。不过他没有选择进入美国国家博物馆，加入他前同事们的行列，而是自己成立了一家制作动物标本的私人企业，在那里他有望获得更多收入和更大的自主权。

韦伯斯特认为标本剥制术可以被划分为两种类型，一种是“博物馆或机构型的标本剥制”，另一种是“装饰性标本剥制”。他认为前者是“保守且稳定的”，后者是“激进且进步的”。[4]1883 年，他给美国标本剥制师协会做了一场题为“作为一门装饰艺术的剥制术”的演讲。在演讲中，他描述了“博物馆保守派”，称其标本师可能是拥有“艺术技巧”的，但“他的职位或工作类别限定了他必须是死板或受限的工作风格，而这一般都是博物馆要求的——注意，要求是不可拒绝的”。[5]尽管他承认这些是合理的要求，但他也认为博物馆太常向标本师提出苛刻的要求了——不让做精美的标本，不许摆花哨的姿势。他们想要简单直接的风格。这就意味着许多标本的风格都会像‘穿了紧身衣一样’受到束缚。[6] 对于韦伯斯特而言，历史上博物馆里制备的标本是为了科学研究和展示，而标本剥制术与博物馆之间的这种历史联系，正是标本制作者们即使努力了也未能成功促进这门艺术发展的根本原因。他说标本剥制师与博物馆的关系是“有害的”，他把这种关系比作“让一匹名种马拉着一辆装载着重达 1500 磅（**约 680 千克，编者注**）石头的马车，还期望它成为赛马”。[7]

对韦伯斯特来说，装饰性标本剥制就是这个问题的解药。他的华盛顿工作室信笺抬头写着“艺术标本剥制师”。他为美国国家博物馆制作了许多鸟类和哺乳动物的群组标本，其中有一组 5 只非洲疣猴在茂密枝头攀爬的作品，该标本曾被《华盛顿邮报》称赞为“极具艺术性，栩栩如生”，但他的名气其实大部分来自为高知名度的客户制作简单的单个标本剥制品，比如为“石墙”杰克森将军的遗孀制作的将军的马标本，以及为史蒂芬·格罗弗·克里夫兰总统制作的一只鹿标本，作为总统在西弗吉尼亚州狩猎之旅的“纪念品”。[8] 韦伯斯特还为自己制作羽毛挡火屏风、鸟类勋章、猎物板、地毯、长袍、角和鹿角制成的家具以及为“新奇小摆件”的技术做实物广告。

相比之下，卡尔·阿克利（图 4.1）在密尔沃基的工作室信笺抬头上写着“科学性及装饰性标本剥制术”，宣称的是他的双重专业技能，还强调为“博物馆、大学等”提供科学标本制作，“专长”是提供“优质的群组作品”。当韦伯斯特主张自然博物馆应接受装饰性的标本制作方式时，阿克利则专注于如何恰当地将装饰性或艺术性的剥制方式与科学相结合。阿克利相信，科学地制作动物标本需要在动物死后直接野外实地测量动物的尺寸，需要了解解剖学知识和研究动物栖息地。在这些科学手段的基础上，标本剥制师就可以继续应用上新近开发出的艺术方法，包括“制作假体模型”、黏土建模和设计叶子和树枝等配件，以此精准呈现出动物及其栖息地。[9]

阿克利在沃德研究所的时候，和霍纳迪一样，对“老式以稻草、布、骨头填充标本的方法”感到失望。[10] 因此，当他学会了动物解剖学，他马上就询问沃德自己能不能在机构最近购得的一头斑马上试验一种新型剥制方式。沃德同意了，但一如往常地，他提醒阿克利只能在下班后进行这个项目。阿克利做了“一个斑马身体的石膏模型”，他相信这将有助于作出一件具有正确身体结构的标本。虽然他作出了这些努力，但沃德觉得这种方法耗时过长且成本过高，无法在机构内采用。阿克利后来表示，“这匹斑马被交给了其他人用老方法剥制，我的石膏模型被扔进了垃圾堆。”[11]

阿克利对在沃德研究所受到的制约感到失望，1886 年 11 月，他离开了罗切斯特，来到密尔沃基加入了他的密友威廉·莫顿·惠勒的团队，后者以前也是研究所的雇员。密尔沃基公共博物馆当时刚开张，惠勒看到了一个能让阿克利使用他的新方法来为博物馆展览制备标本的机会。阿克利在惠勒家的一间谷仓里建立了他的科学标本剥制工作室，并立即开始工作。惠勒成为博物馆管理员后为阿克利创建了一个职位，即博物馆的标本剥制师，一开始只是兼职职位，后来在 1889 年 7 月的时候发展成了全职。[12]

图 4.1　在密尔沃基的卡尔·伊森·阿克利，摄于 1886 年左右。（图片来源：美国自然博物馆图书馆，图片编号：#212489）

尽管理论上惠勒是阿克利的上级，但他非常尊重阿克利剥制标本的工作。惠勒后来回忆道：“我们年纪几乎差不多，但我还是小一点，也没那么沉稳。”他欣赏阿克利的职业道德、他不张扬的幽默感以及他“一身的男子气概”。[13] 惠勒不仅是阿克利的主管，更是他的助手和学徒，他给予了阿克利很大的工作自由。作为交换，阿克利则利用这种自由逐步开发出了一种新型的剥制大型哺乳动物标本的方式，他在博物馆工作室和自己私人的工作室都使用这种方式。夜间，当阿克利在制作标本的时候，惠勒就为他大声朗读书籍，他的读书量足够容纳“一整个小图书馆”了。惠勒深深回忆道：“也许阿克利真的只是偶尔听到了一些重要片段，他觉得当我们在一起时，我虽然在持续发出‘噪声’，但这些噪声并不会太闹，反而还让他能更好地开展自己一系列的创造性思考。”[14] 在那些时光里，阿克利实施了霍纳迪用黏土覆盖假体模型的方法，但他对这项技术做了改进——他用上了实地测量的数据，并尽可能地去用动物刚死后所拍摄的照片及其解剖模型来作为参照。用这种改进后的方法制作出来的标本“不仅是这只动物所属的物种模型，也是这只动物本身的模型，之后我们会用这只动物的皮来完成这个标本”。[15]

阿克利还意识到这个过程不应该作为安装标本前的最后阶段，因为在皮肤下面抹黏土存在着一些问题，特别是湿度问题，它会让动物皮膨胀、收缩，最终开裂。多次实验后，阿克利得出了结论，“用金属丝网加固，并涂上虫胶漆就能让纸浆胶水糊成的动物模型变得坚固、耐用且防潮。”给黏土模型做好石膏模具后，阿克利将胶水涂抹在模具内部，再放上“一层平纹细布，并让它仔细贴合模具的每一个细微凹陷处”。接下来，阿克利将糊在“加固用的金属丝网”上的“多层薄纸浆层”（层数取决于标本的大小）压入模具中。为了让这个模型防水，他在每层纸浆上都涂上了虫胶漆。等漆一干，阿克利就将模具浸入水中，“除了模具和平纹细布之间那一层薄薄的胶水会被溶解之外，其他部分都不会受到影响。那层胶水融化了，而我那由平纹细布覆盖着的、模型的加固过的纸浆部分就会从石膏模具中脱落得很干净，脱落下来的它是由原始黏土塑造的完美复制品。”[16]

为了展示他的新方法，阿克利提议制作“一系列威斯康星州毛皮动物群组标本，麝鼠将成为该系列的第一批”。据阿克利回忆，在博物馆董事会的投资人中，这个想法“与其说是被鼓励，不如说是被容忍”，但因为惠勒的影响力，这场展览还是得到了批准。一年后，也就是 1890 年，阿克利完成了这个试验性质的群组作品，直至今日它仍在博物馆中展出。它描绘了一个麝鼠的五口之家在冬天来临之际，在威斯康星州湖泊的沼泽浅滩上准备用草、树根和泥土给自己做穹顶巢穴的场景。阿克利的设计创新地展示了沼泽水面上下的一个截面，以及巢穴内部的隧道和巢室。惠勒称赞了阿克利的能力，他在准确仿造沼泽浅滩、半死亡植被和死水上克服了“巨大困难”。[17] 然而，展览开幕后不久，惠勒发现自己博物馆管理员的工作让他几乎没有时间追求自己在昆虫学方面日益增长的研究兴趣，于是他便辞职了，并接受了马萨诸塞州伍斯特市克拉克大学提供的研究金。[18] 没有了惠勒的支持，董事会拒绝再资助类似的景观展品。所以麝鼠群组是威斯康星州哺乳动物系列展品中唯一完成的展品。阿克利在那继续留任了两年，偶尔尝试制模和安装大型哺乳动物标本，其中最突出的是一组红毛猩猩标本，但自己的勃勃雄心得不到资金支持让他恼火不已。

1892 年 9 月 20 日，阿克利离开了华莱士，转而去追求自己的私人科学标本制作业务。同年，惠勒在克拉克大学获得了博士学位，并被任命为芝加哥大学的胚胎学讲师。惠勒很贴切地将自己和阿克利形容为某种特定类型的人，这类人“可能天生拥有一种更为不稳定甚至是更为丰富的想象力”，他们“潜意识中有一种恐惧，害怕自己被人和物支配，从而很快耗尽他们在所从事领域的可能性，就像真菌耗尽了自己生长基质一样，他们会变得不满足且焦躁不安，直到能去到新的生长环境中生根发芽”。惠勒知道阿克利渴望利用他新开发的科学制备标本的方法，为世界级的自然博物馆设计规模更大的展品，所以 1895 年他结束了一趟去英国的研究之旅后返回美国，给阿克利带来了一份来自大英博物馆自然展馆的负责人——威廉・亨利・弗劳尔爵士的工作邀约，他希望阿克利来领导其博物馆的标本制备人员。[19]

阿克利在菲尔德自然博物馆

在接受弗劳尔的工作邀约前，阿克利决定先去拜访在芝加哥的惠勒，并参观菲尔德自然博物馆（当时称芝加哥哥伦布博物馆，1905 年更名为菲尔德自然博物馆）。然而在那里，阿克利遇见了该博物馆的动物学部门负责人丹尼尔・吉罗・艾略特。艾略特对阿克利新型的动物标本剥制方法印象深刻，他建议阿克利与其接受大英博物馆的邀请，不如留在芝加哥担任菲尔德自然博物馆的首席标本剥制师。艾略特还邀请阿克利第二年与他一起前往非洲进行一场采集考察活动。[20] 阿克利无法抵挡再次前往野外考察的诱惑，便接受了他的邀请。1895 年 5 月 11 日，《森林与溪流》报道称：“阿克利先生今年夏天将来到芝加哥，成为菲尔德哥伦布博物馆的剥制师，在那里，他极具艺术性的工作无疑将受到许多人的赞赏。”该杂志的宣告还赞扬了阿克利在标本制作方面的新方法——在他建模的过程中，似乎能很明显地看到雕塑家的所有艺术技巧和特点。动物标本的制作有了一种新特点，那就是构思和建模，二者的出现让人们不仅要称剥制师为工匠，也要称之为艺术家。[21]

1896 年 3 月，阿克利和艾略特启程前往非洲。作为国际野生动物保护的倡导者，艾略特向媒体发了电报，称“非洲野生动物的迅速消亡使得人们迫切需要在为时已晚之前前往野外进行实地考察”[22]。这趟考察之旅的消息在全美范围内都得到了报道。《纽约时报》报道称，此次远征考察将专注于采集“那些正面临着灭绝的物种。寻常获得这些动物的方式是从收藏家那里一次收集一只动物，这样做既缓慢又具有不确定性。因此该博物馆的主管们决定直接派遣艾略特教授前往非洲。”[23] 这趟关注野生动物保护的旅行凸显出这样一个事实——即使阿克利制作动物标本的方式标新立异，他也深知备受尊敬的前辈卢卡斯和霍纳迪在动物保护方面所付出的努力，这两位前辈都认为新型标本剥制术运动的使命必须将国内外濒危野生动物的拯救工作囊括其中。

甚至在 20 世纪之初，菲尔德自然博物馆、卡内基自然博物馆和美国自然博物馆还没向非洲发起科学考察活动之前，这块大陆就已经在美国受到了万众瞩目。以搜救失踪传教士大卫・李文斯顿而闻名的记者兼探险家——亨利・莫顿・史丹利的国际巡回演讲在美国吸引了大批观众；非洲探险家们所出的书籍，如保罗・杜・夏伊的书在美国是畅销书；还有许多美国福音派基督教徒将非洲视为“基督教事业的实验基地”。[24] 为了直接响应这种对非洲日益增长的兴趣，各大自然博物馆期待着扩大其公共展览规模的馆长们，也开始策划开辟复杂的非洲展厅。由机构赞助的科学采集考察活动，其赞助者通常是该机构富有的董事会成员或者他们的朋友，当时大部分博物馆都是通过这样的采集考察活动来获取动物样本的，因为这些博物馆几乎普遍遵循的是“一种探索政策”，而不是像沃德研究所一样去向供应商购买标本。当时认清了发展趋势的沃德研究所已经将重心转移到了制作供课堂教学用的系列动物标本上。[25]

从这些考察之旅中采集而来的动物标本并不仅仅用于展览。采集而来的科学系列标本还会被用来支持美国科学家的研究，他们的研究兴趣更多集中在了非洲及其动物群上。艾略特是关心世界上快速消失的哺乳动物群的科学家之一，这群科学家中还包括菲尔德自然博物馆的威尔弗雷德・哈德森・奥斯古德、罗斯福野生动物实验站的查尔斯・亚当斯和生物调查局的负责人爱德华・威廉・纳尔逊。科学家们都同意亨利・费尔菲尔德・奥斯本的理论，即

“美国在中新世和中新世晚期以及上新世时期的主要动物群体与在非洲现存的动物群体非常相似”，并且认为仔细研究非洲物种可能有助于避免发生奥斯本后来所称的“哺乳动物时代的终结”。[26]

虽然当时由机构赞助的考察活动是美国各大自然博物馆的科学和展览性标本的主要来源，但其他的考察活动也可提供标本。阿克利和艾略特还在非洲的时候，玲玲马戏团给菲尔德自然博物馆捐赠了一头长颈鹿的尸体。《芝加哥论坛报》报道：“长颈鹿皮经过修复和剥皮后将被保留到阿克利这位博物馆的剥制师回来，此时他还在非洲中部。等他回来后，这只长颈鹿将被他填充成姿势自然的标本。”[27] 尽管《芝加哥论坛报》兴奋地宣布很快会有一头长颈鹿标本在菲尔德自然博物馆展出，但该报也承认了大型哺乳动物灭绝这一迫在眉睫的威胁（《芝加哥论坛报》将这种消亡归咎于非洲人）。文章指出，阿克利“无疑会尝试”去获得一头长颈鹿，但“由于这类商品十分稀缺，很多人并不相信他会成功。既然现在非洲的野生长颈鹿的数量已经跟不上市场需求，有可能几年后人们就再也看不到野生长颈鹿，而只能在展览上看看填充的长颈鹿标本了。”[28]

11 月 22 日，《芝加哥论坛报》报道说艾略特和阿克利从非洲回来了，他们已经抵达圣路易斯，他们获得了“历史上单次考察中所能得到的最好的大型哺乳动物收藏品，他们几乎获得了他们所追寻的一切。”[29] 这次考察有关新闻很快奠定了阿克利英雄般的声誉。

“你害怕过野兽吗？”《论坛报》的记者问道。

“阿克利先生可以告诉你他和一头野兽之间的惊险经历。”艾略特回答道。

他们说：那时阿克利正在黄昏中狩猎动物样本，遇上了一头母豹。他开枪了，但只打伤它的右后脚。那头豹子反攻阿克利，打落了他手中的步枪。它向阿克利的喉咙扑去，没有扑到，便设法咬住了他的右上臂。为了反抗，阿克利一边狠狠地跪在了豹子的胸口上，压断了它的肋骨，一边用手将它的脸颊往里面推，直到它咬到自己的嘴巴内侧。[30]

“豹子的嘴松开了他的胳膊，”记者向读者复述，“很快他就用膝盖和手结束了那头野兽的生命。”[31] 阿克利的两个手指被豹子咬伤得厉害，他的手臂和肩膀上有 14 处伤口（图 4.2）。他回到了营地，艾略特教授给他的伤口消了毒。阿克利后来完全康复了，可以给别人讲这段惊险的经历。在接下来的几十年里，他在采访和写作中把他遇到豹子死里逃生的故事讲了又讲。这个故事成了阿克利传奇人生的核心，身为博物馆标本剥制师，他愿意不顾一切为科学和他的展品采集标本。

到了 12 月末，在阿克利的监工下，菲尔德自然博物馆的工作人员，包括

图 4.2　卡尔·伊森·阿克利，他于 1896 年为菲尔德自然博物馆在非洲收集标本时被一只豹子所伤。（图片来源：菲尔德自然博物馆，图片编号：# CSZ5974）

人类学部门负责人威廉·亨利·霍姆斯及其助手们，都参与了给“一整车”标本卸货，这些标本被打包在装有盐水的板条箱和桶里：

> “最珍贵的战利品是大量非洲哺乳动物、鸟类和爬行动物的皮毛。它们大都是罕见物种的皮毛，其中一些物种近乎绝迹。有狮子和豹子、剑羚、狒狒、豺狼、鬣狗、刺猬，以及许多稀有动物，如非洲羚羊和瞪羚的皮毛。其中最受追捧的动物皮毛是迪克小羚羊和弯角羚，以及索氏瞪羚、佩泽氏瞪羚、克拉克瞪羚和长颈瞪羚。”[32]

在艾略特的监工下，阿克利马上开始了设计群组标本和搭建标本的工作。

在艾略特向菲尔德哥伦布博物馆董事会提交的年度报告中，博物馆馆长弗雷德里克·詹姆斯·沃尔尼·斯基夫赞扬了阿克利前 3 组标本作品：“这 3 组珍稀有趣的动物群落标本的布局和姿态，所呈现的动作的逼真性和画面的自然度，以及与之同等重要的配件的科学准确性和真实度，以突出的方式立刻证明了它们是标本制作工作所能达到的最高水平。”[33]

沃勒瞪羚的家庭群组（图 4.3）由 6 个代表性的沃勒瞪羚标本组成，还有 1 只栖息在蚁丘上的非洲猫头鹰物种，蚁丘上生长着一棵带藤蔓样树枝和叶子的小树，6 只中的 1 只沃勒瞪羚在上面进食。斯基夫指出：“尽管空间有限，对沙漠的强烈印象还是被传达给了观众。”[34] 斯基夫表示，这 6 只沃勒瞪羚的家庭群组，或者称作长颈瞪羚群组，“以最有效和戏剧性的编组呈现了这种优美的动物，每一个艺术细节都做到了完美，满足了科学家和猎人的所有要求”[35]。斯基夫认为这组标本最令人印象深刻的特征是用后腿站立，前腿靠在树干上的那只雄性瞪羚，它伸长了脖子去吃高枝上的绿叶，这是该物种的常见行为。两只警觉的动物，1 只成年雄性和 1 只 1 岁的幼崽瞪羚，站在场景后方，1 只雌性瞪羚嚼着叶子，还有两只幼崽则藏匿于多肉植物中。

大约在同一时期，阿克利还为北美哺乳动物的展览完成了一组麝牛家庭的标本，斯基夫称它“充满了安静自然的生命力，每一处都和谐而逼真”。这个标本群组由 7 只麝牛组成，它们聚集在一片“雪地上，雪地上凸出了一块巨大的岩石，上面站着 1 只气势宏伟的雄性麝牛。”[36] 前景中，1 只麝牛正在刨雪地，“用它的蹄子和鼻子刨，想挖出可能埋在雪下的地衣”[37]。

这些群组标本被放置在大型的红木板玻璃展柜中，并于 1898 年初安装在

图 4.3　卡尔·伊森·阿克利为菲尔德哥伦布博物馆制作的沃勒瞪羚标本群组。（图片来源：菲尔德自然博物馆，图片编号：#CSZ12557）

了博物馆的西厅。在博物馆正式开放此次展览前，《科学》期刊报道说："阿克利先生在哺乳动物群组展览方面的工作无人能及，他的哺乳动物群组展览，尤其是那组拥有突出中心形象的小弯角羚群组标本，特别值得关注。据我们所知，麝牛群组作品中包含了目前任何博物馆展品中最好的标本组系列。"[38]

阿克利之所以能够取得这样的成就，很大程度上是因为他得到了艾略特极大的支持，艾略特为他游说了博物馆的管理层。1898 年，艾略特请求斯基夫为阿克利提供更好的工作条件，为他增设助手，以促进他的工作；他还提交了一份报告，说明了如何以最佳方式扩展标本剥制部门，概述了需要哪些材料。随着为展览采集来的动物逐渐增多，它们需要被制备及存储，直到能够被做成标本。然而这个时期所有博物馆的制备部门都面临着空间不够的问题。[39]只要阿克利继续为博物馆制作出非凡的展品并带来正面宣传效果，斯基夫就会落实艾略特的请求。一年后，阿克利的剥制师工作室增设了第二层。[40]

阿克利没有制作非洲标本的时候，就和他的妻子迪莉娅·朱莉娅·阿克利在他们的私人工作室里制作一组名为“四季”的标本作品，它由 4 只弗吉尼亚鹿的标本组成。阿克利在密尔沃基公共博物馆时就已经在构思这个展品，他还打算将这组作品卖给那家博物馆。[41] 这件展品描述了 4 只鹿的家庭，即 1 只公鹿、1 只母鹿、1 只 1 岁“鹿角还未分叉”的雄鹿和 1 只小鹿。以“夏季”作为开始，观众可以跟随这个家庭群组作品经历一年四季，看到它们外观上的变化，看到雄鹿鹿角的生长以及 10 天大的小鹿长到 1 岁。这件展品的构造设计和它的内容一样有创意。阿克利将一个大型展柜分成了 4 个部分，而且为了避免观众透过玻璃看到其他组的展品，他在每组展品的后面都安装了一个弯曲的背景，并由芝加哥艺术学院的查尔斯·阿贝尔·柯温在背景上绘制了与每个季节相应的场景。

阿克利希望说服艾略特为菲尔德哥伦布博物馆买下这件展品。然而艾略特表示他无法证明购买全部 4 组展品的支出是值得的；阿克利反而可能借助了他的这些鹿群标本说服了艾略特让他来设计一个北美有蹄类动物的展馆，一个能逐年获得资助的长期计划。[42] 他们二人开始着手策划新展馆，1898 年 7 月，他们前往美国的太平洋西北沿岸地区采集更多的北美哺乳动物标本。崎岖且未知的地形使这趟旅程的进度变得缓慢，但艾略特于 9 月报告，他们一共收集到“500 张鹿的、食肉动物和啮齿动物的皮毛”[43]。1 个月后，探险队带着大量标本回到了美国芝加哥，其中还包括了艾略特以阿克利的名字命名的一种新的鼠类，阿克利鹿鼠。[44]

从野外回来后，阿克利还制作了其他的非洲动物标本，包括一组猎豹（图 4.4）和一组条纹鬣狗标本（图 4.5）。这些群组标本，每一组都包含了几只在觅食的单只动物。猎豹一家聚集在 1 只索氏羚羊周围，当幼崽猎豹漫步于羚羊周围时，警觉的成年猎豹就将注意力从猎物身上转到了幼崽身上；而鬣狗的群组标本则描绘了 4 只成年鬣狗啃食腐肉的场景。尽管他没有像霍纳迪主张的那样描绘这些肉食动物祥和的家庭场景，他却也没有像博览会和早期博物馆那样将标本摆成打斗的姿态。

图 4.4　卡尔·伊森·阿克利为菲尔德哥伦布博物馆制作的一组猎豹标本展品。（图片来源：菲尔德自然博物馆，图片编号：#CSZ62835）

图 4.5　卡尔·伊森·阿克利为菲尔德哥伦布博物馆制作的一组条纹鬣狗标本展品。（图片来源：菲尔德自然博物馆，图片编号：#CSZ62842）

阿克利在完成非洲系列展品的时候，博物馆的动物学部门将其展览空间扩大到了，并移至博物馆的南厅。在这个新空间里，阿克利安装了一组北极熊展品（图 4.6）。这个展品描绘了一只雄性北极熊遇到一只雌性北极熊的场景，那只雌性北极熊带着一只一岁幼崽和另一只更年长的幼崽，它们正在吃一只环斑海豹。母熊激烈地警告公熊离开，它知道公熊可能会杀死它的幼崽。阿克利将这只公熊描绘成入侵者而非该北极熊家庭的哨兵，是有最新的科学研究作为依据的。[45] 像艾略特这样一位著名动物学家的参与，阿克利随时能获得有关动物行为和栖息地的宝贵信息，再加上他对动物解剖学的出色理解，他所制作的群组展品不仅具备了艺术吸引力，在准确性方面也具有革命性。

图 4.6　卡尔·伊森·阿克利为菲尔德哥伦布博物馆制作的北极熊群组作品。（图片来源：菲尔德自然博物馆，图片编号：#CSZ6243）

对于阿克利而言，博物馆的氛围是支持性的，甚至是激励性的。然而，对于在科学界并没有导师的韦伯斯特来说，博物馆的环境仍然阻碍着他发挥创造力。

韦伯斯特在卡内基自然博物馆

在博物馆之外工作的那段时间，让韦伯斯特有了自由选择业务及进一步发展艺术水平的机会。然而，他仍将美国国家博物馆作为自己的主要客户，为该馆制作了大量的单只鸟类标本、鸟类群组标本和小型哺乳动物标本。[46]但不久后，他便发现维持一家私营企业有一些限制。由于财务压力，他不得不接受一些并非总能有机会展现其艺术成就的工作来维持工作室的经营，包括制作宠物标本，这是维多利亚时代流行的风俗。[47]

1892 年，作为位于美国百老汇的毛皮商索顿与韦伯斯特及剥制师工作室的合伙人，他搬到了纽约。该公司很快就解散了，所以韦伯斯特在第五大道开办了自己的工作室，但那也失败了。到了 1895 年，他搬到了纽约的弗农山庄，成了首届狩猎者协会博览会的秘书，该博览会在麦迪逊广场花园举行，展览内容被限制为只展示“愉快”的狩猎场景。

因此，当他于 1897 年接到加入新成立的卡内基自然博物馆的工作人员团队的工作邀约时，驱使韦伯斯特加入该博物馆剥制师行列的不是他的高尚理想，而是他经济上的困难。尽管如此，他肯定也很享受任职卡内基自然博物馆“制备人员”的自由，该岗位的职责包括动物标本制作和研究动物骨骼学。在卡内基自然博物馆的第一份年度报告中，馆长威廉·雅各布·霍兰德宣称韦伯斯特是“他同行业中最能干、最广为人知的艺术家之一”[48]，博物馆选择他是因为“他有构建群组标本作品，在作品中再现各类重要动物生命历程场景的才华”[49]。虽然博物馆管理层已经采用国家博物馆的设计标准来制作其展示柜，但他们在设计放进展示柜的群组作品方面给了韦伯斯特很大的自由度。

1898 年，卡内基自然博物馆开设了两次展览，首次展出了博物馆的栖息地群组作品。第一组火烈鸟群组标本是韦伯斯特的作品“在家中的火烈鸟”的扩展版，但它原先的不准确之处得到了修正。这个群组由 4 只雄性和 3 只雌性标本组成，它们被制作成了各种姿态，其中 1 只鸟双腿叠坐在巢上，这种摆放方式正是韦伯斯特在最初的群组标本中打算将孵化中的鸟架设出的姿势。第二组标本是一组名为“死鹿身上的加州神鹫和火鸡秃鹫”的群体（图 4.7）。[50]

在两组展品中，霍兰德称赞后者“不亚于本国或欧洲任何博物馆的同类型展品。”[51]这个展品的独特之处在于，韦伯斯特第一次成功将一个来自不可见第三方参与者的文物融入了展品中，不可见第三方指一名美洲原住民猎人，仅由一支从美洲赤鹿身侧伸出的箭矢就昭示了他的存在。这个场景意在让人想起大约 200 年前的过去，那时在北美洲这些物种仍数量繁多。被箭射中后，这只赤鹿虽设法躲过了猎人的追击，却没有躲过死亡的命运。但这只死去的动物并没有被浪费，因为加州神鹫和火鸡秃鹫正在享用它的肉体。这里的动物主题集中在两种濒危动物上，一种是图勒麋鹿（又称美洲赤鹿），它们曾经是数量超过了 100 万的繁盛群落，然而当时只剩下了 28 只个体，[52] 另一种是加州神鹫，它们已经濒临灭绝。[53]

图 4.7　弗雷德里克·史密斯·韦伯斯特于 1898 年为卡内基自然博物馆制作的“死鹿身上的加州神鹫和火鸡秃鹫”展品。该展品至今仍在卡内基自然博物馆展出。（图片来源：卡内基自然博物馆 1898 年年度报告的第 65 页）

接下来，韦伯斯特表现出他在标本制作方面的商业敏感性，他制作了猎犬“诺贝尔伯爵”的标本作品，收获并重制了韦罗的著名博览会作品“遭到狮子攻击的阿拉伯信使”（简称“阿拉伯信使”，见图 4.8）。这两个展品都于 1899 年 11 月揭幕。[54]“诺贝尔伯爵”的群组作品安装于博物馆的鸟类馆内，展示的是一只英国雪达犬赶出了一群鹌鹑。[55] 在这个群组附近，韦伯斯特还安装了更小的标本展品，包括一只在樱桃树枝上的樱桃雀、一只在开花的苹果树枝头的旅鸫、一只在榆树枝头的橙腹拟鹂、一只在一丛杂草中筑巢的金翅虫森莺，以及一只在黑莓灌木丛中筑巢的栗胁林莺。所有的这些展柜中都包括了带着巢和蛋的鸟类。[56]

“阿拉伯信使”这组作品是通过交换获得的。美国自然博物馆的鸟类和哺乳动物展厅负责人乔尔·阿萨夫·艾伦“意识到了这件展品所具备的历史价值及其吸引和取悦访众的巨大潜力，他知道安德鲁·卡内基在匹兹堡的建立的新博物馆需要令人印象深刻的新展品”[57]。美国自然博物馆的管理层会选择捐赠“阿拉伯信使”可能是因为他们更喜欢相对祥和的家庭群组展品。当这个群组作品被送到匹兹堡时，韦伯斯特发现它的状况并不佳。由于它从未被放在玻璃柜中展出，此次暴露在光线和湿度变化下，标本的毛发和用作配件的天然纤维已经褪色，皮肤也裂开了。在重新组合展品的各部分之前，韦伯斯特开始了一项修复计划：

> 为额外提供支撑，他往（骆驼的）颈部添加了木材、金属丝和木屑，修复了标本的耳朵和眼睛。他还重塑了骆驼和狮子的嘴巴和舌头，给它们的牙齿做了清洁和打蜡。此外，他还彻底清洗了动物的皮毛、人物的服装、鞍具及其他的配件。[58]

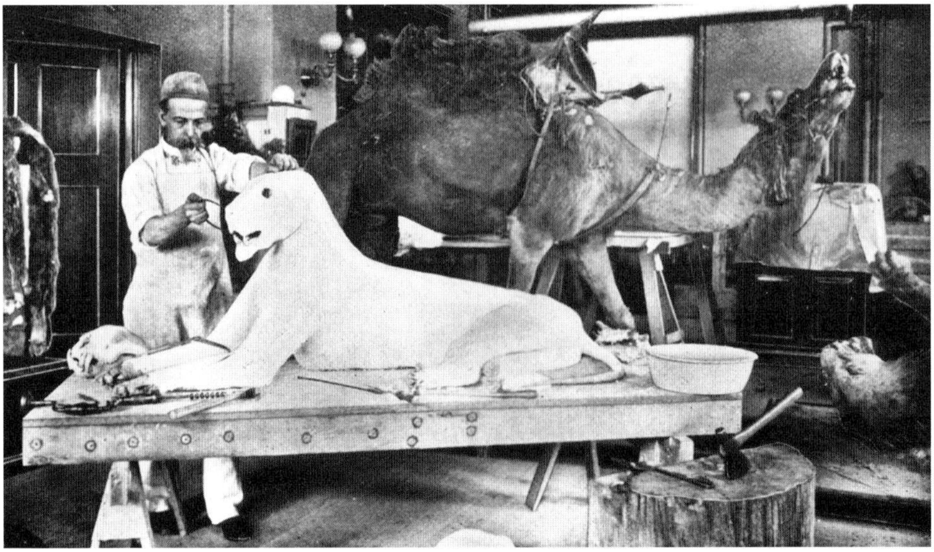

图 4.8　弗雷德里克·史密斯·韦伯斯特在卡内基自然博物馆的动物标本剥制工作室中制作狮子标本。请注意，后景中的“阿拉伯信使”标本已被拆卸下来。（图片来源：卡内基自然博物馆馆长所作的结束于 1900 年 3 月年份的年度报告）

完成这些工作后，这组标本被放置在一个玻璃展柜中，并于 1899 年 11 月重新出现在公众面前（图 4.9）。霍兰德报告说："该组标本非常受欢迎，特别是年轻访众的欢迎，经过韦伯斯特先生娴熟的处理工作，这组标本的状态甚至比原制作者最初搭建时的还要好。"[59]

1899 年春天，在制作这两组标本期间，韦伯斯特还去到了佛罗里达州的布雷瓦德县进行野外考察。此次旅行中他四处采集动物，带回了一条美洲鳄、一条短吻鳄、几种蛇以及"大量不同种类的陆生蜗牛"。然而，他的主要任务是"为一组重要的鹈鹕标本收集材料"，他不仅要收集鹈鹕样本，还得收集配件材料。[60] 即使是韦伯斯特也开始接受阿克利的理念了，即博物馆的动物标本制作必须兼具科学性和艺术性。因为他发现，采集鹈鹕的巢以及和它们来自同一地区的植被和漂流木等，对于他的鹈鹕群组标本设计的完整性而言，具有非常重要的作用。

图 4.9　韦伯在 1898 ~ 1900 年为卡内基自然博物馆制作的栖息地群组："诺贝尔伯爵"群组（左前景），"死鹿身上的加州神鹫和火鸡秃鹫"（中央）以及一组褐鹈鹕（右侧），摄于 1911 年左右，在卡内基自然博物馆搬到了新建筑物之后。（此为作者的收藏品）

弗兰克·查普曼是美国自然博物馆的鸟类学家，他于1898年访问了佛罗里达州东海岸的鹈鹕岛和其他鹈鹕繁殖地，并在那年晚些时候举办的美国鸟类学家联合会年度大会上发表了有关褐鹈鹕筑巢习性的论文。[61]同年，查普曼还进行了一次类似的旅程，他来到了圣劳伦斯湾的鸟岩岛，为美国自然博物馆的鸟岩岛群组展品在那里收集了大量标本和照片。沃德研究所前动物标本剥制师哈里·亨斯洛已经在着手制作这个令人印象深刻的群组展品了，展品将展示逼真的岩壁和40多只代表了7个筑巢物种的海鸟标本，即刀嘴海雀、海燕、塘鹅、海鹦、三趾鸥、崖海鸦和厚嘴崖海鸦。[62]韦伯斯特也许是出于要与美国自然博物馆竞争的原因才去佛罗里达州采集标本的，但这次旅行也让他第一次近距离了解了捕鸟者过度狩猎鸟类造成的毁灭性后果，而这似乎引起了他观念的转变。

15年前，韦伯斯特在第一届美国鸟类学家联合会（AOU）上谈论了自己对于其鸟类保护委员会工作的担忧，他担心该委员最终会有诸多限制，可能会威胁“不让人进行合法的鸟类标本制作工作”。[63]1891年，韦伯斯特甚至成立了一个与之对立的组织——昙花一现的美国鸟类学家协会，该协会的组织会议在他的华盛顿标本工作室举行。而今他在科学博物馆的背景下工作，新近还了解到女帽行业为获取羽毛而对鸟类造成毁灭性破坏的第一手资料，韦伯斯特回到匹兹堡，急于制作出美国第一组“代表着各个羽毛生长阶段的成年和幼鸟的”[64]鹈鹕群组标本，以吸引博物馆访众对它们生存困境的关注。同年8月，《匹兹堡新闻报》报道称，韦伯斯特正在准备5件鸟类群组标本：

> “那组大型的鸟类标本将由一种从未在这些地区看到过的外形奇特的大鸟组成。这个物种的名字和特征将保密，直到博物馆创立日那天再公布。这里面的每个群组作品都将展现鸟类在所生活的自然环境中的生活方式和繁殖习性。这些鸟类标本将被尽可能制作得贴近自然生活状态。”[65]

但韦伯斯特并没能按时完成这件群组作品。直到下一年的创立日，也就是1900年11月4日，他才最终将这个“秘密”的褐鹈鹕群组安装完毕。

这是韦伯斯特最大的，也是其最宏伟的一个鸟类群组展。展品的地表再现了佛罗里达的海岸线，漂流木四处散落，那些鹈鹕在上面筑了几个鸟巢。一个巢里有 1 只最近才孵化的小鸟，另一个巢里装着 4 颗蛋，其他的鸟巢上坐着成年鹈鹕。在展柜的一个角落里，5 只幼鸟在从 1 只母鸟的喙里啄食，而另一边则有 1 只雄性大鸟警觉地栖息在一根光秃秃的低悬树枝上。还有 1 只悬挂在隐形线上的成年鸟，即将降落在海滩上。[66] 这件展品的影响剧烈而直接。安装好该群组作品的几个月后，佛罗里达州的立法机关在美国鸟类学家联合会和奥杜邦学会佛罗里达州分会的敦促下，通过了一项保护非猎物鸟类免受商业猎人捕杀的法律。当被雇用来执法的 4 名监管员中有两人遭遇杀害后，活下来的两名监管员的其中之一，保罗·克留格尔说服了查普曼相信全面保护佛罗里达州东海岸最后一个褐鹈鹕繁殖地的唯一方式，是通过联邦立法将这块地方划定为保护区。1903 年 3 月，西奥多·罗斯福总统与查普曼会面后，签署了一份行政命令，将鹈鹕岛建立为首个联邦鸟类保护区，它是国家野生动物保护区系统的前身。[67]

1901 年，韦伯斯特展出了另一件新的佛罗里达鸟类物种的群组标本——象牙嘴啄木鸟。这个小群组作品仅包含了两只鸟，一只长着特有红色冠羽的雄鸟和一只黑冠雌鸟，在它们的巢洞附近的树皮上搜寻蛀木虫。从制作层面看，这组作品相对简单，这组展品的重点不在于标本制作的技术，而是其附带的展览标签的内容。它的标牌提到了这种鸟的“悲惨历史”，称它“正处于灭绝的边缘”[68]。

在不到 10 年前，有些鸟类学家还曾提出主张：象牙嘴啄木鸟是不会面临灭绝危机的，因为正如一位作者所说：“如此有野性、如此警惕的一种鸟是断然不会留在一直能遇上人类的地区的！”[69] 然而，韦伯斯特却在这里抓住了机会，给公众们好好上了一课。在展品的标签上，韦伯斯特强调说：象牙嘴啄木鸟并不像褐鹈鹕那样是“被人类直接迫害”的受害者，而是它们原生的沼泽地“因拥有名贵的木材而遭到人类大面积的开采，最终导致这些啄木鸟生存所需的森林几乎彻底消失。”

韦伯斯特挑起了一项重任——为公众解释一个复杂的科学概念，即一个物种可能并不是因为遭到了直接的杀害才会濒临灭绝，对它们栖息地和食物来源的破坏也会导致它们的灭绝。韦伯斯特终于发现了自己所制的装饰性标本作品的教育价值——这些作品不仅能够带来美学上的愉悦感，还能向公众传递信息，甚至动摇他们的观点。只有将最新的科学研究和最优的装饰方式结合起来，才能让栖息地群组作品成为合乎需求的教育工具。现在韦伯斯特与阿克利达成了共识，其想法不再与阿克利的针锋相对。

讽刺的是，韦伯斯特设立了一个他自己也很快就无法满足的标准。尽管他在公开展览方面达到了新高度，且已经理解装饰性动物标本在更广泛的社会层面普及教育的价值，但他没能认识到妥善保存的标本对科学界的价值，而任由那些由他照管的科学收藏品的状况恶化下去。他从不喜欢在公共展示中展出成排的"'整齐排列的'单调、直立的……动物标本"[70]，想必他也没有意识到将自己有限的时间和稀缺的资源用在某类收藏品上的重要性，只因这类收藏品只会有一小部分人查看。

阿克利与"白尾鹿的四季"

1900年1月，菲尔德哥伦布博物馆馆长弗雷德里克·斯基夫罕见地表示了他支持阿克利制作昂贵标本展品的工作，他向菲尔德哥伦布博物馆董事会主席哈洛·奈尔斯·希金博桑提出了请求，希望他能为博物馆买下阿克利总价5500美元的"白尾鹿的四季"标本展品中所有的4组动物，他解释说：阿克利已经"开始把这件展品作为他的绝妙之作去打造，而且他干劲十足……毫无疑问他将会交出一件极其出色的作品"。[71] 阿克利用了4年时间才打造出这4组标本作品。最后他认定从经济的角度上看，自己并没有获得任何收益。因为尽管他在材料成本和劳力成本上不赚不亏，他所付出的时间却并没有得到应得的酬劳。[72] 回想起来，他依然觉得"这样工作四年挺值得的"，因为最终他"收获了制作标本的经验和方法"。[73]

两年后，菲尔德哥伦布博物馆开放展示了这件展品，它立刻就引起了轰动，见于芝加哥各家报纸，并广受博物馆专业人士的赞誉和拥护。1902年8月24日，《芝加哥论坛报》宣称"动物标本群组制作的一项创新之举"——展品"白尾鹿的四季"，最近于菲尔德哥伦布博物馆开放展出。"这4组展品中，每一组都被安置于最完美的森林景观中，"论坛报的记者写道：

> 夏季的场景（图4.10）处于茂密森林中一片沼泽地的边缘。秋季的场景（图4.11）设置在一片"焦土之地"上，大火焚烧后，这里树木残根依然竖立着，枯叶在地上散落着。冬季场景（图4.12）中，地面被厚厚的雪所覆盖，鹿穿行于雪地。春季的场景（图4.13）

图 4.10　卡尔·伊森·阿克利“白尾鹿的四季”展品中夏季场景的白尾鹿群标本组。（图片来源：菲尔德自然博物馆，图片编号：#CSZ6212）

则设置在一片开阔的林地里，树木刚刚在发芽，地上盖着苔藓。[74]

在这次展览开放前，身为当下负责美国国家博物馆生物学部门展品的弗雷德里克·卢卡斯，甚至给阿克利写了信，跟他要当地报纸对“白尾鹿的四季”的报道的副本。对此，卢卡斯解释说：“作为《大英博物馆杂志》的美国通讯员，我很乐意将关于‘白尾鹿的四季’群组展品的描述发送给该杂志的编辑，特别是得知了他因为从美国获得的新闻很少而感到相当失落。”[75] 阿克利给卢卡斯寄去了“白尾鹿的四季”的照片，在次年 5 月前，《科学》期刊就登出了卢卡斯对这件群组作品的描述和赞誉，“这些群组已经被准备了很长的一段时间，毫无疑问它们无论身处何处，都会是同类展品中最精妙的作品，这套展品也是在博物馆中模拟大自然景观最成功的一次尝试。”[76]

1903 年 8 月 2 日，阿克利收到朋友威廉·阿兰森·布莱恩的来信。布莱恩曾是菲尔德哥伦布博物馆鸟类部的助理馆长，现已离职成了檀香山的毕夏普博物馆的人类学和博物学方面的负责人。他看到了菲尔德哥伦布博物馆 1902 年的年度报告，报告中有“白尾鹿的四季”展品的照片。读完报告后，他表示

图 4.11　卡尔·伊森·阿克利“白尾鹿的四季”展品中秋季场景的白尾鹿群标本组。(图片来源：菲尔德自然博物馆，图片编号：#CSZ6208)

图 4.12　卡尔·伊森·阿克利“白尾鹿的四季”展品中冬季场景的白尾鹿群标本组。(图片来源：菲尔德自然博物馆，图片编号：#CSZ6213)

很欣慰，还开玩笑说：“非要让我挑刺的话，我只有一处不满，那就是你们留给同事和后来者的发挥空间实在太少了，因为你们已经在呈现自然的艺术技艺上达到了如此完美的境界，除非他们能呈现出自然本身，否则根本超越不了你们。”[77] 他接着声称：阿克利为动物标本剥制术的贡献就如“米开朗琪罗为雕塑和绘画所做的贡献”[78]。借此机会，他还提醒他的朋友（阿克利）将他的新方法发表出来，“以免为时太晚。为了你本人和动物标本剥制术的发展，你都义不容辞”[79]。

图 4.13　卡尔・伊森・阿克利“白尾鹿的四季”展品中春季场景的白尾鹿群标本组。（图片来源：菲尔德自然博物馆，图片编号：#CSZ62847）

1901 年 1 月，霍纳迪写信给阿克利赞扬了他的成就，“我越斟酌你那些令人惊异的优秀哺乳动物标本群组，它们的艺术卓越性就越给我留下深刻印象。目前就我看来，它们是全世界最佳的标本制作的范例”[80]。《纽约先驱论坛报》曾委托霍纳迪写一篇有关现代欧洲标本剥制术的“特别的文章”。但霍纳迪打算“转移主题”，转而去写“一篇关于泛美洲的文章”。因此，他请求阿克利将他的标本群组照片寄给自己，这样他就能在文章中用上一张。

其中令霍纳迪最为印象深刻的是一组大弯角羚标本，他印象深刻的点在于这组作品的制作技术而非其艺术性。在写给阿克利的信中，他表示这件群组作品“和你其他任何一件作品相比，都更能展现出你的手艺，因为这组作品里的标本的毛很密。”[81] 最终，霍纳迪在那篇《纽约先驱论坛报》的文章中用上了 3 张阿克利的标本群组照片——一张是大弯角羚的、一张是斯氏猾羚的，还有一张是索马里野驴的，以及一张单只的斯通氏野羊的照片。

霍纳迪的文章更多介绍的是阿克利的作品，其他标本剥制师包括韦伯斯特，他的“死鹿身上的加州神鹫和火鸡秃鹫”标本，是除了阿克利作品外霍纳迪所提及的唯一一件标本群组。霍纳迪承认他从未去过匹兹堡参观卡内基自然博物馆，所以尽管后来他还将该件标本群组列入了他的文章“美国动物标本剥制的杰作”中，但其实他甚至连这个展品都没看过。他在《纽约先驱论坛报》的文章中所收录的作品还包含了刘易斯·林赛·戴奇（来自堪萨斯大学）、威廉·帕尔默（来自美国国家博物馆）和小约翰·罗利（来自美国自然博物馆）的代表作品的单张照片。在这一代相对年轻的标本剥制师中，阿克利收获了霍纳迪的最高评价。霍纳迪将阿克利的作品形容为“天才之作”，是“每个美国人都值得骄傲的”事情。[82] 他接着指出，“欧洲没有一件标本作品能比得上”阿克利制作的标本。他进一步解释道：

> “阿克利先生展示的那些非洲哺乳动物标本群组，每一组中的标本都有细密的毛、精美的造型和摆姿，既不胖也不瘦，而且身上没有任何一处明显缝隙。我看着这些标本杰作，因为想到它们都是在美国制作出来的而心潮澎湃。”[83]

因为霍纳迪没有谦逊的名声，所以阿克利在菲尔德哥伦布博物馆时的前助手哈利·C. 丹斯洛对于霍纳迪公开赞扬阿克利剥制技艺的行为表示惊讶，他写道：“霍纳迪确实有过度赞扬某些老友的行为，但我很高兴看到他公正地评价了你的作品，不带任何偏见。”[84] 霍纳迪曾自称是全国最顶尖的大小型哺乳动物标本制作师，但现在他已经不再执意于这个头衔。身为纽约动物园园长的他，认为自己只要能被认可为新兴美国动物标本剥制术的奠基者，乐于置身技艺高低的争夺之外。[85]

文章发表后，阿克利写信给霍纳迪，表达了自己的感激之情。霍纳迪在回信中再次称赞了阿克利的“极佳技艺”，并鼓励他继续下去，他写道：“我相信你永远不会厌倦制作动物标本的工作，相反，随着年龄的增长，你对它会更感兴趣，当下你对它的兴趣显然也在增加着。”[86] 当阿克利告诉霍纳迪他打算发表自己制作大型哺乳动物标本方面的新方法时，霍纳迪非常热切地回应道：“我很高兴你要发表制作哺乳动物标本的新方法，希望博物馆能不惜一切成本，将它好好呈现出来，同时配上许多你的作品来对它加以说明。”[87] 然而这个原定的发表计划却从未实现。

所有的这些正面的关注，让阿克利开始“梦想存在着这样的博物馆，它们会聘请艺术家兼博物学家，而这些人既具备规划标本群组的远见和给标本塑模的技能，也能在制作假体模型和环境配件，以及装配标本方面获得娴熟的辅助”[88]。他相信这个梦想就快实现了，因为在 1904 年，他遇见了美国自然博物馆馆长赫尔蒙·凯里·班普斯，班普斯告诉他，他最近雇用了詹姆斯·克拉克，“克拉克会塑模，但他不了解制作假体模型和架设动物标本的技术”[89]。阿克利同意让克拉克跟他一起在芝加哥学习新方法。两人共同制作了一只弗吉尼亚州母鹿的标本。克拉克将这件完成后的标本带回了美国自然博物馆，并在那里展出。

克拉克回到了纽约，那只弗吉尼亚州母鹿标本也安装好，并在美国自然博物馆中展示，不久后《科学美国人》刊登了一篇文章，宣告说美国自然博物馆的标本剥制部门最近“采用了被认为是迄今所设计出的最先进、最艺术化的方法来再现野生动物的生活，以供展览。实际上，这种方式几乎自有其革命性的，因为它彻底摆脱了那套旧式的、刻板化的标本剥制规则。”[90] 记者采访了克拉克，克拉克极为详尽地描述了阿克利的方法，却从未提及他的导师阿克利本人，这令阿克利非常愤怒。

大约在这个时候，威廉·阿兰森·布莱恩来到芝加哥拜访阿克利。代表毕夏普博物馆的他拓展了旅行的范围，游览了所有美国主要的自然博物馆，当他去到美国自然博物馆时，他自愿为阿克利搜集了情报。一周后，布莱恩遵守自己的承诺，给阿克利带来了一则不好的消息。他和克拉克在标本剥制试验室中待了 4 个多小时，看见了一组仍在制作中的麋鹿群组，正是这组作品曾得到《科学美国人》文章的高度评价。布莱恩报告说：克拉克“给我的感觉是，他认为在你那里学习两个月是‘理所当然’的事情，而不是什么‘重大事件’”。[91] 布莱恩进一步逼问克拉克，“我想你用了阿克利先生的方法吧。”[92] 克拉克的回答含糊其词，他表示博物馆管理层认为阿克利的方法“太慢且昂贵”。[93] 克拉克解释说他改良了霍纳迪的方法，他用了石膏来浇铸假体模型，用“煤气管来取代支撑的铁杆”。后来经过深思，阿克利说他的方法“用欧·亨利的话来说，就是‘毁于改良’。”[94]

布莱恩向阿克利强调说克拉克事件“不是偶然”，[95] 他再次敦促他的朋友（阿克利）将阿克利方法发表出去。在“参观了新卡内基自然博物馆的场地，新的华盛顿博物馆（美国国家博物馆）以及拟建的新布鲁克林博物馆”之后，他确信如果阿克利不赶在他们做什么之前发表的话，“他们会以某种未知的方式盗取你的那些想法，还会把它们应用于自己的博物馆中，你现在应该立即就发表它们”[96]。他进一步警告说：

> 况且阿克利，你是在大庭广众下向我展示的你的想法——除了背景不同之外，任何水族馆的建造都沿用了相同的思路！我为你紧张到屏住了呼吸，担心有人会在建设过程中无意间或者是通过建筑师、科学家之间的交流，或以某种方式碰巧知道了你的想法，从而在博物馆的建设中击败你的“阿克利思路”。目前世界上还没有类似的东西出现，但依我看，快了。[97]

然而，出于各种原因，阿克利还是没有听从布莱恩的警告。相反，他和艾略特计划了再一次前往非洲探险。菲尔德自然博物馆（1905 年菲尔德哥伦布博物馆更名为菲尔德自然博物馆）管理层同意资助这次旅行，希望此行能为博物馆捕获几头大象。而当 70 岁的艾略特决定不再前往时，阿克利被任命为了远征队的领袖。他和迪莉娅于 1905 年 8 月 13 日离开芝加哥前往英属东非（现肯尼亚）。[98]

在阿克利不在美国的期间，亨利·奥古斯塔·沃德的猝然辞世惊动了博物馆界。[99] 讽刺的是，这位凭借科学和技术进步成就人生事业的人物，竟死于最新的科技发明——汽车，当时他正在布法罗探访亲人。尽管沃德不幸英年早逝，他对美国的自然博物馆的影响却显而易见。当他于 1906 年夏季去世时，沃德工作室的前标本剥制师几乎占据了全美所有主要自然博物馆以及两个最大的动物园和最大的水族馆中的高级职务。沃德的儿子亨利·莱曼·沃德是密尔沃基公共博物馆的馆长；弗雷德里克·奥古斯塔·卢卡斯是布鲁克林博物馆的馆长，他聘请了威廉·克里奇利和乔治·K. 切里分别担任该馆的首席剥制师和鸟类学部门馆长；纽约动物协会中，威廉·坦普尔·霍纳迪是布朗克斯动物园的园长，而查尔斯·哈金斯·汤森是纽约水族馆的馆长；亚瑟·贝诺尼·贝克是国家动物园的副总管；乔治·B. 特纳是美国国家博物馆的哺乳动物标本剥制师，而纳尔逊·R. 伍德是鸟类剥制师；哈利·C. 丹斯洛是美国自然博物馆的鸟类剥制师；当然还有担任卡内基自然博物馆标本制备员的韦伯斯特和雷米·桑滕斯，以及作为菲尔德自然博物馆首席剥制师的阿克利。这些沃德标本工作室的前同事，通过不断挑战彼此，技艺已达到很高水准。但随后，他们的竞争与合作将激励他们彻底反思博物馆展览的可能性以及自然博物馆的真正使命。

装饰性动物标本剥制术的衰落

1906 年秋天，卡内基自然博物馆馆长威廉·雅各布·霍兰德聘请了一位新的动物标本剥制师，与韦伯斯特共同管理标本制备部门。雷米·亨利·桑滕斯最近刚从比利时移民到美国。1888 年，19 岁的他就开始在沃德研究所的标本工作室工作了。他在研究所里工作了 18 年，其中的最后 9 年他和他的兄弟约瑟夫成了标本工作室的共同领班。罗伯特·H. 洛克威尔曾于 1905 年在沃德研究所向两兄弟拜师学艺，之后他去到了美国国家博物馆、布鲁克林博物馆和美国自然博物馆工作，在事业上取得了突出成就，据他评价，他们俩“在沃德研究所制作了最好的一些动物标本作品”。事实上，洛克威尔承认他们的作品“比我的优秀得多，所以我一下子就意识到我最好放弃我正在使用的大多数制作技巧，转而采用他们的技术”[100]。雇用雷米仅 6 个月后，霍兰德写道：“桑滕斯先生……身为一位熟练和有良心的工人，他的声誉很好。自从他加入我们以来，他通过所做的工作证明了他是名副其实的。”[101]

霍兰德可能原本雇用桑滕斯是来安抚沃尔特·埃德蒙德·克莱德·托德的，后者是负责博物馆近期收集的脊椎动物藏品的管理员，他曾经反对韦伯斯特草率处理哺乳动物藏品。1900 年 2 月，仅仅在韦伯斯特开始为卡内基自然博物馆工作的两年后，托德就向霍兰德提交了一份正式报告，投诉说委托给韦伯斯特照管的标本的状况不佳，他要求馆长出面处理这个问题。然而，由于霍兰德对托德怀有相当明显的反感，他整整无视了托德的投诉 6 年之久。两人之间的紧张关系始于霍兰德拒绝让托德参加各种采集考察活动，也不让他有时间发表自己的研究成果。根据肯尼思·C. 帕克斯的说法，“托德一直认为不管他完成了什么工作，都不曾获得过霍兰德教授的帮助，反而受到过他的干扰。”[102]但托德所投诉的问题并没有消失，韦伯斯特制作的标本在阿克利的作品旁边黯然失色。因此，霍兰德雇用了桑滕斯，让他负责制作哺乳动物标本，从而让韦伯斯特能重新聚焦于鸟类标本制作。

不久之后，桑滕斯提供了进一步的证据，证明韦伯斯特已经让馆藏严重恶化。加入博物馆两个月后，他提交了“一份动物标本部兽皮状况报告”，报告中他指出韦伯斯特对兽皮进行了“无情的处理”。报告中写道：“近 9 年来，这些兽皮既没有被剔净，也没有经过修整处理，皮上残留着大量的肉、油和血。刚把动物的皮剥下来，就把它们扔进各种浸泡液中去。”[103]桑滕斯对使用硫酸来处理皮肤感到特别震惊。这样做的结果是让 2 头大象、3 只狮子、1 只狒狒和 1 只驼鹿的皮丧失了它们能在科学博物馆中发挥的作用。[104]一些其他动物皮则被遗忘在盐和明矾中多年，以至于它们已经完全干燥，毛上还有盐和明矾的结晶，原来的颜色也已经被彻底破坏了。[105]在桑滕斯的证言支持下，托德又一次试图迫使霍兰德采取行动。他在 1907 年 1 月提交了另一份报告：

> 最近，更大型的哺乳动物的皮毛得到了彻底的检查并得以记录了它们的状况，结果让人震惊。浸泡液中保存的兽皮中，65% 几乎已经报废，24% 状况未明，只有 11% 的兽皮看起来还正常。在盐和明矾浸泡液中的兽皮看起来比那些保存在含硫酸成分溶液中的皮状况更好……例如，含硫酸溶液中的两张大象皮的表层正在瓦解成碎片，这两件大象皮标本完全报废了。[106]

托德希望霍兰德来接管哺乳动物的收藏品，并任命除他之外的某个人来监督韦伯斯特的工作。在不断施加的压力下，韦伯斯特于同年晚些时候被迫辞职。他接受了匹兹堡报童之家的主管职位，这是一个为无家可归的报童提供服务的非营利组织。约瑟夫·桑滕斯，也就是雷米的兄弟接任了韦伯斯特的职位。[107]

韦伯斯特的被迫辞职体现了博物馆开始变得专业化的程度。多年来，霍兰德一直依赖于韦伯斯特（主要是他鸟类标本剥制师的身份）从事各种各样的工作，如搭建标本展出、制备科学标本和组织馆藏等。但实际上，韦伯斯特一完成为鸟类展馆准备的展品，就力不从心了。他曾在沃德研究所制作过一些大型哺乳动物标本，但他在几十年前训练的制作方法已经被取代，而且对于现在制作大型哺乳动物标本来说那些方法也已经不再适用。反观雷米和约瑟夫·桑滕斯，他们在沃德研究所是和阿克利一起接受培训的，因此能够按照新的方法来制作标本。他们精通最新的制备技术，渴望设计哺乳动物标本群组。对博物馆来说，韦伯斯特不再是最好的标本剥制师了。

阿克利失去了他的支持者

1907 年，卡尔·阿克利和迪莉娅从非洲回到美国纽约后，得知罗斯福总统想要与他们会面。几天后，他们参加了白宫的一次午餐会，一位来自阿拉斯加的美国狩猎运动员也在场。尽管他们谈论了很多关于阿拉斯加和非洲的事情，但据阿克利回忆，他们要离开时，罗斯福转向迪莉娅说："等我卸任后，我打算去非洲。"那位运动员插话道："那阿拉斯加呢？"罗斯福回答说："阿拉斯加可以等等。"阿克利夫妇在刚果采集动物标本的故事肯定让罗斯福重新想起了与父亲在埃及旅行的记忆，14 岁的他曾采集尼罗河谷的鸟类，后来将采集到的鸟捐赠给了美国国家博物馆。两年后，罗斯福总统退任，他开始了一项为期一年的前往英属东非（**原英国在非洲的殖民地区，编者注**）的采集探险之旅，这趟旅行由史密森尼学会赞助。[108]

阿克利夫妇于 2 月 9 日返回了芝加哥，带回了 7000 多件标本，其中包括 400 张大型哺乳动物的皮，总重量 17 吨，需要 210 人来搬运。[109]《论坛报》报道："他们猎杀的最大猎物是大象（图 4.14），有 4 头，除 1 头外，其余 3 头都是在肯亚山附近被捕获的，那座山几乎身处赤道，山上却下着雪，在那里，猎人们在竹林丛中度过了 6 个星期。"[110]

阿克利回到菲尔德自然博物馆时，并没有受到如他所期待般的凯旋待遇。当他离开美国，身处非洲时，菲尔德自然博物馆执行委员会的主席哈洛·奈尔斯·希金博桑告知艾略特，博物馆不再需要他的服务。艾略特动物学部负责人的职位也给了查尔斯·巴尼·科里。

科里是来自新英格兰的业余博物学家，他的财力足以支持他追求收集鸟类标本的狂热爱好。他与博物馆的渊源颇深。当菲尔德自然博物馆成立时，董

图 4.14　迪莉娅·阿克利与非洲象头骨和象牙，摄于芝加哥。（图片来源：美国自然博物馆图书馆，图片编号：# 46353）

事会中科里的朋友让他把他的鸟类收藏品捐赠给博物馆。科里同意了，但作为回报，他要求成为博物馆鸟类学部门的名誉馆长。1906 年，科里因投资失败而破产，菲尔德自然博物馆管理层对这一情况的回应是将艾略特的职位给了他。这个消息不仅震惊了艾略特，也震惊了许多工作人员。许多人猜测这个职位变动不会很容易，如果阿克利得知他的朋友被撤职而科里成了他的上级，可能会对此有争议。[111]

阿克利前往非洲之前，提出了一项“展览伊利诺伊州鸟类”的提案。该提案简述了一个宏大的设计：

> 该州鸟类展览应包括其地理范围内每种鸟类至少一对处于繁殖期的雄鸟和雌鸟，即展示处于繁殖期展示羽毛的状态，附带每个品种的鸟巢和蛋，以及其典型生长环境的代表。在这个主要展品的基础上，还应该补充一系列鸟类样本收藏品及影印资料，供希望了解以下信息的人使用：（1）每种鸟类的生命史；（2）其特定的个体特

征；（3）其季节性分布；（4）其经济关系；（5）其心理层面。

阿克利的建议是，一个如此全方位的展览需要对该州展开一次“初步调查”，以确定最终展览中应包含哪些地点。同时，采集员们也能在这场调查中获得代表性的环境配件。阿克利还主张说：制作“主要的或壮观的展品”应该是标本制备部门的责任，而“附属性的或教育类展品”则应该由科学工作人员负责，在这里指的是鸟类学部门。[112]

现在，阿克利回到了菲尔德自然博物馆，他发现艾略特的继任者拒绝了他关于鸟类展馆的提议。阿克利向斯基夫提的在博物馆的非洲馆展出 5 头大象，而不是 2 头大象的建议也被否决了。阿克利显然对管理层不支持他的想法、不愿扩充博物馆公共展品以及对他的试验性剥制法日益失去了兴趣而感到非常失望。阿克利这样的状态就和当时惠勒辞职后，他依然留在密尔沃基公共博物馆时一样，他意识到自己又一次失去了一位馆长的支持。

尽管当时的阿克利并不知道，但他的创新理念正开始在整个博物馆界引起轰动。美国各地的博物馆馆长在努力使自己的机构专业化，并于最近成立了美国博物馆协会。阿克利很快发现，不少博物馆馆长都坚定地支持他关于现代化的博物馆展出方法。[113]1907 年 6 月，阿克利参加了在匹兹堡举办的第二届美国博物馆协会年度会议，这届会议得到了卡内基自然博物馆的赞助。该协会的第一任主席赫尔蒙·凯里·班普斯称阿克利为“美国最好的标本剥制师之一”，而亨利·莱曼·沃德在发表以展示大型动物组为主题的论文之前表示，“阿克利先生在这方面比任何人在都经验丰富，”比他更有资格发言。[114]

在一年后的 5 月初，美国博物馆协会在芝加哥艺术博物馆的富勒顿音乐厅举行了第三届年度会议。[115] 既然国家的博物馆专业人士都已经来到他这里，阿克利便花了点时间再次讲述了他制作大型哺乳动物标本的方法。他的演讲没有发表在《美国博物馆协会会议录》上，但被简要提及了，“卡尔·阿克利读了一篇关于现代动物标本制作方法的文章，边用幻灯片加以说明。”[116] 在阿克利的展示之后，亨利·莱曼·沃德向协会发表了讲话：

> 我不知道阿克利先生的讲话对你们有什么影响，但对我来说，它似乎具有划时代的意义。我感觉到，今晚我们见证了一次秘密主义传统障碍的突破，这个障碍对个人标本剥制师、对雇用他们的博

物馆以及他们所代表的艺术形式来说从来不是一份夸赞，也不是什么优势。[117]

阿克利在菲尔德自然博物馆之外找到了许多新的支持者。在亨利·莱曼·沃德的协助下，这个新成立的由博物馆专业人员组成的协会接受了他的观点，展望了博物馆展览的崭新未来。

然而，阿克利总是感觉在行业的边缘独自工作才更让他自如，他从未完全接受这个行业内的岗位。他认为自己只是一个有想法的人，要实现这些想法需要完成一些工作。1908 年 10 月，斯基夫宣布了阿克利的辞职，称他“渴望回到非洲，他意识到了独立标本剥制师是一个更好的发展领域”[118]。阿克利将继续与博物馆签订合同，完成博物馆大厅入口前那对大象的标本制作。但如果他打算制作一组大型的大象标本，他就得去别的地方寻求支持。

得到他人支持这件事无须他久等。美国自然博物馆的赫尔蒙·凯里·班普斯就是阿克利工作的坚定支持者，他急切地等待着菲尔德自然博物馆的大象标本群组的成果。

1909 年 7 月 24 日，阿克利的交战的公象标本（图 4.15）被放置在菲尔德自然博物馆的主展厅。据《芝加哥论坛报》的报道，阿克利“原本打算在这组

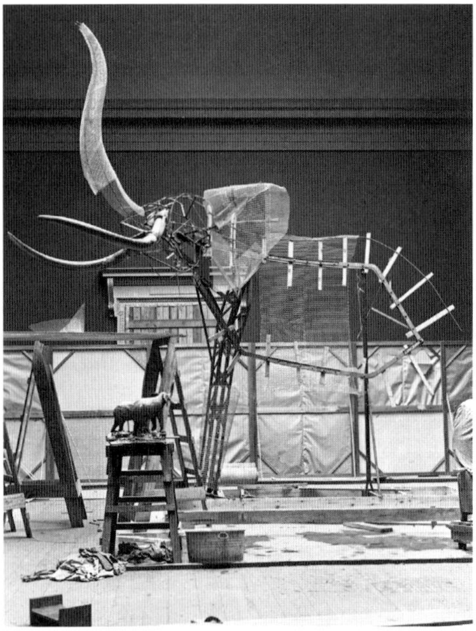

图 4.15 卡尔·伊森·阿克利为菲尔德自然博物馆制作的一对交战中的公象的其中一只的骨架结构。（图片来源：美国自然博物馆图书馆，图片编号：#410833）

标本四周再现丛林场景，但这样涉及的开销就会超出博物馆管理人员手头的经费”[119]。最终，阿克利并不满意这 2 头大象标本的效果，它们不是他所希望制成的样子。但其他人并不认同他的苛刻看法，其中之一就是霍纳迪，他尤为高调地赞扬了这组标本：

> 根据艺术构思的标准来评判，这组作品真的是令人震撼。只有通过努力，想象力才能达到这组标本的水平，才能令人生出巨大的敬佩之情，而这也是它应得的。它代表的是一种巨大的构想和成功实现了的艺术努力。它需要在至少 100 平方英尺（**约 9.3 平方米，编者注**）的厅堂中展出。这是一件宏伟的作品，但正如雕像中的斯芬克斯，它和相对小型的绘画作品之间是没有可比性的。它自成一派，从属于一个全新的大型标本展示类别。[120]

博物馆界的人对于这对交战的公象标本（图 4.16）的这种热情马上就产生了对这类新型展品的需求。美国自然博物馆决心拥有属于自己的大象展品，但与菲尔德自然博物馆不同的是，它愿意接受阿克利设计一个大型家庭标本群组的想法。

美国自然博物馆毫不犹豫地聘请阿克利为世界上第一个大型象群的制作人，并承诺资助他第三次前往非洲探险。据《科学》报道，这次探险预计需要两年时间，除了收集“一群将要被安置在美国自然博物馆仿真的自然栖息地中的大象”之外，阿克利还被交付了一个任务，即“制作一份非常完整的关于当地人和动植物的摄影记录”，以供研究和教育之用。[121] 虽然阿克利成功拍到了诸如织布鸟、鸵鸟、大象、狒狒等动物在自然栖息地中的静态和动态照片，还有史以来第一次拍到了大猩猩，但他发现，他的城市电影摄影机在野外用起来又笨重又不方便。为了解决这个问题，阿克利后来设计出了更为便捷的阿克利 35 毫米电影摄影机，并为它申请了专利。这款摄影机就很快成了野外博物学家们的首选。[122]

阿克利于 1909 年 8 月 17 日前往英属东非。而西奥多·罗斯福也兑现了他两年前对卡尔·阿克利和迪莉娅（阿克利夫妇）许下的承诺，先于他们在 1909 年 4 月的时候抵达了蒙巴萨的港口城市。尽管阿克利因为已经承诺加入美国自然博物馆的探险队，而拒绝加入由史密森尼博物馆资助的罗斯福的探险队，但他还是为总统安排了与自己所信任的装备供应商“纽兰德与塔尔顿公

图 4.16 卡尔·伊森·阿克利为菲尔德自然博物馆制作的一对交战中的公象标本。（图片来源：菲尔德自然博物馆提供，图片编号：#CSZ29279）

司”合作。他们曾为阿克利成功做好 1905 年那次探险之旅的后勤工作，所以这次为美国自然博物馆的探险考察，他打算再次与他们合作。阿克利还建议“纽兰德与塔尔顿公司”安排他们两个探险队在某个地方会合，这样他和罗斯福就可以一起狩猎大象，因为阿克利已经说服罗斯福采集两头母象和一头小象给美国自然博物馆。[123] 当阿克利夫妇抵达内罗毕时，罗斯福给他们留了一封信，告知他们两支探险队将在瓦辛吉苏高原上的草原汇合。当阿克利带领的探险队横跨英属东非时，他会从“非洲奔跑者”那里定期收到有关罗斯福行踪的新消息，这些“非洲奔跑者”很熟悉这个地区，所以探险队雇用他们来获取每个组的位置。阿克利的探险队一到达高原，就派出了一个“奔跑者”去寻找罗斯福，结果发现他就在不远处。

阿克利和罗斯福支起了一个帐篷，他们将从这里出发去狩猎大象。第二天早上，阿克利、塔尔顿、罗斯福和他的儿子克米特以及一群非洲猎枪手和追踪者出发去寻找大象。到中午时，这组人走了将近 10 英里（**约 16 千米，编者注**）才发现一群大象聚集在一片枝叶稀疏的小合欢树林旁边的深草丛里。大家让罗斯福先开第一枪，他先是击中了一头母象，而后又击中了另一头母象；克米特、阿克利和塔尔顿紧随其后。在突然猛冲起来的象群掀起的尘土落定前，罗斯福已经打死 3 头母象，而克米特用他的温彻斯特步枪杀死了一头小公象。罗斯福和克米特与大象拍完照后，阿克利和塔尔顿马上就开始了剥皮的工作。傍晚，他们完成了这项令人毛骨悚然的任务。第二天早上，当阿克利的助手詹姆斯・利皮特・克拉克（在丛林中迷路了一夜）带着必需品盐到来时，阿克利和他，以及几名非洲助手便开始了清洗和保存大象皮的艰苦工作。不久后，他们突然察觉到灌木丛起火了，火势很快，而他们的帐篷岌岌可危。阿克利不为所动，在烟雾和高温中继续处理着象皮。与此同时，其他的人成功抑制了火势。但还是耽误了工作的进程，再加上阳光的灼晒，致使大象皮开始腐烂。阿克利不得不抓紧动作。他们将盐水洒满了象皮，这样能让他们有足够的时间剔除皮上的脂肪，象皮才能开始吸收盐分。为确保象皮不腐烂，阿克利做了额外的预防措施，即用浸渍有蜂蜡的棉布将象皮包裹起来，再装箱运往美国自然博物馆。次日，罗斯福告别了阿克利夫妇，前往塞尔戈伊湖。阿克利的探险队最终将会在乌干达找到一头公象以完成美国自然博物馆的大象群组标本。[124]

1911 年，当阿克利从英属东非回到美国纽约时，他带回来的大象皮已经足够制作出第一组完整的大象标本群组，但他观察非洲活体动物，尤其是大象的经历让他“梦想着打造一个宏伟的非洲馆，将动物标本制作和博物馆展览艺术方面的所有进步结合起来，同时为那些正在最有趣的动物王国——非洲大地上迅速消逝的野生动物，留下一份永久的记录”[125]。

阿克利发展起来的博物馆展出新概念成功地融合了科学性和装饰性的标本剥制术，而此时恰逢自然博物馆中公共展览空间崛起，美国的野生动物保护运动也处于上升期。这种交汇为博物馆的展览提供了新的可能，最先进的标本剥制技术可以与最新的科学信息相结合，以一种易于理解的语言呈现给博物馆参观者，传递给他们信息，甚至在某些情况下对他们产生影响。此外，随着近来栖息地群组在公共展览中的中心地位得以确认，博物馆的管理者们重新开始思考他们馆藏品的性质。最终，他们将标本区分为公共展品和科学收藏品。这种划分进一步重塑了博物馆机构，促使管理者们重新考虑他们展品的教育价值。为此，他们不仅改变了标本制作技术，也调整了展馆的布局、展品的标签及其附带资料，为他们日渐扩大的参观者群体的利益而服务。最终，正是通过采用阿克利的博物馆展览方法和理念来作为引领创建展览空间的新视野，动物标本剥制术才逐渐开始塑造和定义美国自然博物馆的公共展览层面。

第 5 章

保护自然的责任

各个博物馆和拯救濒危海洋哺乳动物之战

> 我们厌倦了目睹“文明”人类对地球上野生动物的贪婪、自私和残忍行径。我们受够了屠杀的故事和杀戮的画面。到了进行全面改革的时候了，而这也正是我们当下所提出的要求。
>
> ——威廉·坦普尔·霍纳迪[1]

1904 年 2 月 20 日下午，一大群人涌进了美国国家博物馆的讲堂，聆听一位演讲者讲述海底的奥秘，这位演讲者是美国纽约水族馆馆长查尔斯·哈金斯·汤森。他还是美国鱼类委员会“信天翁”号船上的博物学家时，曾参加过从旧金山到檀香山的海底深度测量考察活动，测量深度达到了海底 6 英里（**约 9.7 千米，编者注**）。“阳光可以穿透海洋，到达 200 英寻（**约 0.37 千米，编者注**）深的地方。在那之下，直到海床都是一片漆黑。”汤森告诉观众，“然而，海洋底部存在着大量海洋生物。那里是阳光照射不到的地方，被黑暗和严寒所笼罩，但鱼类和其他海洋生物会自己发出磷光，它们借此来看清东西。我们相信这些栖息于此深度的生物散发出的光亮会将海床照亮。”[2]

公众对于世界上海洋表面之下的事情知之甚少，所以当听到汤森宣称一片新的“迄今未为博物学家们所认知的领域已被开启”[3]时，他们肃然起敬。他解释说深海生物到了水面上将无法存活，但通过研究这些底栖生物的解剖结构并将它们仔细重建，我们就能开始想象出它们隐秘的世界会是什么样子。为了让观众们一窥那个栖息地，汤森德展示了几张史密森尼学会正在为即将在圣路易斯举办的世界博览会搭建的展品的幻灯片。一位《华盛顿邮报》的记者在观察讲堂时注意到，观众中有许多听得全神贯注的孩子。“他们表现得不同寻常地好。”他写道：

> 他们的注意力被这些神奇深海怪物的幻灯片所吸引，但这些孩子肯定没想到，在离博物馆不到半个街区的地方的鱼类标本制作工作室，许多奇怪鱼类的标本，以及它们已完成的或未完成的放大模型就陈列于此，这些都会成为博物馆在圣路易斯世界博览会上展出的重要组成部分。[4]

即使是那些可能知道博物馆标本工作室就在自己不远处的人，也猜想不到史密森尼博物馆此次展览的规模之大。

获得了举办 1904 年世界博览会的资格后，美国选择了在圣路易斯这座通往美国西部的门户城市举办博览会，并将这场庆祝活动正式命名为“路易斯安那购地博览会”，这是对总统托马斯・杰斐逊于 1803 年获得西部领土的百年（实际晚了一年）纪念活动。举国上下都在期待看到一场超越 1893 年芝加哥世界博览会奢华程度的展览，负责筹备政府展览的现任国家博物馆展览主管——弗雷德里克・卢卡斯就打算为大众带来这样一场展览。卢卡斯曾经通过用黏土作出了一组章鱼的模型，再将它们浇铸到胶水和明胶混合物中，在当年芝加哥博览会上展示了首件能准确描绘海底景观的作品。[5]10 年后，他计划让此次的博览会参观者看到比他们以往见过的任何水下世界作品都更为广阔和逼真的景象——以世界上第一件完整的鲸鱼铸造品为亮点。

卢卡斯希望博览会上的展品能够向大众普及海洋物种保护的必要性。自从与汤森在 1896 ~ 1897 年服务于毛皮海狮（海狗）委员会以来，卢卡斯越来越意识到海洋动物，特别是海洋哺乳动物迅速消亡。但他也很清楚，要让人们意识到没有美洲野牛那么具有标志性的物种的困境，是一件有挑战性的事情。许多水生动物都在很遥远的地方生活——在无人能及的岛屿上，在极地地区或在本国的浪潮下，人们很难对它们加以研究和保存。因此，它们在博物馆展览中也并不常见。如果不立即采取行动的话，卢卡斯担心大海雀的命运很快就会降临在大量海洋哺乳动物身上，如海獭、海象、北方海狗及各种鲸类。汤森参与了卢卡斯保护海洋生物的工作，很快便扩大其范围，囊括了水污染问题。然而，当两人都认为选择性管理是挽救日益减少的毛皮海狮（海狗）群的最佳方式时，这种结论却遭到了他们的老盟友威廉·坦普尔·霍纳迪的强烈反对。随之而来的斗争有分裂动物保护运动的危险，并不断影响了保护主义者和野生动物管理倡导者之间的争论，直至今日。

一只鲸鱼的制作

1903 年 5 月中旬，弗雷德里克·卢卡斯抵达纽芬兰的首府圣约翰斯市的码头。下船后，他和同伴迅速沿着沃特尔大街（水街）的主干道前进，他们需要各式各样的奇怪用品，包括 20 桶石膏粉。卢卡斯受到了美国国家博物馆哺乳动物分馆馆长弗雷德里克·特鲁的委派，要带领一只探险队去采集蓝鲸标本，当时的人们普遍称蓝鲸为“磺底鲸”。陪同卢卡斯一起前往的是威廉·帕尔默，他曾替代霍纳迪，成为美国国家博物馆的首席剥制师；以及 J.W. 斯科利克，他是一名骨骼制备师，也是沃德研究所第二代毕业生。卢卡斯不曾有许多在野外实地工作的机会，正如他后来回忆的：“这项工作最痛苦的部分是对失败的恐惧，是担心我们无法得到一只大的好的鲸鱼，我们有段时间因为抓不到甚至连看都看不到一只‘磺底鲸’而倍感焦虑。”[6] 近 4 周以来，他们一直在卡博特蒸汽捕鲸公司的主要驻地，即冬宫湾上的巴利纳站那里，等待着完美的鲸鱼标本出现。

捕鲸站已经在纽芬兰岸边的鲸鱼繁殖区域附近建立起来，1897 ~ 1903 年，一个捕鲸站发展到了 5 个。这个时期人们对鲸类生物学方面的知识知之甚少，但卢卡斯很清楚捕鲸业所追求品种的种群数量正持续呈毁灭性趋势下降。露脊鲸和弓头鲸已被猎捕至几近灭绝，而又因为现在越来越难以找到这些物种，所以捕鲸业已经将目光转向蓝鲸。在早期，这些游动速度很快的蓝鲸是很难进行有效猎捕的，而今技术的进步已经追上它们的速度——以蒸汽驱动的船只现在能从地面站点的瞭望员那里接收指令，并配合爆炸式鲸叉来进行捕猎。卢卡斯从霍纳迪那里学到的是，如果他想呼吁美国公众拯救濒临灭绝的鲸鱼，他必须先获取一只鲸鱼标本，并举行一次科普展览。在选哪种鲸鱼为代表方面，蓝鲸显然是卢卡斯的不二之选。因为蓝鲸的体形足够大，能够吸引博物馆访众的目光，而且它也将完善博物馆鲸目动物的馆藏。[7]

其实，卢卡斯要得到一头蓝鲸的完整铸模还有另一个更私人化的原因。5 年前，即 1898 年 7 月，他在英国新兴科学月刊《自然科学》上读到了一则令他惊愕的社论短评，这则短评介绍了不列颠自然博物馆新开办的鲸豚类画廊。作者声称没有其他博物馆能“解决标本剥制师的技艺难以展现出鲸鱼的真实外貌这一难题”，直到威廉·亨利·弗罗尔爵士“终于……以最令人满意的方式解决了它”[8]。尽管大英博物馆的优越感人尽皆知，但卢卡斯被这种说法激怒了。因为他知道史密森尼学会的资深模型制作者和动物标本剥制师约瑟夫·帕尔默和他的儿子威廉·帕尔默，以及秘书斯宾塞·富勒顿·贝尔德，它们在 16 年前给一头 33 英尺（**约 10.1 米，编者注**）长的座头鲸架设骨骼标本和铸模时就已经发现这一解决方案。这具富有创造性的座头鲸铸模在其左侧展示了一只呈“游行于水中状”的座头鲸，右侧则露出了这只动物完整的骨骼结构（图 5.1）。[9] 这个半边铸模自 1882 年起就一直在美国国家博物馆的南大厅展出。

为了反击这种误述，卢卡斯敦促鲸鱼方面的科学权威弗雷德里克·特鲁写一篇社论回应。出于确立美国国家博物馆的地位凌驾于英国博物馆之上的渴望，《自然》杂志匆忙刊登了这篇社论，它出现在了 7 月 22 日的那一期。特鲁

图 5.1　约瑟夫·帕尔默的座头鲸的半边铸模和骨架，该照片于 1885 年在美国国家博物馆安装完毕不久后所摄。（图片来源：史密森尼学会档案馆，图片编号：#2002-12204）

解释说："制作各种鲸类半边身体的纸浆铸模品，将它上色至栩栩如生的状态，并将鲸鱼的骨骼放置于铸模品的凹陷处"起源于美国国家博物馆，而且这种方式的"使用时间已经超过了 15 年"。虽然特鲁相信弗罗尔先生会"否认他是这项出色的展示鲸类方式的原创者"，但他显然是想让弗罗尔尴尬，因为特鲁引用了史密森尼学会 1882 年发表的年度报告里描述新的鲸类展示方式的一段内容，并列举了自 1874 年以来国家博物馆展出的几个小型鲸类标本，而且在 1883 年的伦敦渔业展后，弗罗尔的美国同行乔治·布朗·古德先生确实将其中几个标本赠送给了不列颠自然博物馆。[10]

卢卡斯和特鲁显然并不满足于用一篇社论来结束这场跨大西洋的竞争，纽芬兰的探险之旅才是致命一击。卢卡斯发明了一种全新方式，可以得到科学准确且完整的鲸鱼铸模。以前的方式是直接在"躺在沙滩上高高的被晒干的"鲸鱼尸体的基础上铸造模型，并没有对它们进行准确测量。考虑到许多鲸鱼体形巨大，要把它们翻过来以获得另一侧身体的真实铸模是不可能的事情，因此，只有鲸鱼的一边被铸模，另一边则是"在这边模型的基础上制作出来的，在制作这个完整模型的过程中，还要对两边存在差异的地方进行填充或修改。"卢卡斯认为要解决这个问题，可以让死去的鲸鱼漂浮在水中，再对它进行铸模。然而几周过去了，也没有合适的鲸鱼标本能用来测试这项新技巧。

7 月 12 日，也就是卢卡斯抵达纽芬兰岛的近两个月后，巴利纳站收到消息，说它的一艘汽船捕获了一头长 78 英尺（**约 23.8 米，编者注**），重 70 吨的蓝鲸。抓到这么好的标本让卢卡斯兴奋不已，他指示船长"趁着退潮开始"，将鲸鱼拖到"(水深约 3 米或 3.7 米的）浅水区"。在岸上，卢卡斯、帕尔默和斯科利克则指挥捕鲸站的 4 名职员开始在他们专门为这种情况建造的大木桶里，用水将巴黎石膏（熟石膏）和刨花混匀。在水上扎两根杆，把鲸鱼放在杆子之间。杆子上连着一座脚手架，人们可以在上面铸造鲸鱼身体的较高部分，脚手架上还架着一套用于翻转鲸鱼的绳索系统。一旦鲸鱼就位，即"尾巴朝向海滩，头朝向海"，右面朝下躺倒，他们 3 个人便走进冰冷的水里，"干劲十足地工作起来"（图 5.2）。在接下来的 10 个小时里，捕鲸站的人把装满石膏的桶运到博物馆工作人员那儿，再由他们把石膏倒到"右侧躺倒的"鲸鱼身上（图 5.3）。"随着潮水退去，他们朝着鲸鱼每一侧的中线（胃部）铸模"，分段将模取下，直到完成鲸鱼身体的铸模工作。

鲸鱼肉腐烂得很快，所以即使筋疲力尽，该小组也不得不继续工作，直

图 5.2　弗雷德里克·奥古斯塔·卢卡斯（左，鲸鱼上方），J.W. 斯科利克（中），和威廉·帕尔默（右）在给蓝鲸的头部做石膏模型，摄于 1903 年。（图片来源：史密森尼学会档案馆，图片编号：#SIA–2012–6537）

图 5.3　弗雷德里克·卢卡斯（站在鲸鱼上）和 J.W. 斯科利克（从右数第三人，靠在鲸鱼旁边）正在为蓝鲸的身体制作模型，摄于 1903 年。（图片来源：史密森尼学会档案馆，图片编号：#SIA–2012–6539）

到完成整件铸型。他们把头部留到最后才处理，因为头部相比鲸鱼身体的其他部分，分解得更慢些。那时，“鲸鱼被拖回岸上，被斩首……只要它的头一从躯干上斩断，我们就从里到外对整个头部进行了铸型，包括它的下颚和其他所有部位”，尾鳍则单独制作。卢卡斯回忆说：“这是我做过最艰难的工作。”接下来的几天里，站上的人帮忙剔除鲸骨架上的脂肪，而帕尔默和斯科利克则负责将骨架拆解。卢卡斯决心要收集并谨慎处理“鲸鱼骨架的每一部分，甚至连最小最细微的骨头也不能放过”。

7 月 22 日，探险队将鲸鱼的骨架和模型装在几个大板条箱里（图 5.4），带回了美国华盛顿市。卢卡斯负责在一个巨大的棚屋中监督对标本的建模工作，这个棚屋也是专门为此目的搭建起来的。他希望能及时制成这个模型，赶上参加次年的圣路易斯博览会，因此他争分夺秒地为展览做准备。8 月 16 日，据《华盛顿邮报》报道：

> 强烈建议那些迫切想要知道鲸鱼是否真的吞食了约拿（《圣经中》被鲸鱼吞掉的人，编者注）这个问题答案的人，去史密森尼学

图 5.4　弗雷德里克·卢卡斯（从右数第二人）和蓝鲸头骨，蓝鲸头骨被装在木架里，从纽芬兰运来，准备运往美国国家博物馆。（图片来源：史密森尼学会档案馆，图片编号：#SIA-2012-6536）

会后面的草坪参观一下，因为过去一段时间，那里一直有一张非常引人注目的独特图片……这张图片让那些时不时穿过国家广场的人大为困惑……卢卡斯教授……和主制备员帕尔默先生正在领导工作，引起讨论的那张图片上展示的是一只大鲸鱼的侧面轮廓和它的比例……这张图片为人们精准展示了一只鲸鱼的形态，那些想要确定约拿故事是真是假的人们，可以随意在好好打理过的标定为鲸鱼胃部的草坪上测量它们的长度。[11]

因为多家报纸的报道，美国国家博物馆“鲸鱼巨兽”的消息让美国公众浮想联翩。人们的好奇心是如此强烈，因此，卢卡斯于 11 月向华盛顿生物学会发表一场名为“鲸鱼的制作”的演讲，在帕尔默幻灯片的演示下，他讲解了从制作模具到策划浇铸的整个过程。

最终，这件巨大的鲸鱼仿真品花了 8 个月的时间来完成。它的外表由纸浆制成（图 5.5），所使用的是美国财政部的旧钞票纸浆，并由帕尔默对它进

图 5.5　史密森尼学会大楼后的南院，工人们正在制作准备参加 1904 年路易斯安那购地博览会的蓝鲸的纸浆模型。（图片来源：史密森尼学会档案馆，图片编号：#82–3371）

行绘制。3月初，整只鲸鱼模型被拆成若干部分并打包，由火车运往圣路易斯。一只板条箱装着头部，另一只箱子装着鳍，再由两只箱子装着身体两侧，尾部则装载在第五只箱子里，这些箱子放满了一架平板车，车上还搭建了一个保护性罩子。《华盛顿邮报》惊叹于这只万众期待的鲸鱼在离开时居然没有得到大肆宣传。“转辙工（扳道工）、货运工、手推车工和装运员都想不到这些巨大的板条箱里装着的货物是什么”文章这样写道：“总之，这只鲸鱼几乎没引起什么轰动就离开了城市。”[12]

在圣路易斯的世界博览会上，史密森尼学会负责统筹美国政府的所有展览。它的展馆被认为是博览会上最引人注目的建筑之一，里面展出了美国“密苏里”号战舰的全尺寸模型，一张拟建的巴拿马运河的立体地形图，一个包含50个淡水和海水鱼类展示缸的活体鱼类展览，以及“有史以来最大的鸟笼”，从中参观者可以看到来自世界各地的数百种鸟类。悬挂在顶梁上巨大的蓝鲸铸模（图5.6）被描述为“最引人注目的物体……展示了这种所有生物中最宏大的生物的自然面貌”。[13]

1905年，这件蓝鲸铸模从圣路易斯回到华盛顿后，就被悬挂在史密森尼

图5.6　弗雷德里克·奥古斯塔·卢卡斯的蓝鲸全身铸模及其骨架，安装于1904年的路易斯安那购地博览会。（图片来源：史密森尼学会档案馆，图片编号：#NHB-16424）

学会艺术与产业大楼南厅的屋顶桁架上。1910 年，当新的美国国家博物馆建成后，它被移送到了国家广场的另一侧，并安装在了位于海洋生物馆中心的一个基座上（图 5.7）。这件 78 英尺（**约 23.8 米，编者注**）高的蓝鲸模型在 50 年的时间里吸引了无数游客前来参观。

图 5.7　雷明顿・凯洛格馆长和莱昂哈德・赫斯・史丹吉正在观看弗雷德里克・奥古斯塔・卢卡斯的全尺寸大小的蓝鲸模型，长约 23.8 米，展出于美国国家博物馆，摄于 20 世纪 30 年代。（图片来源：史密森尼学会档案馆，图片编号：#SIA-2012-6538）

在看到蓝鲸标本制作完成并被安全运往圣路易斯后，卢卡斯便离开了国家博物馆，前往布鲁克林博物馆担任总馆长一职，该博物馆是布鲁克林艺术与科学研究所的一个分支机构。但他并没有忘记他在纽芬兰所看到的，也没有忘记当他的船员们在期盼着蓝鲸尸体到来时，他所忍受的漫长等待。1903 年，R.T. 麦格拉思在他的《纽芬兰渔业部报告》中警告说不能再向这个地区授予捕鲸许可证了。他写道："这将导致捕鲸业在短时间内完全耗竭。"[14] 他的建议被忽视了，卢卡斯担心警告来得太晚了。1906 年，捕鲸数量急剧下降，仅为 3 年前在纽芬兰海岸捕获的鲸鱼数量的一半，但捕鲸站的数量增加了 5 倍。[15]

蓝鲸正迅速走向灭绝。“人类正肆无忌惮地挥霍着大自然数个世纪以来所积累的资本，”卢卡斯在他关于保护鲸鱼物种的必要性研究中写道：“总会有这么一天，人类的支票再也无法从自然那里兑现。”更糟的是，纽芬兰的捕鲸业只是一个更大产业的一部分，更先进的新型捕鲸站正在全世界范围内迅速建立起来。要解决这个问题，需要的不仅仅是公众的呼声，甚至也不只是州或国家的法律制约。“保护鲸鱼可以是一件非常轻而易举的事情，”卢卡斯得出结论，“但也只有通过国际协议才能做到。”[16]

为了实现这一艰难的目标，卢卡斯争取到了他的老朋友查尔斯·哈金斯·汤森的帮助，他是纽约动物协会下属机构——纽约水族馆的第一任馆长。汤森成功说服了纽约动物协会通过了一项呼吁用国际协议来保护鲸鱼的决议。[17]他还将卢卡斯的“鲸鱼的消逝”作为《动物协会公报》的特别增刊进行出版，并在他的许可下分发给了协会会员们，汤森称卢卡斯的这份报告是“对这个问题最有见地的学者之一所作的一份真实陈述。”这份增刊还被分发给了流行杂志以供翻印，也寄给了“世界各地的立法机构”。汤森对纽约动物协会的定义是“一个致力于野生动物保护的科学协会”，而作为水族馆馆长和纽约动物协会的代表，他敦促“每位触及鲸鱼保护问题的立法者都应谨慎审议。”[18]

汤森和纽约水族馆

1902 年，美国纽约市政府请纽约动物协会掌管城堡花园的纽约水族馆，当时它位于炮台公园中。“经过一番考虑后”，据该协会主席亨利·费尔菲尔德·奥斯本报告，“协会接受了市政府的邀请，在奥尔巴尼（纽约州首府）争取到了必要的立法保障，并和市政府签订了一份合同。”[19]奥斯本给查尔斯·汤森提供了水族馆新任馆长的职位。汤森完全有能力胜任这份工作，因为 1891 年时他曾在美国鱼类委员会的“信天翁”号汽船上，在亚历山大·阿加西兹的手下工作，并从他那里接受了海洋学方面的指导。同时，汤森作为博物学家在接下来的 10 年中一直进行自己的研究。正如他后来回忆的，“与阿加西兹在一起的长期航行，总会被他在船上实验室里热情洋溢的讲话照亮，这些谈话就相当于一门海洋学课程……最终让我扎根于纽约水族馆。”[20]11 月，汤森辞去了鱼类委员会的职务，成为水族馆馆长。他几乎是立即就被派去访问欧洲各地的水族馆，“以求学习国外的最佳方式”。[21]

在英国，他参观了普利茅斯和布莱顿的水族馆设施，接着继续前往法国巴黎、德国柏林和意大利那不勒斯。其中，那不勒斯水族馆给汤森留下了特别深刻的印象，他认为那不勒斯水族馆是“无疑是最好的，不仅展示了从地中海中捕获到的亚热带鱼类，而且还是用一种新颖而艺术的方式来进行展示”[22]。回到纽约后，汤森基于自己在那不勒斯所看到的样式，重新对水族馆的鱼缸进行了全面设计。根据他的新设计，这些鱼缸将——

> 以天然岩石为背衬。尽可能地复刻出淡水溪流的河床，以适应来自这些溪流的鱼类；为深海鱼则打造含盐岩洞。在缸中栽培海藻和其他海洋植物，为这些鱼提供一个尽可能接近大自然的环境。[23]

为了确保绝对的准确性，水缸中自然环境的样式都是按照汤森拍摄的水下照片所显示的实际位置来进行呈现的，并尽可能地用当地的植被、岩石和沙子来布置水缸。[24] 例如，百慕大鱼类的鱼缸里的珊瑚就来自百慕大海岸附近的珊瑚礁。[25]

汤森还下令粉刷城堡花园光秃的灰泥内墙，拆除了大片的屋顶，更换成天窗，并建造了一个新的实验室，以进行研究和课堂教学。但他的关注点并不只是这些门面上的功夫。汤森认为，每年有许多海水鱼都死于港湾水，这些水是从水族馆下面的水井直接被泵入储水池里的。冬季的时候，哈得逊河因冰雪而泛滥倒灌，于是纽约港的淡水便吞没了海水。为了解决这个问题，汤森提议在炮台公园西面建造一个 10 万加仑（**约 37.9 万升，编者注**）的水箱。他的设计基于那不勒斯水族馆的水库，所以他联系了该馆馆长安东·多恩，以确定水的理想盐度水平。[26] 他甚至还安排了让那些引入海水作为压舱物的进港船只来定期填充水箱。

令汤森苦恼的是，即使用来自公海的水混合过滤后的港湾水，水族馆里的鱼死亡率依然在逐年上升。他要求大都会污水处理委员会调查港湾水的情况，而调查结果令人震惊。1908 年，《纽约时报》报道称，“纽约港底部形成了一层厚度达数米的污水和工厂废料，它可能会威胁到这座城市的居民健康。而且它杀死了大部分能协助处理港湾底部有机物的海洋生命。”更糟糕的是，由于污染日益严重，这个污染层正在逐渐扩大。[27] 在纽约钓鱼者俱乐部的一次会议上，汤森呼吁该团体要在工厂污染淡水河道的问题上“坚守立场”。“所有这些释放到我们垂钓水域中的有害物质如今正在摧毁鱼类的生命，"汤森告诉他们说，"上游和下游水域的河道污染都是伤害我们渔业的最大罪魁祸首。"[28]与此同时，汤森也实行了一项计划，他从百慕大进口了数十万加仑（**1美制加仑≈3.8升，编者注**）的海水，用一个全封闭式的系统来饲养咸水鱼。[29]8年后，尽管汤森一直在坚持阻止污水流入纽约港的运动，纽约港的水质也依然没有得到改善，水族馆滤水系统的安装工作也没有完成。因此，到了1916年，饲养在博物馆大楼中央大型水池中的一整群5条宽吻海豚全部死于水媒传染病。汤森对这样的损失深感痛惜，因为经常能观测到雄海豚和雌海豚在进行交配。他写道："雌海豚的损失尤为教人失望，因为本来人工养殖的前景是很乐观的。"[30]

汤森渐渐意识到圈养繁殖海洋哺乳动物可能是一个无法实现的目标。尽管他努力去解决供养海洋哺乳动物（包括几种海豹、海牛和宽吻海豚）时遇到的种种问题，但这些动物要么死于运输到水族馆的途中，要么就只能在圈养中短暂存活一段时间，即平均一年。在这样紧张的条件下，是不可能再去鼓励这些动物进行繁殖的。然而，只要能获得海洋哺乳动物，汤森还是会继续将它们收进水族馆。1909年，水族馆收到了1只成年雄性和3只1岁的西印度僧海豹，人们认为到最近，这个物种已经完全绝种了。汤森描述了它们到达水族馆时的脆弱状态，"3只小海豹中的1只状态虚弱，到这里第二天就死了。其余的看起来状态很好。它们可能是目前这种快要灭绝的物种仅存的几只被圈养的样本了。"[31]虽然几个月内它们就全都死了，但对于汤森来说，罕见动物物种的展出是很重要的事情，因为它能向博物馆的访众普及知识并促进动物保护，尽管这些动物可能只能在水族馆短时间地存活一阵。

卢卡斯在布鲁克林艺术与科学研究所

当弗雷德里克·卢卡斯于1904年6月1日抵达布鲁克林艺术和科学研究所时，他发现博物学部门公共展览的状态混乱到了极点。正如他后来所回忆的那样，地理、植物学、矿物学和动物学部门的负责人们一直在争夺各展厅的空间和突出位置，导致博物馆看起来"有点像一个古老的村落遗址，各部门展品层层叠叠、混乱无序，最近一段时间展览最为活跃的部门的展品就往前面摆，其他部门的则被推到了后面"。因此，等到他能邀请任何朋友来参观博物馆时，已经过去一年多的时间，因为直到那时"我们才取得可观进展，博物馆不再处于无序状态，仅仅只是有点混乱而已”[32]。

理想状况下，卢卡斯所谋求的是去制作出具有复杂环境和绘制背景的栖息地群组作品，就像阿克利在菲尔德自然博物馆的“白尾鹿的四季”展品一样。然而，这样的群组标本需要“大量的资金和一支庞大高效的工作队伍”，这两项资源不管哪项资源他手头都没有。他的资源极少，而且他认为他的员工大部分“时不时会效率低下，但更多的时候是表现出了漠不关心的状态，又或是只关心自己的工作”[33]。幸运的是，在卢卡斯接管下来的合格员工中，有经验丰富的野外标本采集家乔治·克拉克·谢里和技艺娴熟但缺乏创新能力的标本剥制师 J. 威廉·克里奇利，后者曾在沃德研究所阿克利的手下接受过培训。卢卡斯几乎立即就派遣谢里前往南美去完成一系列新世界鸟类的采集工作；与此同时，他安排克里奇利开始制作一组北方海狗标本，这些海狗是他在“北美商业公司”的帮助下，通过商务和劳工部获得的。[34]

卢卡斯所构想的毛皮海狮群组作品庞大而壮观，由 13 个个体标本组成，场景里包含有 1 只老年雄海狗、2 只几乎已经长大的“半成年公海狗”、3 只年轻的雄海狗、2 只成年雌海狗和 5 只幼崽。卢卡斯当时写道：“整个场景非常好地向人们展示了这些有趣的动物。”[35] 克里奇利使用了汤森在白令海的海狗繁殖地实地拍摄的照片作为指南来安装标本，以表现出它们在自然环境中的姿态。“世纪之交摄影技术的进步，即相机的便携性增强和快门速度提高了，人们能在野外拍摄照片，还能拍摄运动中的主体。通过这些照片，动物标本剥制师们对动物的行为及对应的自然姿态有了更好的了解。”在这种情况下，对于像克里奇利这样不曾在野外观察过动物的剥制师来说，照片就是一种宝贵的辅助工具，可以帮助他们将标本架设出自然的姿态。

毛皮海狮的标本一完成，卢卡斯便指示克里奇利将它们布局在一块简单的人造岩石底座上，风格类似于 30 年前朱利叶斯·斯托尔策为美国国家博物在费城百年博览会的展览上制作的那组海狗群标本。但斯托尔策将他的海狗摆放得像雕像一样，彼此似乎没有任何互动，而卢卡斯则设计了标本组，讲述他在野外所观察到的海狗各方面行为。他描述了标本的场景：

> 海狗群里最显眼的角色是一只老雄海狗，或称为完全成熟的雄性海狗，它正在繁殖地上威胁着相对年轻的“未完全成熟的雄海狗”——如果胆敢靠近他的地盘，就会立即毙命。受到警告，1 只 4

岁的年轻海狗打了退堂鼓，但他5岁的同伴却对自己的地位感到自信，跟老雄海狗说自己并不怕他。从海里游上来的是一只海狗妈妈，或称为雌性海狗，她正在呼唤她的幼崽，而小海狗正鸣叫着跑向她。[36]

为了降低成本，卢卡斯没有去委托人画出标本组的背景，而是将汤森的照片进行合成，该合成照“7英尺（**约2.1米，编者注**）长，展示的是一个半英里（**约0.8千米，编者注**）长、上面有2000只海狗的繁殖地，”[37]与标本展品一起展出。卢卡斯发现，照片不仅可以让博物馆参观者“更好地了解事实情况，包括某一特定物种的社会环境和行为，而且制作的成本也比绘制的背景要低得多”。[38]1905年11月，布鲁克林博物馆的毛皮海狮群组在该馆中央大楼的2楼一经揭幕，立刻就被《科学》杂志宣称为“所有博物馆同类作品中最好的展品”[39]。

即使有这样的辉煌成就，卢卡斯仍然不认为大型栖息地群组标本是所有自然博物馆的教育设计方案，因为制作这样的标本需要大量的财务资源和空间，以及优秀的剥制师、设计师和艺术家。在1907年6月，美国博物馆协会在匹兹堡举行了第二届年会，当时密尔沃基公共博物馆的亨利·莱曼·沃德发表了一篇题为“大型群展”的论文，卢卡斯提出了异议，他让参会的博物馆建设者们考虑一个问题：“你们是会努力展示动物本身，还是它们出现时的情况？”[40]卢卡斯解释道：他长期以来一直在思考“群组标本的问题”，得出的结论是“应当完全将其背景置于动物之下”。随之展开了一场激烈的辩论。

沃德的回答是，他认为展品必须展示出“动物与环境的关系”，而这一点最好能通过“图像的背景”来实现。他以海狗为例，“这些动物在群体中的紧密关联程度表明了它们具有群居的习性。而如果画出一群海狗作为背景，参观者就会对它们是群居性动物的事实情况留下深刻印象，这是仅将四五个标本摆成一个群组所无法实现的。”[41]

弗雷德里克·韦伯斯特认为：“无论是否有背景”，照片都可能是有用的“教学补充”。韦伯斯特刚刚为卡内基自然博物馆完成了一对海狗的标本作品，这对海狗是卢卡斯于1897年捐赠的。他提出海狗繁殖地就是一个恰当的例子。如果要用几只海狗标本来创建一个群组作品，那么它们实际的繁殖地照片就可以展示出该群体的社会环境。[42]卢卡斯也主动补充道：布鲁克林博物馆大获成功的海狗群组作品正是按照这个原则制成的。

卢卡斯终于在布鲁克林博物馆有了一件可以作为典范的展品，而不是一件难堪的展品。但除了改善博物馆展品质量外，卢卡斯还希望这组毛皮海狮标本及其一系列引人注目的照片可以给他一个落实关于博物馆标签想法的机会。他很喜欢讲一个木匠的故事，这个木匠当时正在修理布鲁克林博物馆一个装着普通家猫的展示柜，他看到了标签上对于这只猫的描述是“属于猫科，一种食肉的趾行的哺乳动物”，于是去问负责监督他工作的馆长这个标签的意思。馆长解释道：“标签说的是这种猫吃肉，用脚趾着地走。”卢卡斯认为这个故事很具有代表性，即如果公众无法理解标签的内容，那么博物馆也就失去了许多向他们传达信息或者说服他们的机会。因此，卢卡斯的原则就是永远不要用“‘趾行的哺乳动物’作为标签代替简单的‘猫’的名称”[43]。

卢卡斯希望通过海狗群组展品传达的信息是环境保护教育方面的。他用描述远洋海狗捕猎（在海洋中射杀海狗的行为）的文本给这组标本做了补充说明，强调这种猎杀对海狗种群造成的破坏——在繁殖季节，这样的行为是导致哺乳期雌性海狗死亡的主要原因，这些雌性海狗在远离繁殖地的地方觅食，而雄性海狗则留在陆地上保护它们的幼崽。而关于这些的教育性材料包括：

> 一块经过处理的展示了其制备的不同阶段的皮毛，这件被挂在展品附近的物品让参观者们非常感兴趣。岩石表面空着的地方被用来贴标签，除了一般标签之外，还包含了海狗的分类、海狗猎人的术语和远洋捕猎等其他标签。岩石的一侧被波洛维纳繁殖地的精美全景占据，其中有在繁殖中的海狗、闲散的雄海狗和海狗单身汉，另一侧是一张地图，展示了太平洋两岸海狗的迁徙路径。[44]

这些标签指出了这组标本在科学上的不准确性，即“这些海狗不会彼此靠得这么近”，但卢卡斯遗憾地说：“常常会出现像这样的情况——由于能用来摆放群组的空间有限，为了方便而让标本失了真，也丢失了一贯性。”标签上还指出为了结束远洋捕猎所付出的努力已经消耗数百万美元。“可惜的是，再没有哪种动物能像海狗一样易于照料了，只要停止在海上对它们的捕杀就能保证海狗皮毛的永久供应。”但标签上也有谴责在陆地上杀戮海狗的文本，它指出展览一角的 3 只单身雄性海狗“虽然还没长到可以猎杀的尺寸，但在这些天，它们仍然面临着失去皮毛的危险，它们的皮毛可能会被做成某位温柔女人的一件多余的披肩”。[45]

整个展览的目的是引起公众对濒危的北方毛皮海狮的兴趣，同时它也是为了说服人们保护它们。近 10 年来，卢卡斯和汤森一直在敦促国际社会禁止远洋捕猎，但这些毛皮海狮的困境并未能引起公众的关注。卢卡斯的展品成了一个直观的论点，告诉人们远洋捕猎已经让曾经数量达数百万的北方毛皮海狮濒临灭绝。公众对毛皮海狮的普遍关注将在几年内不断增长，而公众监督的压力，再加上经济影响的威胁最终将迫使立法者协商一项国际条约，终止在北太平洋地区的远洋捕猎。卢卡斯和汤森将引领这一工作，但他们会在这条路上遇到一位意想不到的敌人，即他们的老朋友威廉·坦普尔·霍纳迪。

毛皮海狮顾问委员会的形成

1909 年 1 月，汤森和卢卡斯再次被要求担任毛皮海狮领域的科学专家。他们又一次在鱼类学家大卫·斯塔尔·乔丹手下工作，而这次被他任命为美国商务部和劳工部毛皮海狮顾问委员会（FSAB）的成员。该委员会主要由以往几个委员会的成员组成，包括美国农业部生物调查司司长柯林顿·哈特·梅里厄姆和美国国家博物馆爬行动物部负责人莱昂哈德·赫斯·史丹吉。在过去的 20 年里，这个松散的科学家小组一直在断断续续地研究着北方海狗。名义上，这个委员会存在的目的是考虑如何管理和保护普里比洛夫群岛的海狗群，以及北美商业公司的狩猎租约在 1910 年 4 月到期后是否应该继续下去的问题。然而，由于公众越来越担忧毛皮海狮将会灭绝，现在美国政府面临的政治压力比以往任何时候都要大，他们要求科学家们找到一个永久性方案来解决这个争议。《华盛顿邮报》报道称，“该委员会必须要处理的许多问题都具有重要意义，妥善处理这些问题对于恢复和保护毛皮海狮群至关重要。”[46] 然而，委员会也意识到，如果科学家能够解决关于具有经济价值的自然资源的国际争端，他们将为科学界未来参与制定公共政策树立起一个先例，而这样的结果不仅能保护毛皮海狮一个物种，还可能拯救到许多面临生存威胁的物种。

6 月 29 日，毛皮海狮顾问委员会的成员们乘坐蒸汽船“维多利亚”号从西雅图出发，前往阿拉斯加州的诺姆市。10 天后，他们抵达了目的地，随后搭乘巡逻船“拉什”号转移到了圣保罗岛上。这些科学家们对海狗繁殖地的考察从 7 月初持续到 8 月，他们考察了圣保罗岛上的 17 个海狗繁殖群以及圣乔治岛上的另外 5 个繁殖群。仅仅过去 12 年，依然是同一批前来考察的科学家，可如今的海狗群和他们 12 年前所看到的景象相比，已经只剩下“一个骨架或者大概轮廓，实质性的东西不复存在了。”[47]

几十年来，英国政府由于受到多方压力，限制了在加拿大的远洋捕猎活动，但这助长了日本捕猎者对这一资源的开采。结果就导致了海狗的数量锐减，还导致了海狗群的性别失衡。许多成年的雄性海狗重达五六百磅（**1 磅 ≈ 0.45 千克，编者注**），它们有足够的脂肪来抵御白令海上的严冬，但体形小得多的雌性海狗和未成年雄性海狗则无法撑过这里的冬天，所以它们不得不进行迁徙，有些甚至会迁徙至 3000 英里（**约 4828 千米，编者注**）外位于加拿大和美国西海岸的温暖海域。结果，到了春季，捕猎者在它们迁徙回返的途中猎杀了数量过多的雌海狗和年轻雄海狗。所以当剩余的母海狗回到繁殖地时，那些成年的雄海狗就会为了争夺配偶而暴力相向，有时甚至会在激烈的斗争中杀死本来就极度稀缺的雌海狗。[48]

亨利 · 伍德 · 艾略特是一位科学插图师和探险家，偶尔为美国国家博物馆工作。他曾告知政府，北美商业公司所进行的陆面捕猎是导致海狗种群数量持续下降的罪魁祸首，而非远洋捕猎，但有大量的研究证据表明事实正好相反。1896 年，毛皮海狮委员会的科学调查并确定了这一点，如今，毛皮海狮顾问委员会也不同意他的评判。因为虽然在圣保罗和圣乔治这两个岛屿上进行的狩猎活动差不多，但圣保罗岛上海狗种群却明显下降得更快。委员会得出的结论是，“这种差异似乎是受到了日本捕猎的影响。”[49]

在 1909 年 11 月，大卫 · 斯塔尔 · 乔丹将毛皮海狮顾问委员会的报告呈交给了商务和劳工部部长查尔斯 · 内格尔。此份报告建议美国召集 4 个主要捕猎国家的生物学家和外交官开会，会议主旨是在国际范围内取缔远洋捕猎。该委员会还建议继续保有北美商业公司的租约，也允许他们继续进行陆面狩猎。然而，为了能确保妥善管理该机构，委员会建议由联邦政府而非承租人对该公司进行监管。委员会希望能有一位政府代理人，在首席博物学家协助下管理租约、制定英明的管理政策和每年杀死过剩雄性海狗的配额。该委员会认为，年老的雄性海狗是多余的，因为它们虽然过了繁育的年龄，仍然会与年轻有活力的雄性海狗竞争配偶。此外，海狗是一夫多妻制，处于繁殖期的雄性海狗会与多达 40 只雌性进行交配。因此，为了恢复海狗群在性别比例上的平衡，减少雄性海狗的数量是有必要的。[50]

现任布朗克斯动物园园长，同时也是美国野生动物倡导先行者的霍纳迪，却抨击了这一建议。尽管他完全不熟悉普里比洛夫群岛，而且与卢卡斯和汤森也是多年的好友，但他认为委员会这是在屈从于北美商业公司所施加的政治压力。他将实行海狗群管理的建议解读为继续进行陆上捕猎的借口。为了驳斥这一建议，霍纳迪寻求了美国自然保护和狩猎俱乐部的帮助，开展一场公共宣传活动。这个俱乐部由博物家和猎人组成。作为该俱乐部野生动物保护委员会的主席和理事会成员，霍纳迪游说美国国会“制定旨在拯救毛皮海狮这一物种和规范毛皮海狮行业的立法措施”[51]。1910 年 2 月，霍纳迪说服了蒙大拿州的参议员约瑟夫·莫尔·迪臣举办有关毛皮海狮的听证会，这位参议员非常敬佩霍纳迪在拯救该州野牛群方面所作的工作。霍纳迪出席了听证会，反对普里比洛夫岛租约的签续。在他看来，这样的续约“将无异于彻底灭绝这群海狗”[52]。

霍纳迪是基于艾略特的实地观察而得出这样的结论的。艾略特在华盛顿时断断续续地为政府的各个机构工作过，他在各机构间畅通无阻，在 19 世纪的华盛顿，政府各机构很容易就能互相渗透。虽然他所隶属的机构并不固定，但有一件事情一直是他的关注点，他已经持续关注这件事 30 多年。自 1872 年以来，他一直在不知疲倦地为拯救海狗而工作，即使并没有接受过任何科学训练或学习任何相关专业知识。毛皮海狮顾问委员会成员极不喜欢他，实际上他们已经将他排除在了委员会之外。[53] 基于自己的不完全观测及对北美商业公司的个人偏见，艾略特自 1890 年以来一直抱持有这样的观念：陆面猎捕才是导致海狗群减少的主要原因，而不是远洋猎捕。基于艾略特的建议，霍纳迪建议迪臣委员会针对陆面猎捕推行为期 10 年的禁捕令。[54]

这让毛皮海狮顾问委员会的成员们非常愤怒。1896 年毛皮海狮委员会已经针对艾略特关于陆地猎捕的说法做了说明，他们所得出的结论是艾略特这一说法并没有任何科学数据支持。弗雷德里克·卢卡斯就委员会的调查发现做了说明，他指出陆面狩猎“在一般情况下是完全不正当的，但是因为有什么都不放过的远洋猎捕海狗行为的存在，相较之下，进行近距离猎杀的理由就变得恰当且可取了”。[55] 毛皮海狮顾问委员会的科学家们为了实现他们保护及恢复海狗群的目标，已经收集了 20 多年的数据。霍纳迪质疑毛皮海狮顾问委员会的建议，也就是在质疑他们的科学有效性。

大卫·斯塔尔·乔丹相信霍纳迪的保护主义者立场是不合理的，基于情感而非基于科学。毕竟，霍纳迪从未实地看过海狗。乔丹和毛皮海狮顾问委员会的其他成员得出了结论：人类对海狗群的干预已经破坏这个兽群的自然平衡，这种平衡难以恢复，唯有对人类行为进行管理。1910 年 5 月，内格尔部长选择支持乔丹和毛皮海狮顾问委员会，批准了建立顾问委员会的计划，允许承租人捕杀约 1.2 万只年轻的雄性海豹。[56]

当霍纳迪得知内格尔续了租约后，他谴责这位干事辜负了公众的信任。对此内格尔的回应是，他在《华盛顿邮报》上发表了一篇笨嘴拙舌的拟人化声明，他说道："如果我们让所有的雄性海狗都活着，那么普里比洛夫群岛上就没有足够的雌性海狗配偶了……雄性海狗会为雌性海狗而战，结果将是死伤无数，而且随着时间的推移，这将会导致岛上所有海狗都消失殆尽。"[57] 内格尔是一名企业律师，而不是一名科学家，他对于事实的解释是一种夸大其词，很不幸，这几乎无法让美国公众相信他是在为海狗的最佳利益行事。

相反，作为一位进行了 20 年动物保护的倡导者和科学数据的切实推行者，霍纳迪才是公众信任的野生动物保护专家。他公开回应了内格尔蹩脚的声明，蓄意用诱导性的保护主义论调进一步引起公愤。私底下，霍纳迪还给内格尔写过一封谴责信：

> 为什么威廉·霍华德·塔夫脱总统要向国会发出特别信息，阻止制定新的猎杀性租约？是为了阻止对普里比洛夫群岛上的海狗的杀戮。不管总统，还是迪克森参议员的委员会，抑或是美国参议院，他们有哪怕一瞬间支持你不休不止地继续那血腥的屠杀业务吗？不！一千个不！你明知道答案！[58]

对于霍纳迪和艾略特来说，这场争辩已经不再是一个关于野生动物管理政策的简单观念分歧了，他们准备加大赌注。

当猎人们于 1910 年夏天经批准捕杀了 12920 只海狗后，霍纳迪立刻宣布向"这场背信弃义屠杀的所有罪魁祸首……开战。"他和艾略特迅速开展了一场激烈的公共运动，"势必要和对手争个你死我活"[59]。他们一起毫无根据地声称说：猎人们在今年的捕猎期不仅杀死了那些过剩的雄性海狗，内格尔和毛皮海狮顾问委员会还允许他们非法"捅刺"和"棒打"海狗幼崽、雌性海狗和"非法（猎杀）一岁海狗"，最后只留下一群"虚弱的"的海狗进行繁殖。[60]

在随后的几个月里，《纽约时报》俨然成了霍纳迪的喉舌，几乎每天都会刊登有关这场争议的报道，并配以明显由霍纳迪和艾略特所写的匿名社论。卢卡斯在他写给《纽约时报》的实名社论中回应了霍纳迪的攻击。他还与汤森和毛皮海狮顾问委员会的其他成员一起给学术界和受过教育的公众写了更长的文章，文章见刊于由保护主义者乔治·伯德·格林内尔编辑的半流行杂志《森林与溪流》以及美国科学促进会的刊物《科学》中。他们认为霍纳迪对普里比洛夫群岛一无所知，也不了解管理海狗种群在科学层面的合理性，甚至是必要性。

除了激起敌意外，关于毛皮海狮的争议还揭示了霍纳迪和他的老朋友卢卡斯和汤森所秉持的真正的意识形态之间的分歧。这个三人团体随着美国动物保护运动中日益扩大的鸿沟而分裂成了两派：保护主义者（强调保护生物多样性的完整）和保育主义者（主张通过管理自然资源来保护环境）。

霍纳迪代表了保护主义者的观点，秉持着应该为子孙后代将物种保留下来的信念；而卢卡斯、汤森和其他毛皮海狮委员会的成员则认为，海狗种群可以作为自然资源来进行管理。最终，他们都可以说是在为同一个结果而奋斗，即救下一个濒临灭绝的物种，但他们的相互不信任随着时间的推移变得愈发严重。

象海豹的回归

在与霍纳迪争论的期间，查尔斯·汤森受邀担任美国自然博物馆的代理馆长，此前，赫尔蒙·凯里·班普斯于1910年辞去了该职位。汤森接受了这份邀请，并暂时中止了他在纽约水族馆的工作。而且几乎作为他的头等大事，汤森还指定了制备员弗雷德里克·布拉什克用之前在普里比洛夫群岛上收集的皮毛制作一组海狗标本。

刚刚安装好这组标本，汤森就得知了关于另一种被认为已经灭绝的海豹物种的一个天大的好消息，有人在墨西哥下加利福尼亚半岛西海岸外的瓜达卢普岛上发现了北象海豹。人们普遍认为汤森于1892年为美国鱼类委员会在瓜达卢普岛的采集之行中杀死了该物种仅存的个体。[61] 汤森为大自然可能留下了这一物种感到兴奋，他渴望能亲自前往探寻象海豹，所以迅速组织了一场探险，这场探险由美国自然博物馆、纽约动物协会和渔业局（前美国鱼类委员会）联合赞助，其中的渔业局同意他们使用“信天翁”号。汤森希望能采集到

4 只北象海豹来作为新博物馆的展品，如果可能的话，他还想为水族馆也采集几个活体标本。[62]

1911 年 3 月 2 日上午，“信天翁”号抵达了瓜达卢普岛。汤森让科研人员登岸，在这个火山岛北部以东一个废弃的营地开始当天的采集工作，而他则留守在船上，往该岛的西北侧找寻北象海豹旧繁殖地的位置。一找到位置，“信天翁”号就在该点附近抛了锚，停在浪花拍岸处之外。汤森和船员则划着小船沿着瓜达卢普的西北海岸前往上次采集北象海豹的地方，距今已经将近 20 年。这次汤森又在那里发现了一群北象海豹，一共有 125 只左右，它们躺在高高的悬崖下面的沙滩上，两边被巨大的岩石滑坡保护着。他下令船员靠近它们，杀死了 2 只成年北象海豹，即 1 只雄性和 1 只雌性，然后返回了“信天翁”号上。[63]

剥下象海豹皮后，汤森下令让一些船员把船开回东边去接科研人员，而他则带着剩下的船员开着更大的船，带着更大的渔网回到了海滩上。他花了一下午的时间，拍摄了象海豹的各种自然姿态，但他也承认其中一些相对有攻击性的象海豹神态是被他们诱导出来的。“我将相机对准了 1 只距离我 8 ~ 10 英尺（**2.4 ~ 3.1 米，编者注**）远的象海豹，”他写道：“然后让一个水手猛踢它的肋骨。”[64] 还有 1 只象海豹非常温顺，直到有个水手不得不爬到了它背上，才引它作出了战斗的姿态（图 5.8）。拍了几个小时之后，他得到了“50 张左右的好底片。”[65]

接着，汤森开始了采集 6 只活的幼年象海豹标本的工作。据他报告，这些小象海豹被缠在网中，“缠得特别紧，我们甚至可以像捆绑物一样处理它们”。[66]“为了防止它们咬人或逃跑”，它们就被这样关着。[67] 黄昏时分，“信天翁”号回来了，他们在离岸半英里（**约 0.8 千米，编者注**）左右的海域上停泊

图 5.8　查尔斯·汤森为美国国家博物馆采集并制成标本的公象海豹的照片及其实地研究。（© 国际野生生物保护学会，经国际野生生物保护学会档案馆许可复制。）

了一夜。[68]

第二天早晨，海面波涛汹涌，无法乘坐敞篷小船登岸，因此船员们花了一整天的时间来制备这两张象海豹的大皮，他们将两张皮刮得干干净净，并用盐进行腌制，以便它们在运往美国自然博物馆的途中也能很好地保存下来。[69]那只年老的雄象海豹长 16 英尺（**约 4.8 米，编者注**），它的“象鼻”和头一样长，汤森记得即使把脂肪都剥干净了，它的皮也还是非常重。他们将这张皮装进了一个全尺寸的桶里，甚至还没放进它的头骨，皮就已经完全把桶占满。[70]

3 月 4 日上午，汤森带着一队人马上了岸，射杀了另外两只雄性象海豹，大小与两天前采集的那只相当。几个经验丰富的船员花了整整一上午和半个下午的时间，在一个高而凹陷、有 2000 多英尺（**超过 609 米，编者注**）高陡峭崖面的悬崖背风处，剥下了这些难以搬动的象海豹标本的皮，取出了它们的骨架。[71]汤森回忆说：

> “我们的刀在剥皮的过程中钝得很快，所以必须送一块磨石到岸上来，让两个人专门负责磨刀。象海豹的尸体非常重，以至于需要半打人的力量，并借用绳索和在它们皮上开的手孔才能将它们翻过来。”[72]

一名科学小组中的成员，鸟类学家平格里·奥斯伯恩，后来回忆道：“悬崖顶上松动飞落的散石”更是拖慢了这项艰苦的工作的进度。[73]夜幕降临，象海豹的皮被带到了船上，“信天翁”号转往圣地亚哥，“这是为了尽快将小象海豹和大张象海豹皮运到东部。”[74]

第二天一整天他们都在清洗这 4 件标本的皮和骨架，为运输做准备。3 月 6 日上午，他们到达了圣地亚哥，将 6 只小象海豹单独装进了巨大的铁水箱中，这些是为运输它们而特制的水箱，而由于它们拒绝进食，它们被特快列车送到了纽约水族馆。尽管 6 天里这些小象海豹一直没吃东西，到了水族馆除去水箱后，它们的身体状况看起来却也良好。[75]自从到了水族馆，它们一直在水池里游来游去，吃着投喂给它们的活鱼。汤森告诉《森林与溪流》杂志：“我们在瓜达卢普岛的成功远远超出了预期。”[76]

在将近 6 个月的时间里，这些象海豹茁壮成长。汤森甚至还将其中两只昵称为吉姆和鲍勃的幼象海豹，送到了华盛顿的国家动物园。然而不久后，纽约水族馆里的 4 只幼象海豹就死了。吉姆和鲍勃倒是活到了它们 2 岁生日，也就是 1912 年的 2 月 4 日，美国国家动物园馆长弗兰克・贝克尔还多放了一桶鱼给它们庆祝生日，然而它们都没能活到那一年结束。

汤森在收集一个近 30 年来被认为已经灭绝的物种的标本，呈现在这件事上的讽刺性令霍纳迪忍不住发表了一番评论，尽管他在 1886 年也做了同样的事情——为美国国家博物馆采集了一头活野牛标本。霍纳迪警告说：汤森的考察之旅可能已经在不经意间暴露了北象海豹的位置，那些不择手段的猎人很快就会“去到那些岛上，将剩下的那些奇妙的象海豹全都‘清理干净’”[77]。但汤森比霍纳迪抢先一步想到了这个问题，他制定了一个阻止这些猎人的计划。他一如既往地从政府系统内部着手，宣布美国和墨西哥当局将会采取联合行动来保护象海豹。[78] 但霍纳迪相信，即使有再多的法律保护也无法阻止象海豹种群的灭绝。他写道：“一支狩猎队可以在登陆瓜达卢普岛的一周内，就彻底扫清这个濒临灭绝物种最后的残存者。如今唯一的问题是谁会这么卑鄙而已。”[79]

尽管汤森带回的 6 只活体象海豹全部死亡，而且这个物种本身还处于灭绝的边缘，但他还是因为自己在瓜达卢普岛采集的象海豹皮和骨架将在美国自然博物馆中得以留存这一事实（图 5.9），而获得了某种宽慰。他宣称：

> 纽约美国自然博物馆根据照片和实际测量数据制作了一组象海

图 5.9　查尔斯・汤森所采集的象海豹群体的局部画面。图中的雄性象海豹标本仍在美国自然博物馆展出。（图片来源：美国自然博物馆图书馆，图片编号：#38717）

豹标本，这组标本的完成，将很快让我们对这种大型的引人注目的北美动物有一个生动的认识，不然这个物种就差点沦为科学界的遗珠了。[80]

吉姆和鲍勃的尸体被捐赠给了美国国家博物馆。而那 4 只死于水族馆的小象海豹则被划分给了美国自然博物馆和布鲁克林博物馆。[81] 美国自然博物馆直到 1920 年才完成了 6 只象海豹的群组标本，彼时它们被暂时地放在博物馆中心区的一个箱子里进行展出。[82]1922 年，美国自然博物馆新开设了海洋生物馆，这组象海豹标本也找到了一个永久的家。恰恰也在同一年，在汤森的敦促下，墨西哥政府终于通过了禁止猎杀北象海豹的保护性立法，并将瓜达卢普岛列为生物保护区。几年后，当北象海豹种群范围延伸到南加州时，美国政府也通过了类似的立法。1972 年，当北象海豹被纳入《海洋哺乳动物保护法案》后，这项立法也得到了加强。

禁止远洋捕猎的国际禁令

美国国务卿菲兰德·蔡斯·诺克斯在内格尔的协助下，成功在英美之间谈成了一项终止北太平洋远洋捕猎活动的条约——如果日本和俄罗斯加入并批准该条约，该条约就会生效。[83] 条约规定，如果加拿大和日本同意停止远洋捕猎，那么作为回报，未来 15 年内美国和俄罗斯将一定比例的陆面捕猎收入分别向两国支付资金。顶着日渐增长的拯救毛皮海狮的公众压力，再加上 30 年失败的谈判，美国如今也不得不向加拿大和日本让利。[84]

终止远洋捕猎的国际谈判进展飞快，毛皮海狮之争的双方终于找到了足够的共同理由来支持内格尔的工作。甚至连汤森和霍纳迪也找到了一起工作的理由：为了他们的多年好友兼同事弗雷德里克·卢卡斯。他们成功说服了美国自然博物馆的主席亨利·费尔菲尔德·奥斯本聘请卢卡斯担任博物馆下一任馆长。1911 年 5 月 9 日，《纽约时报》宣布卢卡斯将成为美国自然博物馆新任常任馆长。奥斯本解释说：他聘用卢卡斯是因为“他在沃德研究所、美国国家博物馆以及作为布鲁克林艺术与科学研究所博物馆总馆长时积累了长期经验，这些经验说明他完全能胜任这一职务。”[85] 据《泰晤士报》报道，卢卡斯“在霍纳迪和汤森的强力支持下来到了博物馆”，它还指出三人“31 年前在罗切斯特的沃德研究所是同窗”，而且博物馆的理事们相信“这三大处理自然事务的博物馆之间的密切合作将使他们所有人都从中获得实质利益”。[86]

随着霍纳迪、汤森和卢卡斯暂时走到一起，那些长期以来为了在白令海猎捕海狗的权利而争论不休的主要国家也开始合作。在卢卡斯担任美国自然博物馆馆长的同月，来自英国、俄罗斯、日本和美国的代表在华盛顿召开了一次国际会议，“目的是制定出一项保护海狗、羽毛鸟类、海獭及其他海洋动物的条约”[87]。1911 年 7 月 7 日，来自 4 个国家的代表签署了一项条约，15 年内禁止在北太平洋地区远洋猎捕海狗和海獭。然而这项条约必须得到四国政府的批准后才能生效。而美国的情况是除了获得参议院的批准之外，国会还必须颁布立法，才能确保条约的条款成为法律。[88]

当美国国会对该条约进行了审议并努力落实其条款时，霍纳迪趁机附加了一条禁止在陆地上捕杀海狗的条款，而这也让他与汤森和卢卡斯再次争论起来。在国会会期结束前，众议院重新提出了一项决议，要求暂停在海上和陆上捕杀海狗的活动，为期 15 年。汤森在美国渔业协会第 41 届年会上宣读了一篇论文，表示了他对该决议的反对，该论文后来发表于 1911 年 10月 27 日的《科学》上：

> 只是禁止陆上捕杀海狗一两个季节可能并不会有什么严重后果，可决议所规定的为期 15 年的时间不仅过长，而且非常危险，因为当雄性海狗数量过多的弊端愈演愈烈时，渔业局大概也无力采取必要的补救措施。

汤森贬斥该决议是“这 20 年来从没到过那些岛屿的人”和“根本从来就没到过那里的人”所作出的决策，“他们对于这个问题的意见没有多少参考价值”[89]。尽管他没有指名道姓，但前者批评的对象显然是艾略特，而后者则是霍纳迪和美国篝火俱乐部。即使科学家们的研究否定了禁猎期的可取性，但 1912 年 8 月 24 日，国会还是通过了一项法律，制定了 1911 年毛皮海狮条约的要求，其中有一项条款禁止了在陆地上猎杀任何海狗，为期 5 年。[90]

1912 年 2 月，之前在争论中落败的科学家们展开了新一轮的激烈辩论。卢卡斯在《纽约时报》上发表了一篇社论，再次努力地解释了为什么要减少雄性海狗的数量。当时，他开始显露出他的挫败感，因为他不明白既然“这个在所有驯养的动物身上实践的（管理）计划已经如此有成效”，为什么公众依然无法理解雌雄比例带来的问题，依然排斥对于野生动物的管理计划呢？他提出了和汤森一样的质疑，“那些从未到过普里比洛夫群岛的人，怎么会比那些曾到过岛上并切实研究过毛皮海狮问题的英国、加拿大和美国的博物学家，还要了解应该采取什么正确方法呢？”[91]《纽约时报》上与这篇文章相邻的专栏发表了一篇匿名的回应，作者可能是霍纳迪，它驳斥了卢卡斯将野生动物与驯养动物进行对比的做法。作者认为，“猎杀者们会选择杀死‘单身汉’中最好的雄性海狗，而放过最差的。”但在驯养的动物中，往往是最差的和最弱的被杀死，最好的则被留下来延续物种。[92]

那年春天，汤森和马歇尔·麦克林在《科学》上表明了他们的分歧。麦克林是一位普通的执业律师，也是霍纳迪的美国篝火俱乐部的野生动物保护委员会的成员，他还参加了 1910 年参议院的听证会。为了回应汤森在美国渔业协会的年会上所宣读的论文中的指责，麦克林加入了这场斗争，出面为霍纳迪和篝火俱乐部辩护。[93]汤森称颂了远洋捕猎的终结和使之成为可能的国际公约。他总结了长期以来的争议问题和被任命为国际毛皮海狮委员会成员的那些科学家们的研究工作，因为他们的研究，毛皮海狮成了哺乳动物中得到了最多研究的、最为人们所了解的物种。随着远洋捕猎的结束，汤森认为现在这些科学家应当有机会“运用科学方法重振普里比洛夫群岛上残存的小型海豹群”。他详细描述了可能的管理策略及科学依据，包括目前应履行的管理该种群中过剩的雄性海狗的责任。

在 1912 年 2 月 2 日的《科学》杂志中，麦克林通过重述霍纳迪在 1910 年参议院听证会上的证言，对汤森所提出的管理兽群的方法，特别是每年杀掉多余的雄性动物表示了异议。麦克林还坚称，他的论证并不基于“科学家们说法不一的报告，而是基于这样一个广义的原则——当一种野生动物的数量已经锐减到有灭绝的危险时，最好的补救措施就是绝对不要再对它进行干涉。”麦克林肯定已经意识到，鉴于科学界的明显共识，以及保护主义者的立场不幸依赖于艾略特早已被证伪的“科学”这一事实，他必须转变辩论的方向。[94]而因为霍纳迪和艾略特已经与当时最受尊敬的科学家进行过激烈的争论，且这些科学家都致力于捍卫他们的研究，这将是一件充满挑战的事情。

在 1912 年 3 月 1 日的《科学》中，汤森和斯坦福大学的乔治·阿奇博尔德·克拉克都作出了回应，后者也曾与大卫·斯塔尔·乔丹在毛皮海狮委员会服务过。在各自的社论中，汤森和克拉克指出了这样一个事实，海狗与其他野生动物不同，它是一种宝贵的经济资源，所以应该像管理美国的渔业一样对它进行管理。[95] 克拉克进一步指出，海狗是一夫多妻制，因此不应该被拿来和“像鹿、熊、鸭或鹌鹑那些配对动物进行比较。真正适合它的类比应该是牛、马、羊、家禽等驯养动物”[96]。卢卡斯在美国自然博物馆的流行刊物《美国博物馆杂志》发表的一篇简短的文章中强调了这一点。“系统性屠宰牛和羊并不会导致畜牧业者的牛羊数量减少，同样地，陆地上对年轻公海豹进行有计划的捕杀也不会使海豹种群数量减少。”[97]

讽刺的是，卢卡斯担心博物馆里的那组在汤森指导下，1910 ~ 1911 年制成的海狗群组标本，可能会误导公众低估成年雄性海狗和光棍海狗之间行为的暴力性，因为在这组作品所描绘的这两只标本是紧紧靠在一起的，而且表现出了很和谐的样子。“我们博物馆里的海狗群组肯定是不符合自然规律的，”卢卡斯慨叹道，因为那些光棍海狗在自然情况下的行为应该是“独居，靠近繁殖地或产巢的行为简直是以身犯险。”然而，他也为一只放在群组右前方的一岁大的小海狗做辩护，解释说它确实“属于那个位置，因为一岁大的海狗是被允许来到繁殖地边缘和海狗幼崽和海狗小婴儿一起玩耍的”。他指出这个可惜的错误是因为标本师“试图为参观者提供一幅海狗群的全面图景”，也就是同时展现出不同性别的及各个年龄段的海狗。[98]

在接下来的几年里，卢卡斯在审查为美国自然博物馆所制作的新群组作品的科学准确性方面，提出的要求越来越高。他也发现，他在这方面的坚持得到了亨利 · 费尔菲尔德 · 奥斯本无可比拟的支持。作为博物馆董事会的主席，奥斯本觉得“令人欣慰的是，美国自然博物馆从一开始就成了动物保护运动的一个中心根据地（图 5.10）。”取得这样的地位不仅因为它促进了人们对于濒临灭绝物种的科学认知，更重要的是，又或者应该说更有效的是，它通过普及教育的方式宣传了物种保护：

> 在每年穿过该机构展厅的数十万人中，有许多人收获了知识，也对大自然产生了持久的兴趣，而这正是物种保护理念产生的主要来源。同样值得庆贺的是，随着开展展览和公共教育的方式不断进步，博物馆在保护动物生命方面的影响力也在持续增强。[99]

在卢卡斯担任馆长后，美国自然博物馆即将开始其最重要的历史时期，即成为博物馆展览和普及教育的创新者，以及全球性的动物保护组织。

终于得以平反

由于围绕毛皮海狮问题的“激烈争议”不断，美国商务部部长在1914年任命了“客观”“无偏见”“先前与这个问题没有任何联系”的科学管理人员，来执行于1912年8月通过的要求在普里比洛夫的海狗群中实行休猎期的法律。在收到管理人员的提名后，部长选择了菲尔德自然博物馆哺乳动物学和鸟类学部门的助理馆长威尔弗雷德·哈德森·奥斯古德、生物调查局的自然学家爱德华·亚历山大·普雷伯和哈佛大学动物学教授乔治·霍华德·帕克。那年夏天，3位科学家向北出发，前往白令海和普里比洛夫群岛。他们2个月以来对

图5.10　查尔斯·哈斯金斯·汤森（右三）于1930年登上了“努尔玛哈尔”号，他所加入的是前往加拉帕戈斯群岛的威廉·文森特·阿斯特探险队。20世纪30年代，汤森在纽约动物协会（现国际野生生物保护学会）的赞助下，继续为动物保护研究采集标本。（© 国际野生生物保护学会，经许可，由WCS档案馆进行复制。）

海狗群的观察成果最终形成了一份长篇报告，在这份报告中，3 位生物学家提出了若干“曾经提出过，有些还被反复提及”的建议，其中最重要的一项就是应该修改 1912 年的法律，允许在陆地上猎杀单身雄性海狗。根据他们所进行的海狗数量研究，这个新的科学委员会确定了，他们所观察到的大量单身海狗数量是由于停止在陆地上狩猎，而数量危险地低下的雌性海狗则是由于几十年的水域猎捕造成的。汤森、卢卡斯和科学界终于得以平反。[100]

然而，当这份报告在 1916 年向公众发布时，纽约动物协会和斯克里布纳之子公司已经出版威廉·坦普尔·霍纳迪的保护主义著作《我们濒于绝迹的野生动物》，书中霍纳迪声称自己和亨利·艾略特拯救了海狗。奥斯本在书的前言中写道：纽约动物协会与“其他众多组织一起合作，出版了这部著作。因为他们相信没有人能比威廉·坦普尔·霍纳迪更热衷于保护野生动物这一伟大事业，也没人能提供更有效的服务。”[101] 奥斯本还相信，这本书“注定”会“在世界范围内产生影响”，会在“为时已晚前唤醒人们，去保护和爱护我们那些即将消失的动物生命”。霍纳迪再次借此机会谴责学术界及博物馆管理人员在野生动物保护方面的贡献实在太少，他辩称道：要是这些机构及其科学家能“谈谈生物，公众是会专心倾听的。”[102]

根据对动物保护事业的贡献，霍纳迪将各个机构做了划分，他声称美国自然博物馆的管理者们已经肩负起责任，但仍有“进步空间”。他觉得可以做得比现在好得多的有他在美国国家博物馆的前上司们，还有现在雇用了沃德研究所在他之后那一代剥制师的几个机构，特别是菲尔德自然博物馆和卡内基自然博物馆。最后，他单拎出了国家动物园，这座他曾在创立初期就愤然弃之而去的机构，称它“在促进美国野生动物的保护和增长方面不曾作出过任何为人称道的事情”。[103] 仅有的受到霍纳迪赞扬的个人是他导师的儿子，密尔沃基公共博物馆的亨利·莱曼·沃德；他的前徒弟，堪萨斯大学的刘易斯·林赛·戴奇；以及加州大学脊椎动物博物馆首任馆长乔瑟夫·格林尼尔。[104]

不出所料，博物馆管理者们并不认可霍纳迪对他们的贡献所抱持的负面看法。在 1915 年美国博物馆协会的年会上，他们借机作出了公开回应。伊利诺伊州立博物馆馆长阿尔贾·罗宾逊·克鲁克发表了一篇题为“博物馆与动物保护运动”的论文，在文中直接驳斥了霍纳迪的指摘，“博物馆从一开始就宣扬要保护自然资源。尽管这一事实可能并不为人们所知，但博物馆可以说是这一理念最早的，如今也最将之一以贯之的代表。”他断言道：动物保护工作近年来所获得的显著成就，如果没有“博物馆长期以来在这个领域的默默付出”，也不会这么快就取得。他进一步声称道：新的动物保护运动将“诞生于那些被博物馆所展示的事实所影响的人们的脑海里”[105]。

克鲁克鼓励博物馆通过创造出更明确的倡导动物保护理念的新展览来继续这项工作。举例来说，他建议展出“探索被遗忘动物的过程”：

> 在这里，可以将较大型的哺乳动物、鸟类和鱼类分为几组——那些正在减少的、那些最近消失的（在过去的50或100年内），以及在第四纪、第三纪、白垩纪或更早的地质时期灭绝的……这个动物保护展览中最吸引人的部分可能就是这几组展品，因为对于普通的博物馆的参观者们来说，比起其他自然部的展品，参观者们可能更对动物和地质记录的景观感兴趣。我很高兴看到许多博物馆一直都非常关注这方面的工作。[106]

他提出了其他潜在的保护资源的主题，包括森林管理、采矿、土壤保护以及“开采天然气和石油产生的废弃物”。最后，克鲁克对霍纳迪的想法提出了异议，他认为不是只有史诗般的战斗才能拯救美国濒危野生动物，相反，他提出随着时间的推移，博物馆会成为“最有效的动物保护代理人”，它不是通过直接说服立法者，而是通过教育普罗大众去了解“人类对于自然的错误态度，并指引他们遵循正确的行为准则”。[107]

然而，令任何人都想不到的是，当时被认为仅仅是一位杰出的标本剥制师的卡尔·阿克利竟然把这两个运动的最佳部分结合在一起，通过前所未有的壮观展览向博物馆参观者普及野生动物及其栖息地的知识，同时也有效说服了国家领导人，环境保护能带来经济及政治效益。霍纳迪、卢卡斯和汤森是老朋友和老对手，他们为一种新的环保伦理奠定了基础，这种伦理强调人类与自然之间脆弱的平衡。而阿克利站在了他导师们的肩膀上，怀揣着对未来的独特愿景，即将着手开启美国自然博物馆历史上最为雄心勃勃、最为重要的项目。

第 6 章

在最明亮的非洲

卡尔·阿克利和美国自然博物馆将非洲带到美国的奋斗

> 我一直坚信的是，新型动物标本剥制术还未得到全面开发，虽然标本剥制的过程已经上升到了艺术层面，但将它更广泛地应用于创造博物馆展览的标本杰作这方面，仍存有巨大的发展空间。
>
> ——卡尔·伊森·阿克利[1]

结束第三次非洲探索之旅后，卡尔·阿克利于 1911 年 11 月，回到了美国芝加哥，时间充裕，足够他搬去纽约，做好美国自然博物馆首席标本剥制师的必要准备工作。他为自己的未来兴奋不已，心中满是美好的憧憬。他希望能将自己改良过的动物标本剥制方式与他在博物馆展览中使用弧面搭建实景模型的设想融合在一起，以“永恒的艺术的形式为濒临灭绝的动物群留下栩栩如生的记录，并为非洲大陆的地貌提供一个淋漓尽致的观测视角”。[2]但在《芝加哥论坛报》上，他坦言尽管自己已经为这个非洲主题展厅想了好几种设计方案，但最终方案还未完全确定。阿克利对《论坛报》的记者说道：“也许我会做一个大象在当地农田或菜园里觅食的场景，”但同时他也遗憾地表示，这样的场景“得占一英亩（**约 4046.9 平方米，编者注**）地”。[3]当阿克利于 1912 年 1 月到了纽约，在华尔道夫酒店的宴会厅向纽约动物协会展示他非洲之行的报告时，他发现自己有一群积极的拥护者。讲座上他的汇报紧跟在威廉·坦普尔·霍纳迪和查理斯·哈斯金斯·汤森之后，前者是布朗克斯动物园园长，后者则是纽约水族馆馆长。

霍纳迪记述了自己一直以来在保护野生动物方面所作的全部工作，其中包括了他最近的一次失败经历——他试图为纽约州猎捕野禽设定合理限额，但未果。他所支持的一项法案，在州议会还未通过前遭到了新成立的美国野生动物保护及繁殖协会游说阻挠，并被他们成功推翻了。霍纳迪指出，这个所谓主张猎人与保育主义者和谐共处的组织，背后的赞助商其实是“资本雄厚的连发枪及弹药制造商”，其创始人包括了“2 种自动式及 3 种‘泵动式’枪支杀伤性武器”[4]的制造商，而这些枪械都是商业猎人使用的。所以尽管可悲，但此项立法的失败是在意料之中的。

彼时，霍纳迪刚刚出版了《我们濒于绝迹的野生动物》。该书扉页的背面是世界上最后一只活体旅鸽的照片，这只旅鸽被安顿在辛辛那提动物园，同页上还引用了俄亥俄州参议院一个特别委员会在 1857 年的报告中的一段话，该报告指出:“一般来说，没什么破坏能威胁到它们的存亡。”[5]所以这份报告提出的建议是不必保护这种鸟。霍纳迪却认为正是“1857 年的愚蠢”导致了“1912 年的代价”，他论证说“任何野生鸟类或哺乳动物物种，都有可能因商业利益而在 20 年内或更短的时间内走向灭亡。”[6]他称赞宾夕法尼亚州和匹兹堡的做法在相较之下则更为明智，前者的州长宣布为即将到来的春天，在全州范围内设立“鸟日”，后者则任命了弗雷德里克·韦伯斯特为其第一位城市鸟类学家,“这个新官职的职责是保护城市中所有的鸟类免受各种侵扰，特别是在它们筑巢的时候；大规模建造鸟舍，为野生鸟类提供食物，并每年报告常驻及来访鸟类的增减情况。”[7]

霍纳迪做完报告之后，汤森讲述了他最近在纽约水族馆和美国自然博物馆的联合赞助下，乘坐“信天翁”号所开展的考察活动。通过一系列幻灯片，他向观众展示了曾被认为已经绝种的北象海豹群，他最近在下加利福尼亚附近的瓜达卢普岛观测到了它们。

最后，阿克利走上讲台，他介绍了他的非洲之行及其计划，他想要建立一个史无前例的非洲野生动物馆，以一组大象标本作为其核心展品。[8]阿克利相信现在就是做这件事的最好时机：

> 如果是 25 年前，即使你手头有无数只动物标本，也无法打造出这样的展馆。即使有人拥有各种他想要的非洲动物，他也无法用它

> 们作出一个科学的、符合大自然的、艺术的、令人满意的展览，因为 25 年前几乎不存在动物标本剥制和博物馆展览动物的艺术。而且，在那些日子里，人们是通过探险家、收藏家和其他有可能成为冒险英雄的人的故事来获得关于动物的许多信息的，而这些信息有 95% 是不准确的。[9]

如今，阿克利已经开发出要展示他所收集的标本所必需的方式，再加上他与正在收集有关动物栖息地和动物行为新数据的科学家之间的合作，他所在的博物馆将拥有世界上最科学准确的非洲野生动物展览。但留给他的时间不多了。尽管他曾报告说庞大的公象群体正不断遭到象牙猎人的“扫荡”[10]，但其实他并不认为大象会马上灭绝，反而是其他物种的处境更为危险。正如 25 年前开发出任何非洲馆都无法令人满意一样，阿克利担心“25 年后，同样也发展不出这样一个展馆。因为非洲动物正在如此迅速地走向消亡，届时合适的动物标本将不再可得”[11]。事实上，他预测“在非洲馆将这些动物标本群组陈设完毕前，有些物种可能就完全消失了。今天我们还能在森林中拍摄到和研究到的动物，但等到了 200 年后，博物学家和科学家们将会发现，博物馆里的那些标本是它们仅存的唯一记录。”[12]

讲座结束后，阿克利遇到了另一位盟友，后来发生的事情证明了他的支持在阿克利追求理想的过程中发挥了特别重要的作用——他就是美国自然博物馆的新馆长，弗雷德里克·卢卡斯。6 个月前，当阿克利身处非洲的时候，赫尔蒙·凯里·班普斯辞去了美国自然博物馆代理馆长，前往威斯康星大学就任校长。卢卡斯曾公开表示支持阿克利在菲尔德自然博物馆的工作，但后来阿克利深切怀念道：他们的第一次会面才是他们“愉快结识”[13] 的开始。

卢卡斯理解阿克利对于非洲野生动物展馆更宏大的构想，他也成功说服了奥斯本接受这个想法。奥斯本委托阿克利打造的大象群组标本成了这个全新展览的第一阶段作品及核心作品，但非洲大象并不是那种特别稀有，可能会灭绝的动物。1911 年，美国自然博物馆又开展了一次前往比属刚果（刚果民主共和国的旧称）的考察活动，此次考察由赫伯特·朗和詹姆斯·查平率领。他们采集到了已知的最早一批霍加狓标本。[14] 而曾在法国巴黎罗丹博物馆学习过雕塑，并在这里按照阿克利的方法进行培训的腓特烈·布拉施克，此时正在制作一对斑马的标本，还有一只从中央公园动物园收购来的河马的标本。在阿克利的设想中，为这个全新的非洲展馆制作新的群组标本的工作是可以让一小群制备员一起来做的，他们的作品可以以单一或协调的设计形式呈现给参观者们。

作为新任馆长，卢卡斯肯定也感到了竞争的压力，因为代表卡内基自然博物馆的蔡尔兹·弗里克，在阿克利和西奥多·罗斯福在非洲的同时，也一直在那里进行着采集标本的活动，而且来自那次探险活动的标本群组已经开始出现在卡内基自然博物馆的新大楼里。1911 年 4 月，卡内基自然博物馆推出了由雷米·桑滕斯和约瑟夫·桑滕斯两兄弟所制作的的一组剑羚标本和一对长颈鹿标本。在前一年 6 月，威廉·霍纳迪曾邀请两兄弟来到布朗克斯动物园参观，在那里他们观察了活体动物，并研究了他们打算为卡内基自然博物馆制作的长颈鹿和剑羚标本的黏土模型。[15] 这种开创性的做法很快就成了博物馆标本剥制师们一种典型的研究方式，人们期待剥制师们能制作出科学准确的标本，然而他们本身并没有开展过实地工作，因此也没有机会在野外观察活体动物。一安装好剑羚和长颈鹿的标本，桑滕斯兄弟立刻又转向了制作白胡子角马和斑马群组标本的工作。当阿克利于 1912 年初抵达纽约时，桑滕斯兄弟还要几周的时间就能完成他们的角马群组作品，而他们的斑马群组标本则被霍纳迪誉为“一项美丽而富有生气的杰作”，并将于年底前安装完毕。[16]

要超越卡内基自然博物馆是需要大量资金的。有了卢卡斯和奥斯本的支持，美国自然博物馆董事会同意了阿克利的非洲野生动物馆计划，但他们规定阿克利必须先完成一部分展品，而他们之后会去向市政府寻求进一步援助。阿克利必须迅速高效地完成这项工作，并让潜在的赞助者对它们感兴趣。为此，他必须争分夺秒地工作。

非洲哺乳动物馆的设计

阿克利对于非洲野生动物馆的规划充满了雄心壮志，这个展馆将不同于以往在自然博物馆中出现过的任何尝试。展馆整体上将以动植物群来呈现出完整的非洲生态系统范围，“从北部的地中海到开普敦的桌山，从东海岸到西海岸”。[17] 阿克利是一位娴熟且多产的雕塑家，他还希望将其真人大小的青铜雕塑作品“南迪狮猎手”纳入展览中。展馆的面积定为 60 英尺 ×152 英尺（**约 18 米 ×46 米，编者注**）。主楼层将升高 17 英尺（**约 5.2 米，编者注**），达到画廊层，中心位置天花板的高度将达到 30 英尺（**约 9.1 米，编者注**）。在展馆的中心，在主楼层中将设置一个非封闭的展览，由 4 头大象组成的家庭群组标本，大象标本的两边是两组犀牛，一组为黑色物种，另一组则为白色。阿克利计划“以雕塑的姿态”来呈现这件位于中心的展品。

对阿克利来说，选择让大象标本成为展馆的主要特色是合理的，因为大象是“非洲的典型动物”，也是世界上最大的陆地哺乳动物。阿克利将这组大象标本命名为“警报”，并描述了其既定的故事：

> 这组标本……展示了一只嗅到危险气息的公象，它在默默用象鼻感受着气味，为了捕捉到最轻微的动静，它将耳朵完全地打开了，因为它无法用眼睛定位骚动的来源。母象的姿态则表明它已经看到入侵者了，她“僵在原地”，耳朵向后，鼻子低垂，为下一步可能要采取的任何动作做好准备，无论是进攻还是撤退。小象也意识到了危险，正依偎在母亲身边寻求保护。右边那只年轻的公象受到了惊吓，已经开始向前晃动身体，面对危险，它的象鼻为了捕捉气味而向后甩去，而耳朵则向前聆听声响。[18]

这件置于展馆中心的展品，其四面八方都是能打造出“典型的”非洲景观的群组标本。展柜退到墙脚，成为“某种不会侵占到展馆本身空间的附属物”。展馆中将设有 40 个这样的展柜，其中 20 个在一楼，还有 20 个较小的展柜则位于画廊层。对于预期效果，阿克利是这样描述的：“透过敞开的窗户向外看，看到了户外的非洲”。为了加强效果，阿克利设计了带有全景背景的群组作品，他打算让“时下最出色的艺术家依照他们对于非洲的研究”来画这些背景。这 40 组作品中，每一组在代表一个物种特定的栖息地时，都将是一个“组合体。也就是说，每一组中都会尽可能多地科学地设置与现实情况相符的物种”。他举了一个例子，主楼层墙角的群组标本中，有一组呈现的是：

> 在赤道塔纳河上的一个场景，它可能会展示出所有已知的在这个自然环境中的 12 个物种，传达出它们的故事，正确反映出当地植物群的样貌。群组的前景是河中沙洲上的一群河马；溪流的对面，延伸至融入绘制背景的是一群下到水边的黑斑羚；在林间和较远的岸边沙洲上的是该地区两种常见的猴子；河马附近有一条鳄鱼和一

群海龟在晒太阳，树上有几只当地特有的鸟。[19]

展品暴露在阳光下的最大危害是它们的天然纤维会褪色，特别是标本的毛发和羽毛，以及蜡做的叶子。所以为了避免这样的情况，阿克利规划了限制展览环境中光线照射的新系统。保护标本这件事甚至涉及博物馆的管理。卢卡斯指出，由于暴露在阳光下，“许多正在展出中的哺乳动物标本已经毫无价值，有些在短短 5 年内就毁坏了。”[20] 于是，卢卡斯启动了一个项目，把博物馆的透明窗玻璃都换成了能散射光线的毛玻璃。他深切感受到由于博物馆是“物种保护运动的引领者”，所以博物馆在做好采集标本的工作的同时，也要注重标本的保存工作。[21]

非洲馆将最终落成于博物馆的东南翼，但那里尚未建成，所以为了降低展览环境面临的挑战，阿克利在整体设计中加入了自己的想法。如果这份新的建筑设计包括设计自然采光的话，阿克利希望能在展馆天窗上安装自动化的百叶窗，以“保持一致的光照”。由于中央大厅环境昏暗，因此每个不侵占展馆空间的“附属”展柜都将得到来自内部和上方的少量电力照明。从内部照亮展柜以减少光线的反射是一个全新概念，光线反射这个问题在四面都是玻璃的展柜中尤为典型。为了进一步削弱这恼人的眩光，阿克利将每一个展柜正面的玻璃设计成斜向地板的样子，这样它就只会反照出“大厅的暗色地板”。而为了控制湿度和灰尘，阿克利将为所有展柜安装一个空气过滤的监控系统。阿克利对于非洲展馆的设想包括了退居墙角的展柜、全景式的绘制背景、综合承载多种动物的群组标本并考虑到了标本保存的创新型展柜设计，这些都是革命性的创新。阿克利所实现的成就远远超过了 30 多年前随着美国标本剥制师协会的建立而开始的新型标本剥制术运动所设立的目标。

与卡内基自然博物馆的竞争

阿克利在等待他在美国自然博物馆建设非洲展馆的计划获得最终批准的期间，按合约要求继续为菲尔德自然博物馆制作着非洲动物的展品，包括壮观的好望角水牛和伊兰羚羊标本的立体造景。据詹姆斯·利皮特·克拉克回忆，阿克利打造这两件展品的目的是让美国自然博物馆能“一直保持热度”。[22] 菲尔德自然博物馆的非洲展品成了展品制作所要达到或要超越的标准。阿克利给菲尔德自然博物馆增添展品越多，那么他所达到的成就就越高，美国自然博物馆的董事会就越有可能批准他昂贵的建馆计划。很快，董事会受到的压力就不仅来自阿克利了。

凭借馆中才华横溢的动物标本剥制师雷米·桑滕斯和约瑟夫·桑滕斯，卡内基自然博物馆也跻身了这场友好竞争的队列。当雷米·桑滕斯于 1906 年加入卡内基自然博物馆时，馆中已经有几件非洲哺乳动物标本，这些标本是蔡尔兹·弗里克捐赠给博物馆的，弗里克是美国匹兹堡人，1905 年毕业于普林斯顿大学，后来成了美国自然博物馆古生物学部的负责人和博物馆的理事。桑滕斯向卡内基自然博物馆的馆长威廉·雅各布·霍兰德报告说：来自弗里克的标本有三分之一的皮“鞣制后出来的结果却不尽如人意”，因为“这些皮在野外被剥下来的时候没有处理好”。这些兽皮之所以会状况不佳，是因为它们被浸泡在盐和明矾中运输回来的，其他机构“完全抛弃了这种不当的制备方式”。在往非洲派遣另一支探险队之前，桑滕斯建议馆长霍兰德先咨询一下“詹姆斯·克拉克先生和卡尔·阿克利先生。此二位都在采集兽皮以制作标本方面有着丰富经验”，他确信两位先生会向馆长“证明”在兽皮运输过程中抛弃明矾浴的“正确性”。

1911 年，蔡尔兹·弗里克带领着另一支探险队前往非洲，并再次向卡内基自然博物馆捐赠了采集的兽皮样本。弗里克这次一定听从了桑滕斯关于野外制备兽皮的建议，因为这些兽皮很快就被博物馆制成了标本。桑滕斯兄弟拼命工作，为卡内基自然博物馆的哺乳动物展览厅设计并制作了非洲哺乳动物的家族群组作品，这组作品展示的是这些哺乳动物标本本身，没有展示与它们相关的地理要素信息。

1913 年春天，卡内基自然博物馆拥有了属于自己的非洲水牛群组标本，由雷米·桑滕斯制作，用以回应阿克利的好望角水牛群。这组标本的场景是“一个典型的非洲纸莎草沼泽。场景中的水体和水生植物都尽可能地制造成接近大自然真实环境的样子”。这组作品是对雷米·桑滕斯新开发的一项技术的试验，他的水牛标本“身上有来自它们自然栖息地的泥土和湿气”，该技术旨在提高剥制标本的真实性和科学准确性。连桑滕斯本人也意识到了他这项新技术的重要性。他给霍兰德的信中写道：

> 这（据我所知）是第一次让置于展览中的标本显示出与周围环

境接触后留下的自然痕迹。这样做确实容易招致议论和批评，但我坚信这一步迈在了正确的方向上，未来将会有许多知名标本剥制师效仿这一做法。[23]

最终，桑滕斯的新技术得到了采用，只是采用范围并不大。

和阿克利一样，雷米·桑滕斯也一直致力于开发动物标本制作的新方法。1915 年 6 月，在美国博物馆协会于旧金山举办的会议上，他介绍了一种可调节标本框架的新型安装技术。他还讨论了他那一代剥制师的局限性以及如何突破这些局限性。在他看来，最大挑战是“标本制作者们无法自己采集动物”。由于他在布朗克斯动物园制作动物黏土模型以研究动物特征的经验卓有成效，他提议道:“在这种情况下，更为先进的方法是去参观一些动物园，在那里你可以研究你所要制成标本的活体动物。”[24] 他的演讲连同一张非洲水牛群组标本的照片一起被发表在了美国博物馆协会的会议录上。

雷米·桑滕斯参加完在旧金山召开的美国博物馆协会会议，在回来的路上参观了几个科学机构和博物馆，之后，他开始制作一组安氏林羚群，这件群组作品于 1916 年 1 月完成。然而，就在要安装该展品的几天前，凌晨一时，标本剥制的实验室里爆发了一场“来历不明”的火灾。幸运的是，夜班看守员很快就发现了火光。尽管如此，雷米估计这场大火应该还是烧掉了实验室助理安娜·M. 迪尔多夫做了“整整一年”的人造植物。安氏林羚展品的“绘制布景”直到 7 月才全部更换完毕。9 月，这组展品被安装完毕并进行了揭幕仪式。约瑟夫·桑滕斯在 10 月又完成了两组非洲动物展品，一组是长颈羚家庭群组，另一组是迪克小羚羊群，但一年后他接受水牛城自然科学协会首席标本师的职位邀约，便离开了卡内基自然博物馆。

如今成了首席标本剥制师的雷米·桑滕斯依然制作着非洲动物的标本，并于 1919 年完成了一对黑犀标本的制作（其中一头由蔡尔兹·弗里克采集，另一头由西奥多·罗斯福采集）。从 1920 年 2 月初开始，在两个月的时间里，M. 克莱顿夫人一直在为这组作品制作植物配件。4 月这些配件也做好了，于是 4 月 27 日，这件展品揭幕了。对此，威廉·霍纳迪的评价是，“桑滕斯的黑犀群组真是一次高超的剥制技艺风采展示”[25]。

“警报”

面临着与卡内基自然博物馆和菲尔德自然博物馆的竞争压力，1913 年，美国自然博物馆馆长亨利·费尔菲尔德·奥斯本宣布，随着刚果的探险之旅“接近尾声”，博物馆现在可以将注意力更多地集中到为博物馆所采集的非洲哺乳动物的展览上。[26] 他写道：“我们的博物馆很幸运，聘请到了杰出而技巧高超的动物雕塑家、制备员卡尔·伊森·阿克利指导这项工作。”[27] 卢卡斯安排清空了位于 2 楼的东南展馆，即北美哺乳动物的旧展馆，以便让阿克利设立他的动物标本制作工作室。人们给这间房取了个绰号——“大象工作室”，因为这间房为阿克利提供了很大的空间，让他能够处理这种庞大厚皮动物的群组标本。[28]“这样的工作只有几个人能完成，”阿克利说，“要找到能够做这项工作、训练有素并有足够判断力，能坚持将工作做到最后的人，才是棘手的问题。”[29] 他承诺未来 5 年他不仅要完成这项工作，还要建立起一个“制作动物标本的工作室”，他希望这个工作室能像沃德研究所一样，成为他自己及其他许多为博物馆制作动物标本的年轻人的“训练基地”。[30]

为了保持展览中展品的连续性，并为“分散在各个展厅”的现有非洲哺乳动物标本腾出空间，卢卡斯将紧邻着东南展馆的大型墙柜中的现有展品移除了，这个展馆在当时是亚洲展馆。博物馆以前的非洲动物标本装满了南面墙上的全部展柜，为了将这些展品联系起来，卢卡斯还增设了一幅“布须曼岩画的复制品”。这个展馆非常狭窄，并不适合用来摆放阿克利所构想的大型栖息地群组作品，这个地方只能在博物馆管理层筹集资金建完博物馆东南翼部分建筑之前，作为临时的非洲展厅来使用，那部分位于博物馆东南翼的建筑按计划是要建成西奥多·罗斯福纪念馆和非洲展馆的。阿克利正是在为这个未来能永久作为非洲展馆的地方设计大象群组标本。

当阿克利被派去采集非洲象时，他对于现代非洲象还知之甚少。要等到 20 世纪 60 年代，人们才展开针对这种动物行为及生活史的广泛研究。而研究结果揭示了非洲象是社会性动物，会组成具有 3 ～ 5 名家庭成员的基本家庭群体，每个家庭群体由一只雌象及其后代组成。几个家庭群体在一起就形成了一个“氏族”，一个氏族中的大象个体数量为 6 ～ 70 只，族群由雌象领袖或处于支配地位的雌象姐妹来领导。在繁殖期间，小型的雄性群体也可能会加入族群中，但他们只能跟在族群之后，和族群保持一定距离，而且也“不能成为氏族领袖”。阿克利花了充足的时间去观察野外的大象，了解了它们基本的家庭群体形态，也知道将雄象和雌象组合在一起并不是这个物种行为的真实写照。奥斯本想要一组 4 头大象的群组标本，让参观者能观察到它们之间的性别和年龄差异的那种，但他的真实意图更有可能是想让这组标本超越菲尔德自然博物馆里阿克利所制作的那两只打斗的雄象。阿克利选择将雄象和雌象放在这个家庭群组的领头位置，这使得这个组合更加引人注目了。当那只老雄象因看不见危险而惊慌失措时，雌象已经识别到。阿克利为他的犀牛群组所作的另一幅家庭景观避开了科学上的不准确限制，最初的设计是让犀牛群组放置在大象群的前后两侧，将雄性犀牛放在一个基座上，而雌性则和她的小犀牛在另一个基座上坐着或躺着。分开的基座会在视觉上强调成年雄性犀牛是独立个体这一概念，而雌性犀牛则与幼崽有很强的情感纽带，会积极保护幼崽免受入侵的雄性犀牛的攻击。[31]

在 1914 年 8 月，就在阿克利开始制作标本（图 6.1）后不久，第一次世界大战爆发了。但是到 1916 年，奥斯本报告说：由哺乳动物学家赫伯特·朗和他

图 6.1　卡尔·伊森·阿克利于 1914 年在用黏土为美国自然博物馆制作大型雄象标本铸模。（图片来源：美国自然博物馆图书馆，图片编号：# 34314）

的助手詹姆斯·P. 查平带领的刚果探险队（1909 ~ 1915 年）所采集到的 5800 件哺乳动物，“它们所有的皮毛都已经经过处理，可以被永久保存在博物馆中。有了詹姆斯·利皮特·克拉克先生的协作，卡尔·伊森·阿克利正在自己的工作室中对采集到的一些绝佳的动物标本，如白犀和霍加狓，展开极为细致的标本剥制工作”。[32] 一年后，卢卡斯报告说：“大象群组标本的制作已经取得了进展，但是像所有其他工作一样，这项工作也因为战争的状况而受到了阻碍，这项工作的参与者因为战争的缘故而被征召到了其他地方参军服役。”[33] 阿克利清楚大象群组标本的制作是一项巨大的工程，但他还是怀着极大的热忱接受了这个挑战。到了年底，他几乎已经做好一只年轻的雄象标本（图 6.2）和一组稀有的霍加狓（欧卡皮鹿）标本，而克拉克则完成了两头白犀牛标本。[34]

阿克利直到 1921 年才将大象群组标本制作完毕（图 6.3）。那一年，卢卡斯宣布说：“这一年的主要成就是揭幕了阿克利的非洲大象群组标本……自从 1909 年他离开美国前往非洲采集材料以来，他就一直致力于这个项目。”[35] 卢

图 6.2　阿克利于 1917 年制作的幼年雄象，当时已接近完成。木制的支架有助于在象皮变干时稳住模型。（图片来源：美国自然博物馆图书馆，图片编号：# 36428）

图 6.3 完整版“警报”于 1921 年亮相。（图片来源：美国自然博物馆图书馆，图片编号：# 310463）

卡斯称赞这组作品“不管在设计还是保存的持久性方面，都是一件杰作”，他还观察到这件群组标本给人们留下了“极其逼真的印象”。为了筹集资金让阿克利开启另一次非洲探险之旅，这组大象标本有一年的时间只对潜在赞助者展示。此次探险的目的是阿克利为美国自然博物馆去采集鲜为人知的山地大猩猩。对于阿克利的非洲探险计划，赞助人们作出了积极回应，提供资金支持并安排好阿克利前往比属刚果（刚果民主共和国旧称）的探险之旅。

阿克利的山地大猩猩群

美国自然博物馆组织的第二次探险远征开始之前，即阿克利在船启航的几天前，在博物馆的“大象工作室”会见了《纽约时报》的一名记者。记者找到了阿克利，当时阿克利正在帮助他的助手完成一组狮子标本，并评估“放在工作室一角”的大象群组剩下的工作进度。历经了 10 年的时间，如今这组大象标本就要完成了，阿克利对着它们“神秘地微笑着”。“我已经研究了大象20 年，”他告诉记者，“但我仍旧和他不熟。他是一个难以捉摸的家伙。人类或许能驯服他，却永远无法理解他。”[36] 在 1922 年元旦，当时阿克利还身处于比属刚果的基伏湖地区，而他的大象群组作品，展出的是世界上最大的陆地哺乳动物，也是美国所有博物馆中最大的一组大象标本，将向公众开放。[37]《纽约时报》对此大加赞扬：

> 这位艺术家捕捉到了这些野兽生命中的某一瞬间，并将它固定了下来，但这种固定不是将金属或石头做成它们的样子。那庞大的象鼻摆成了如此典型的甩出状，它曾多次感受风的吹拂。那些鲜活的肌肉曾令耳朵扇动。那皱巴巴的皮肤曾多次擦过真正的森林树木。笨拙而没有生命的大象尸体，倒在遥远的非洲大地上。它们的皮肤被捆扎，骨骼被打包，来到了博物馆。人们对它们进行修复和搭建，如同打造一座纪念碑，纪念它们生前的辉煌。打造的故事历时 11 个年头，有人在持之以恒但也饱受煎熬地努力着。[38]

当他们谈论到阿克利即将开始的探险时，阿克利明显变得兴奋了起来。“我们完全不确定我们要抵达哪里”，他解释说几乎没人了解维龙加山脉，但探险队将在那里狩猎大猩猩。“我们会在哪里找到最好的标本，或者我们会找到些什么，这些我都猜测不到，因为对我来说，这里是非洲的一个新地区，一个未被探索过的国家。事实上，这将是一次全新的冒险。”[39] 阿克利取得了采集 10 只大猩猩的许可证，他告诉媒体，他希望“能猎捕到一个完整的大猩猩家庭，将它制成栩栩如生的栖息地群组标本中的一员”。他还取得了“捕捉动态影像的许可”。[40] 在 1921 年 7 月的最后几天，阿克利和他的工作人员，包括他的秘书玛莎·阿克利·米勒、大型野生动物猎人赫伯特·埃德温·布拉德利、小说和游记作家玛丽·黑斯廷斯·布拉德利，以及布拉德利夫妇 6 岁的女儿艾丽丝，逃离了“酷热的纽约”，乘坐白星航运公司的“波罗的海”号邮轮前往利物浦，他们将在那里装配物资，然后再继续前往比属刚果那未经开发的山区。[41]

此次远征取得了巨大成功。当阿克利还在野外时，他就已经开始从他对大猩猩的观察、他拍摄到的大猩猩静态照片以及动态影像中，思考如何设计组合大猩猩群组标本了。这些动态影像是有史以来首次在野外拍摄到大猩猩的影像。阿克利的第二任妻子玛丽·李·乔贝·阿克利后来这样描述她丈夫所选择的标本布局：

> 卡里辛比火山上一只年长的雄性大猩猩掌控着整个大猩猩群（图 6.4）。下方灌木丛传来的动静惊扰到了他，他站起身来拍打胸膛。另一只雄性大猩猩摆出的是寻常四肢着地的姿态。他踌躇不前，一只手蓄势待发。它的表情显露出的样子更倾向于被动防御。一只年老的雌性大猩猩懒洋洋地靠着树根，而一只小的大猩猩则在旁边无所事事。第五只大猩猩是其中第二只成年的雌性大猩猩，她正吃着草木。[42]

图 6.4　卡尔·伊森·阿克利用黏土制作的大猩猩群模型的照片。（图片来源：美国自然历史博物馆图书馆，图片编号：# 315896）

与当时流行的将大猩猩描述为残暴地吃人的故事相比，这里呈现的明显是家庭式的景观。

这样组合标本的方式可视化地传达出了阿克利的观点，即博物馆剥制师们必须自己亲手采集动物样本，并根据自己的观察来制作标本。在前往比属刚果之前，阿克利认为“普通的博物馆”都是从大型野生动物狩猎者那里购买大猩猩皮的，馆中标本制备人员去“研究了现有的关于大猩猩的文献。他们了解到大猩猩是一种凶猛的动物，生活在茂密的森林中，很可能大部分时间都生活在树上。而这正是他们所展示的大猩猩的样子”。[43] 相比之下，阿克利在制作大猩猩群组标时，则只依赖于自己对于这个物种在它的环境中的直接观察：

> 我的测量数据是有意义且有用的。我拍了风景、周围环境和大猩猩本身。我拍了它们的脸，而且没有通过扭曲照片来让它们显得狰狞，而是拍出了它们原本的样子，我还拍了它们的遗容模型，这些记录让我能够制作出每只大猩猩独特的面部肖像。[44]

将每只大猩猩标本与其野外测量数据相匹配，把每只大猩猩的面部皮肤固定在对应的遗容模型上，并参照从动态影像和静态照片中捕捉到的姿势来摆放标本，通过这些方式，阿克利试图创建出“真实可信的大自然仿造品”。[45] 也许他希望做到他的前辈们所没有做到的事情，即制作出兼具展品和研究样本双重用途的科学准确的标本。

有些当代的评论家贬斥说这只敲胸的雄性大猩猩是为了哗众取宠。但这其实是误解了阿克利所描绘的场景，这个误解一直延续了下去。据阿克利所说，他在 1921 年那次远征中目睹了大猩猩的敲胸行为，并“拍摄了一个动态记录”。在影片中，一只带着两只幼崽的雌性大猩猩从它栖息的地方站起来了片刻，敲了敲胸，然后又回归到“让自己感到舒服的状态，并明显有了睡意”。阿克利得出结论，这种行为仅是“一个表现好奇心的紧张动作”。[46] 玛丽 · 阿克利后来也重申了这个观点，她认为，敲胸“似乎是为了表示好奇，或是对家庭成员的提醒”。在后来的远征途中，她看到了相同的敲胸行为，并断言“它从未伴随任何攻击性行为的发生”。[47] 对于那些批评她丈夫的言论，玛丽回应：要是阿克利“有意接受传统的关于大猩猩的看法”，那么这些大猩猩只会被“制作得更为引人注目”，有“更为刺激的吸引力”。但相反，阿克利精确地呈现了大猩猩的身体构造，它们的行为和环境的各个方面，因为“在他看来，在像美国自然博物馆这样的教育性机构中，放置一个缺乏自然事实基础的展品，简直无异于犯罪。”[48]

但是，阿克利对于引发争议这件事并不抗拒。回到博物馆后，他和助手们开始制作大猩猩群组标本，而同时他也在打造一尊名为“蛹”的铜像（图6.5）。这座雕像描绘的是一个形象与阿克利极为相似的人，从一只山地大猩猩的皮中挣脱出来。阿克利当时大概被卷入了美国关于进化论的论战，这场论战于1925年7月，在著名“斯科普斯猴子审判案”中达到了高潮，特别是当时威廉·詹宁斯·布莱恩和美国自然博物馆的主席亨利·费尔菲尔德·奥斯本，还在《纽约时报》周日刊的社论版块进行了一场非同寻常的公开辩论，进一步为这场论战达到高潮推波助澜。[49]布莱恩谴责了进化论者对达尔文主义的执迷不悟，谴责他们将“进化论用在人身上”。他对达尔文主义的反对主要是认为它会让基督徒变成不可知论者，因为达尔文就被它变成了一个不可知论者一样。布莱恩哀叹道：“达尔文将人降格成动物，还用动物的行为标准来衡量人的思维能力。”[50]不像奥斯本，阿克利没有选择直接回应布莱恩。相反，他继续在工作室里埋头苦干，向国家设计学院呈交了“蛹”这件铜像，就像以往他向学院呈交了许多其他的铜像作品一样。但这次学院却因铜像涉及“进化的内容”而拒绝展出。作为回应，阿克利的朋友——西区一位论派教堂的查尔斯·弗朗西斯·波特牧师宣布将1924年4月27日的星期日定为“进化

图6.5　卡尔·伊森·阿克利所雕刻的“蛹”。（图片来源：美国自然博物馆图书馆，图片编号：# 249306）

日”。而作为这个为期一天的活动的一部分，“蛹”将被公开展出，阿克利也将以“动物中的人性”为题发表演讲。[51]

这个演讲的主题是阿克利精心挑选出来的。当各各他浸礼会教堂的约翰·罗奇·斯特拉顿博士第一次听闻波特的计划时，痛斥这场庆典是“对兽性的颂扬”。[52] 从 1923 年 12 月开始，波特和斯特拉顿就进化开展了一系列辩论。在此之前，斯特拉顿曾指责美国自然博物馆是“在浪费纳税人的钱，并用不符合事实的野兽理论毒害学童的心灵”。而奥斯本虽然是布莱恩和斯特拉顿的坚定反对者，但他也“并不想让美国自然博物馆的名字和阿克利的‘蛹’铜像联系在一起”，因为他认为博物馆“在评判艺术作品方面不具备权威性”[53]。

阿克利并没有因为少了奥斯本的支持就止步不前。他借着斯特拉顿将自己的雕像与艾丽丝·坎宁安的“野蛮”作品作类比的机会，与坎宁安见了面。艾丽丝·坎宁安是一位英国女性，她在家中饲养大猩猩，对它们的心智能力进行观察和测试。布朗克斯动物园的威廉·坦普尔·霍纳迪邀请坎宁安和她 3 岁的大猩猩“约翰·苏丹”来到纽约。当他们到达时，阿克利在码头迎接了坎宁安，并帮她把约翰·苏丹带到了他在麦卡尔潘酒店的套房里。意识到这是一个宣传自己作品的好机会，阿克利通知了媒体，并将他们带到了坎宁安和那只小的大猩猩面前。“有这么一种生物，它比其他任何生物都要更接近于人，”他这样告诉围聚在一起的记者们，“让那些不相信达尔文进化论的人看看这只大猩猩，看到后他们便会开始怀疑，它和人类可能真的在某个时期有过共同的祖先。”[54]

接下来的那个星期，阿克利说服了奥斯本让坎宁安和约翰·苏丹在美国自然博物馆参加一场新闻发布会。阿克利将记者们召集到了他的动物标本剥制工作室中，他要做的 5 只大猩猩标本群组中，已经有两只完成了，放在那里。“这些巨兽做得非常自然，”《纽约时报》的记者写道：“但是小约翰对它们没有表现出任何兴趣。因为它们散发着砒霜以及其他的用于保存皮肤、驱赶虫子的化学品的味道。”[55] 约翰·苏丹对那 5 只大猩猩的遗容模型也没有任何反应。阿克利本希望能跟这只大猩猩幼仔和那两件做好的标本一起合照，但约翰·苏丹坐定的时间不长，以至于 6 名摄影师都没有捕捉到那一刻的照片。不过抓住了这次机会，阿克利也表达出了他对进化论的信仰，并展示了大猩猩的温顺。

经过了一番大肆宣传，来参加“进化日”，观看“蛹”的揭幕仪式的观众超过了 600 人。阿克利向人群发表了讲话，首先解释了他制作这件雕塑的意图。“我并不是要暗示说人起源于大猩猩，”他说道：“但毫无疑问的是，它们有一个共同的祖先。科学界正在追溯这位祖先，最终将会找到它。”接着，他谴责了斯特拉顿认为大猩猩就是“野蛮的”的武断说法。他肯定地说：“你会发现动物之间没有禽兽行径，只有人类中才有。如果人们像我这般了解动物，他们就永远不会误用野蛮这个词了。”最后，他讲述了他在大猩猩狩猎之旅中一次痛苦的经历来结束他的演讲。他曾射杀过一只母大猩猩，而它的幼崽则被他的一个本地人助手刺伤了。“我走到它身边时，它奄奄一息，”观众们安静地听着。“它的母亲已经死了。它看到我时，伸出了它的婴儿手臂向我求援，而当我触摸到它，它哭了起来。这是你们所说的那种‘禽兽行径’吗？还是说人类才是那只真正的野兽？”[56]

那只大猩猩幼仔是阿克利杀的最后一只大猩猩。尽管他在 1921 年获得的许可是采集 10 只大猩猩样本，但他最后只采集了 5 只。而他对大猩猩胆小、易于猎杀特点的频繁描绘却产生了一个意外的影响——白人猎人们因为确信如此稀有的一种动物也能成为自己的囊中之物，从而掀起了一股狩猎大猩猩的热潮。自 1922 年以来，阿克利一直在游说比利时政府禁止对大猩猩实行商业性猎捕，并为它们设立一个保护区。随着“蛹”的公众曝光度升高，阿克利也开始面向公众提出这个请求。1924 年 6 月，《纽约时报》发表的一篇社论中引用了阿克利的话，对猎杀大猩猩表示了谴责。“没有一种动物比大猩猩更值得研究了，”该文的编辑写道：“它面临着灭绝的危险。如果刚果的最后一只大猩猩被杀死，那么比利时将负有很大的责任。”[57]9 月，比利时屈服于国际压力，通知阿克利说他关于在米凯诺火山周围建立一个 250 平方英里（**约 647 平方千米，编者注**）的大猩猩保护区，以国王艾伯特一世的名字命名为艾伯特国家公园的计划被批准了，批准人就是国王艾伯特一世。这个计划不仅得到了比利时大使的支持，也得到了威廉·坦普尔·霍纳迪的支持，霍纳迪提出要在布朗克斯动物园建造容纳大猩猩的场所，并组织国际科学家进行研究。英国博物馆的托马斯·亚历山大·巴恩斯则提议为约翰·苏丹试着去捕获一只伴侣，开启一个圈养繁殖计划。

1925 年 3 月 2 日，根据皇家法令艾伯特国家公园正式成立了。旅行杂志《导师》中有一期以阿克利的成就为专题，在这份特刊中，阿克利赞扬了比利时政府的决定：

然而，从我的观察和我的经历来看，大猩猩已经失去这种保护。它们不再被视为是不可战胜的，在猎人眼中，大猩猩也不过是另一种猎物而已，甚至因为猎杀大猩猩这个经历的新奇性而变本加厉地猎杀它们。如果不是比利时政府意识到了这种情况的严重性，我相信大猩猩早就消失了。[58]

在阿克利的计划取得了相当大的成功后，他迫切地想要回到比属刚果，去采集他要用在美国自然博物馆非洲展厅的大猩猩群组作品（图 6.6）上的前景配件。他很快就获得了来自乔治·伊士曼和丹尼尔·埃利亚泽·波默罗伊的资金支持，领导了一次特殊的探险。在这次探险中，他不仅收集到了大猩猩群组作品的配饰，还为非洲展馆的 6 件新标本群组采集到了不可或缺的动物样本。[59]

在安排这场探险之旅的同时，阿克利也制作好了他的大猩猩作品，并将作品"作为构成非洲展厅伟大性的各类群组标本的典范"，把它安装在了临时

图 6.6　阿克利的大猩猩群组标本，放置于非洲哺乳动物大厅的阿克利纪念馆中。该群组作品制成于 1936 年，至今仍在美国自然博物馆进行展出。（图片来源：美国自然博物馆图书馆，图片编号：#6918）

的非洲展馆中。[60]《纽约时报》无不惊叹地描述了这场远征：

> 在一片割过的禾秆和风中摇曳的草中，几只大猩猩幼崽急切地伸长了脖子，看着这片田地里的几个小水坑。在它们身后，黎明的曙光划破了深蓝色的天空。这可以说是一幅完整的画作，有背景、前景和中心人物。绘制的天空下是真正在非洲生长过的草地。这些大猩猩就在那里活着和死去。这个画面有色彩，有生命力，有活力，有除了动作和声音以外的一切。[61]

阿克利的 3 件狮子猎人同款铜像也被搬到了大猩猩标本所在的同一处地方，与大象、白犀的群组标本和一个非洲展馆未来样子的模型一同进行展出。作为重头戏的 5 只做成了标本的大猩猩被集中放在了临时展柜中，对此，卢卡斯说："这使得北亚展馆改为非洲展馆成了可能，该馆将于 1926 年 1 月 21 日正式开放。"[62]

不久后阿克利便去了非洲，从此再也没有回来。他没有看到他的非洲展馆，也没有看到他心爱的大猩猩群组的完成。但展馆的设计完全是属于阿克利的，设计的目的是打破保罗·杜夏尤写于 19 世纪的探险著作，以及亨利·莫顿·史丹利在《在最黑暗的非洲》一书中展现的非洲大陆的形象。阿克利谴责他们对非洲，尤其是对大猩猩进行了不切实际的描述，即他们把大猩猩描绘成了具有攻击性的物种。对史丹利关于非洲大陆的帝国主义观点的公然蔑视促使阿克利写就了《在最光明的非洲》一书。在"大猩猩是否几近于人？"一章中，他解构了杜夏尤在《赤道下的野生生物》中的一段文字，消解了人们认为大猩猩具有攻击性和危险性的普遍看法。[63]阿克利用括号框出了明显属于杜夏尤个人阐述或者说是他的"感受"的部分，只留下了"大猩猩做了什么"这一部分，通过这种方式实现了对这段话的有效引用：

> "而今，认真地说，他（指大猩猩）只会让我想起某种凶恶的梦中怪物，一种半人半兽的可怕生物，那种我们可以在某些老艺术家描绘地狱的作品中找到的那种怪物。"它向前走了几步，接着停下脚步，再次发出了那种"可怕的"嘶吼，它继续向前走，最终停了下来。[64]

阿克利将“大猩猩做了什么”这一部分解读为科学事实，希望通过自己的科学观察将事实与虚构区分开。

对于阿克利来说，观察大猩猩的真实行为非常重要，因为它们“无疑是最近似于人类的物种”，他所期待的是他收集到的这些样本能为比较解剖学、心理学、医学和博物学的研究创造“重要机会”。[65] 他想要去打破这个物种身上近一个世纪以来所形成的神话，去研究山地大猩猩的栖息地，并带回少量大猩猩样本进行科学研究及拍摄记录。

事实上，一直到1923年，阿克利都在倡导一种新型的“采集”野生动物进行科学研究的方法。“摄影猎手很吸引我，因为比起用枪打猎，用摄像机进行‘狩猎’的那群人对我来说帮助要大得多，”阿克利在《在最光明的非洲》中这样写道：“从狩猎运动的真谛来看，使用相机进行狩猎比使用枪支进行狩猎更能使用到技巧，更能锻炼到克服困难的勇气及耐力。”[66] 显然，阿克利爱上了非洲和那里的野生动物，而像那个时期的许多博物学家一样，他也担心过度狩猎终将导致物种灭绝，尤其是那里的大型哺乳动物。他相信动态影像的新技术为采集科学研究用的动物样本提供了一种可能的替代方案，而猎人的枪支这种旧技术则该被淘汰。

阿克利–伊士曼–波默罗伊的远征队

1923年，由著名冒险家和商业摄影师马丁·埃尔默·约翰逊和奥萨·海伦·约翰逊制作的电影《追踪非洲野生动物》首次在美国首屈一指的电影院，纽约百老汇的国会剧院上映。马丁·约翰逊选择使用的是阿克利曾用过的电影摄影机，两年前在探险家俱乐部的一次聚会上他遇到了这台摄影机的发明者。阿克利表达了他对非洲野生动物命运的担忧，他急切地请求约翰逊运用他卓越的摄影技巧去记录非洲动物在它们自然栖息地的情况。他们结成了联盟，最终促成了约翰逊的电影和阿克利第五次非洲探险之旅（图6.7）。阿克利相信运动影像将帮助非洲进行宣传，最终他的美国自然博物馆非洲展馆也能跟着沾光，由此，他成功说服了亨利·费尔菲尔德·奥斯本支持《追踪非洲野生动物》的拍摄，并认可马丁·约翰逊本人作为一名无人能及的严肃的野生动物电影摄影师的身份。在奥斯本的支持下，这部电影的拍摄过程获得了“世界上最危险的摄影远征之旅”的称号，再加上奥萨·约翰逊在其中担任女主人公，都

图 6.7 马丁和奥萨·约翰逊与他们的非洲随从于 1923 年在野外摄像机前。此照片摄于肯尼亚。（图片来源：美国自然博物馆图书馆，图片编号：#129104）

为这部电影吸引到了更多观众。在科学界的支持下，这部电影还吸引了纽约许多富有企业家的注意，包括纽约罗切斯特伊士曼柯达公司的创始人——已步入古稀之年的乔治·伊士曼。当约翰逊联系到伊士曼，希望他能帮忙投资制作第二部关于非洲的电影时，他同意为他们提供 1 万美元的资金。[67]

1925 年初夏，借着伊士曼对这项计划的兴趣转化为了获得远征经费的机会，纽约自然博物馆、银行人信托公司的董事兼副总裁丹尼尔·埃利亚泽·波默罗伊向阿克利发出邀请，希望他能引导组织一次非洲狩猎之旅，他自己和伊士曼会出资赞助这场旅途。伊士曼这次还提出了一个要求，他希望能在阿克利的引导和约翰逊夫妇的陪同下，亲自去看看非洲。阿克利以前也曾多次收到董事会提出的类似请求，只是他一直没有答应过。然而这一次他却同意了，条件是伊士曼和波默罗伊还要赞助为博物馆的非洲展馆采集动物标本和配件的工作，这笔资金将被用于采集动物标本、收集“背景和配件材料的有关研究和数据”以及“在博物馆中完成标本群组的制作和安装工作”。波默罗伊和阿克利搭乘火车去往罗切斯特，与伊士曼一起商讨了阿克利的计划。谈到伊士曼的赞助时，阿克利按非洲展馆所需的资金向伊士曼提出了要 100 万美元的全额资助。但伊士曼只向他保证提供 10 万美元的初始资金，用于建设展馆 4 个角落的大捻角羚标本展示组以及一个较小的标本展示组。波默罗伊则同意为一个大标本群组提供资助。这样的初步承诺让阿克利很开心了，他寄希望于伊士曼像他一样爱上非洲的美丽，并最终愿意资助完成整个非洲馆的建设。尽管阿克利之前已经 4 次远征非洲，但他打算这一次要做得和前几次都不一样。阿克利认为，正如标本剥制师必须在野外对动物进行观察一样，那些标本配件的制备员也必须来到实地观察植物和地质情况，而绘制背景的人也必须亲眼看到当地的自然景观。“标本组的背景是一幅美丽的景象，必须由那个我们所能找到的最伟大的艺术家来进行绘制，而他必须到卡里辛比当地做研究。至于制作辅助配件如人造叶、树木和草地的人，他们也必须去到现场勘察并收集他们所需要的数据。”[68]

阿克利还需要一位训练有素的标本制备员兼剥制师在野外协助他工作。他着手去组建一支优秀的、配合默契的队伍，每个人都能有“活力、常识、一项特殊技能和对手头工作的热爱。”[69] 对于阿克利来说，这次的探险也有特别意义，因为最终它可能会让他的愿景成真，并让他创新的标本剥制技术得以展现，“我们第一次有机会可以培训一队人，让他们不只要练习各种制作现代动物学展品所需的技艺，还要进一步去发展能使得这类博物馆展览实现它们在科学和艺术层面的价值的方法。”[70]

当阿克利还在为远行做安排时，恰巧有位标本剥制师前来拜访他。罗伯特·亨利·洛克威尔曾在沃德研究所的桑滕斯兄弟手下接受过阿克利的方法培训，还与沃德的校友纳尔逊·伍德在国家博物馆共事过，在布鲁克林博物馆卢卡斯的手下担任过首席标本剥制师。简而言之，阿克利所寻求的那种制备员就是拥有像洛克威尔一样经验和技能的人，他就是阿克利团队所寻求的训练有素的展览专业人士。洛克威尔后来回忆说：当他告诉阿克利他正在找工作时，“他的话吓了我一跳，他跟我说如果我愿意，我马上就能有一份工作”[71]。1926 年 1 月，阿克利及其夫人玛丽·乔贝·阿克利（图 6.8）先于大部队出发了，他们要“在伦敦处理这次远征的初步细节，然后前往内罗毕，为远征大部队做好这场狩猎之行的安排”[72]。洛克威尔于 3 月乘船前往伦敦，收集了阿克利所要求的各项物料，之后乘坐了联合城堡航运公司的一艘轮船前往英属东

图 6.8　卡尔·伊森·阿克利和玛丽·乔贝·阿克利在美国自然博物馆，摄于 1926 年。（图片来源：美国自然博物馆图书馆，图片编号：#311321）

非。伊士曼和波默罗伊在意大利热那亚登上了这艘轮船，三人一起前往蒙巴萨，阿克利在那里等着带他们乘火车前往内罗毕，他们将在内罗毕与玛丽、马丁和奥萨·约翰逊以及他们的装备供应商——著名的旅行猎人奥尔伯特·菲茨帕特里克·艾尔（别名帕特）和菲利普·霍普·珀西瓦尔会合。[73] 到了 5 月，他们来到了东非大裂谷的塞罗勒那，伊士曼和波默罗伊在那里扎了营，并与艾尔和珀西瓦尔一起狩猎，而阿克利和洛克威尔则前往卢肯亚山的第一个“博物馆营地”，即内罗毕东南平原上的一座孤岛，著名的美国西部画家威廉·罗宾逊·雷和他的同事阿瑟·奥古斯塔·詹森已经在那边工作了。[74]

阿克利的野生动物栖息地群展的总体设计蓝图，给忙碌的博物馆野外营地活动提供了指导。他已经确定，每个野生动物栖息地展示组所描绘的场景应该是该动物栖息地的“典型”，考虑到“前景配件（植被）的复制实用性。”[75] 他不希望再现理想化的设置，而是要展示给定地点的精确复制品。在现场制作植被的石膏模型（通常是单独的草叶和花朵），并将它们运回博物馆，然后用它们制作蜡制品的复制品。[76] 他相信，绘制的背景应该展示“景观特征，尽可能显示一些历史或地理上的有趣之处”。[77] 在阿克利的指导下，洛克威尔选择了植被，并制作“石膏模型……用于群组的前景的蜡制品的复制品”，而雷和詹森则绘制了非洲风景的“引人注目的景观”和全景图。[78]

阿克利的第一个项目是设计山羚群组，它也是第一件相对小型的群组标本。他做了一个“粗略模型”，其中有“背景、动物标本和植被，相当于一个缩小版的完整研究”。[79] 阿克利打算把这个模型给展品制备人员用，只要他们回到博物馆，那些制备人员就只需要“按照真实的尺寸复刻出这个粗略的模型”。[80] 阿克利还计划尽可能将每只可能会制成动物标本群组的山羚在自然栖息地中的影像给拍摄下来，这样他就能指导剥制师们制作每一只山羚标本的工作。他在这个地点成功拍摄到了 4 只用于博物馆群组标本中的山羚的影像。

阿克利曾期待在营地附近采集到苇羚的标本，但他一只苇羚也没有找到。他最害怕的情况发生了——自他第一次非洲探险以来，在这 20 年的时间里，曾经数量众多的大型平原野生动物已经锐减。他哀叹道：曾经的偏远地区正在被白人定居地不断蚕食，动物的栖息地范围不断萎缩，而同时，商业化白人猎人的过度捕猎又进一步消耗了大型哺乳动物资源。正如洛克威尔所回忆的那样，“每年都有成千上万匹斑马因为它们的皮而受到屠戮。还有更多斑马遭到无情猎杀的原因是——当时，一张狩猎许可证可以让其持有者杀满 20 头斑马”。[81]1926 年 9 月，阿克利有了一个惊人的发现，而这也是威廉·坦普尔·霍纳迪早在 40 年前就在美国西部经历过的事情：

> 我刚刚结束沿着塔纳河而下的两天旅行，这个地区在我的认知中一直是个满是野生动物的地方，但我发现它现在完全荒芜了。过去数量庞大的水牛群只留下了少得可怜的几只，而其他的野生动物几乎都无影无踪了。这种情况不是个例，而是发生在了我们在肯尼亚殖民地上的每一寸所到之处上。“这一发现令我十分痛心，在此之前我并没有意识到推动建设非洲馆的绝对必要性，但现在我意识到了。”[82]

在意识到现在比以往任何时候都更需要建成非洲展馆，以及了解到伊士曼可能不会再提供任何资金之后，阿克利加大了自己的工作强度，几乎到了极限。

6月，这个队伍辗转到了埃瓦索恩吉罗河上游的某处，打算将那里作为一个大型水坑角落群组标本展示区的选址，这组标本中包括细纹斑马（格利威斑马）和格兰特氏斑马，即平原斑马，“葛氏瞪羚，1只迪克小羚羊和3只高大的网纹长颈鹿”。[83]他们又开始了新一轮的设计、制模、拍摄和采集等工作，为制作出栖息地群组标本而努力着。当阿克利和伊士曼在塞伦盖蒂平原上狩猎时，阿克利生病发烧了，后来经诊断为“精神崩溃”所导致的。他的妻子玛丽将他送到了内罗毕的医院，但他们在那里找不到空床位，于是她只好带他去到肯尼亚疗养院，他在那里住了3个星期。[84]

在阿克利养病期间，洛克威尔和波默罗伊在采集非洲水牛和捻角羚的标本。又过了两个星期，觉得自己已经休养好了的阿克利决定重新计划一下这场远征的行程安排。在离开这座城市之前，阿克利和玛丽与比利时动物学家让·玛丽·德尔斯海德会了面，他们为考察路上的刚果段商定了计划。尽管他久病不愈，身体虚弱，但依然坚持要回到维龙加去。

1926年10月14日，他们出发前往刚果。他们沿着以往商队的路线艰难跋涉了1个月，间歇性的降雨让这段旅程难上加难。然而，阿克利受到了维龙加和大猩猩保护区的召唤。9月初，他们抵达了米凯诺火山前的低坡，但在此之前，冰凉的雨水已经侵蚀阿克利的身体，他又发烧了，玛丽也生病了。冷湿的雨雾低悬，透过雾气，维龙加活跃的火山在闪着红光，这条路对于阿克利夫妇来说肯定带有某种超现实主义的色彩。但他们依然坚持走下去。临近卡巴拉时，阿克利派人去找雷，让他在阿克利多年前采集到“卡里辛比山老公牛”的地方为大猩猩栖息地群组标本绘制全景图。当他们快走到山顶时，阿克利已经很难在陡峭的山路上站定，所以他的同伴们用吊床抬着他走了一段时间，直到他们被雨水浇透，冻到骨头都僵硬，阿克利说什么也要自己走完最后的几英里。当他们继续往前跋涉时，阿克利和探险队惊扰到了一个大猩猩家庭，它们当时正在吃野芹菜。阿克利很高兴玛丽也能看到这样的场景。到达卡里辛比火山和米凯诺火山之间的鞍部后，他们就地扎营休息。

阿克利躺在他的行军床上，神志不清，严重的痢疾和大出血也令他痛苦不堪，这时他却谈起了博物馆及其电力项目。次日晚上，在他的帐篷外，当卡里辛比山的雪峰在月光下闪烁时，阿克利失去了意识，他的心跳慢了下来。雷到达时，阿克利逝去了。11月30日，美国自然博物馆收到了玛丽·乔贝·阿克利从比属刚果发来的电报，上面写道：“我丈夫的灵魂已于11月17日归西，大出血，米凯诺火山的山坡。我留下来监督完成背景、配件、大猩猩和捻角羚的采集，按照他的计划进行。请告知他的家人和朋友。”[85] 玛丽和远征队成员们强忍着震惊与悲痛，将阿克利埋葬在了维龙加的中心地带，即那两座山之间的鞍部。他曾在 1921 年那次远征中说过，他希望有一天能在那里死去。威廉·雷壮观的画作如今成了阿克利非洲哺乳动物展馆中大猩猩标本景观的背景，这是为了纪念“卡里辛比山老雄猩猩”曾经生活过的地方，也纪念卡尔·阿克利在此地的逝去。[86]

尾声

尽管阿克利不幸离世，但他对于展览过程的各个方面都进行了详密的规划，所以在没有他的情况下工作依旧可以开展。多年后，洛克威尔回忆道：“据我所知，我们这支远征队是唯一一支成功带回了采集到的所有东西，能为每只动物最终的标本制作环节提供盒装皮毛和完整骨架的队伍。”[87] 即使弗雷德里克·卢卡斯于 1929 年去世了，这个项目也没有受到影响抑或是被推迟。此时，该博物馆已完全采用阿克利这种新型的博物馆展示方式。

实际上，阿克利的去世似乎只是让他的门徒更坚定了自己去实现他们倒下的导师建立非洲展馆这一愿景的决心。比如说：画家威廉·雷的激情所在和言辞都开始听起来与阿克利有惊人的相似之处。他告诉美国自然博物馆杂志——《博物学》的读者说：

> 标本的背景不仅要是正确的，它们还必须是非洲大陆的典型代表，要像它们所搭配的野兽一样典型；在动植物、地质和地理方面，我们必须尽自己最大的可能，全面地向参观者展现出非洲的本质。我们必须呈现出完整的图景、无谬误的历史以及真正的科学。[88]

和阿克利的目标一样，他的目标也是去打造出一个经久不衰的展馆，一个能“在许多动物灭亡之后”“幸存”的纪念碑。[89] 让训练有素、意志坚定的制备人员组成团队一起工作，制作出世界上最好的博物馆栖息地群组标本，阿克利的这个愿景很快就实现了。

在接下来的 11 年里，在詹姆斯·克拉克手下工作的洛克威尔，“不停地塑模并制作”非洲动物标本，那些标本“总共有 13 组，占据了非洲展馆中动物数量的一半，其中包括了 4 头大象”[90]。1936 年，阿克利非洲哺乳动物展馆终于开放了，但其本身产生的影响要比它的开放深远得多。

甚至在它还未完工的时候，阿克利展馆就已成了所有美国自然博物馆在创造新型非洲展览方面的模板。正如卡伦·万德斯所指出的，一方面，非洲野生动物正在迅速消亡；另一方面，各自然博物馆竞相在展馆中体现这种消亡，这些都“激发了那个时代的想象力”。[91] 例如，洛杉矶自然博物馆的展品负责人约翰·罗利就承认说阿克利的工作为他建立非洲野生动物馆提供了灵感，他的建馆工作从 1920 年开始，最终于 1928 年结束。罗利突然辞世后，他的主要赞助人莱斯利·西姆森说服了旧金山加利福尼亚科学院建设一个类似的展馆，这个展馆于 1934 年对外开放。与此同时，芝加哥菲尔德自然博物馆在打造自己的非洲展馆时用上了阿克利的标本作品，它的非洲馆开放于 1932 年，展馆的名字是卡尔·伊森·阿克利纪念馆。

然而，受到阿克利打造立体景观模型想法影响的绝不仅局限于非洲的展品。万德斯写道：“即使对于美国自然博物馆内部的其他展览，阿克利那座宏伟的展馆所产生的影响也相当大。”[92] 由克拉克和洛克威尔设计和建造的南亚哺乳类动物馆是特地作为非洲展馆的一个直接配套展馆而存在的，但在阿克利展馆落成的 5 年后，美国自然博物馆还增设了世界鸟类馆、惠特尼海鸟纪念展览厅和北美哺乳类动物馆，这些展馆也都是以阿克利的设计为蓝本建立起来的。

20 世纪中期，由经过精确建模的动物样本、逼真的植被和前景材料、拱形的绘制背景以及解释性标签所构成的“立体景观展示法”，成了美国自然博物馆展览的主要方法。尽管不断进步的高质量彩色摄影和日益盛行的动作图片已经通过诸如《国家地理》和《野生王国》等杂志，将全世界的野生动物都带到了我们家中，但这些引人注目的、戏剧性的立体景观模型依然吸引了一代又一代的游客来到博物馆。至今，每年仍有超过 300 万人参观阿克利非洲哺乳动物展馆，而那些在美国各地以及世界各地的博物馆，都因为参照了阿克利的立体景观展示法而多吸引了数百万游客。[93]

结 语

> 致我杰出的接班人：……当我化作一抔黄土的时候，我恳求你做好这些标本的保护工作，别让它们腐化或损毁。当然，与你剥制的标本相比，它们显得粗糙拙劣，但你要明白在这个时候（公元1888年3月7日），美国学派的标本剥制术才刚获得世人认可。因此，要对这些标本进行公正的评价，而不可过分苛责。
>
> ——威廉·坦普尔·霍纳迪[1]

自沃德研究所的标本剥制师们在美国自然博物馆中开创动物展览的新时代以来，已经过去一个多世纪，但他们至今仍在影响着我们。直至今日，当我们去参观美国主要大都市的自然博物馆时，我们不可能不看到他们的作品或他们培训出来的人的作品，这些作品往往还被放在显眼的展示位上。直至今日，美国自然博物馆仍因其非洲的、亚洲的和北美的野生动物展馆而广受赞誉，这些展馆由卡尔·伊森·阿克利、詹姆斯·利皮特·克拉克和罗伯特·亨利·洛克威尔设计而成。经由查尔斯·哈斯金斯·汤森采集且在他的指导下制作而成的6只海豹群组标本仍可在海洋生物馆内找到。在菲尔德自然博物馆中，阿克利制作的“打斗中的公象”标本依然雄霸主展厅，而且他制成的众多栖息地群组标本作品中的大部分，包括“白尾鹿的四季”，也仍在这里进行展出。卡内基自然博物馆中则一直在展出雷米·桑滕斯和约瑟夫·桑滕斯所制成的许多标本，以及弗雷德里克·史密斯·韦伯斯特的“死鹿身上的加州神鹫和火鸡秃鹫”和朱尔斯·韦罗的“遭到狮子攻击的阿拉伯信使”。密尔沃基公共博物馆虽移除了韦伯斯特原先的火烈鸟群组作品，但阿克利的麝鼠群组等展品依然在那里展出着。霍纳迪“树顶上的斗争这件作品以及他许多其他阿克利式的立体景观展品”一直到2000年该馆开始布置它新建的肯尼斯·贝林家族哺乳动物展厅前，都还在美国国家博物馆进行展出。许多相对小型的博物馆机构也间接享受到了这些标本剥制师的工作成果，因为这些标本剥制师所在的大型大都市博物馆会售出他们的一些标本，它们被捐赠或被借调给了诸如艾奥瓦大学自然博物馆、田纳西州大章克申的全美猎鸟犬博物馆以及蒙大拿州本顿堡的北部大平原博物馆等各种不同的机构。

在美国的博物馆动物标本剥制发展的这段短暂的历史中，自然博物馆将自己的工作重心从纯研究转向了以展览和公共教育的方式来进行知识传播。沃德研究所的标本剥制师——威廉·坦普尔·霍纳迪、弗雷德里克·奥古斯塔·卢卡斯、查尔斯·哈斯金斯·汤森、弗雷德里克·史密斯·韦伯斯特和卡尔·伊森·阿克利，通过他们在标本制作方面的技术进步、创新型展览的设计和独特的教育内容，塑造和定义了美国自然博物馆、动物园和水族馆面向公众的职能。他们转变了博物馆拥有标本的方式——从买卖标本到制作标本成了博物馆的专职工作，在这个过程中，他们革新了动物展览的方式，将展品从一排排带有科学标签的填充标本转变为以家庭群组为单位进行陈设，并配有照片和描述性标签的逼真标本。同时，他们还构思了一套教育性指令，不仅要向博物馆参观者普及有关自然界的知识，还要让他们充分理解人类在自然界中的作用，尤其是在阻止物种灭绝这方面的责任。

自 1885 年霍纳迪意识到美洲野牛正濒临灭绝以来，人们已经将许多物种从灭绝的边缘拉了回来，但在全球范围内还是有一些物种彻底走向了灭绝。据了解，1875 ~ 1925 年，全世界已经有 47 种动物绝种，其中包括拉布拉多鸭、福克兰狼（福克兰犬）、红瞪羚、瓜达卢长腿兀鹰、旅鸽和卡罗来纳长尾鹦鹉。[2]

从某种意义来讲，我们只需要看澳大利亚的物种灭绝情况，就能了解整个北美大陆上可能发生的物种灭绝情况。在 19 世纪 80 年代到 20 世纪 30 年代这一时期（同时也是霍纳迪、卢卡斯和汤森积极提倡保护北美野生动物的时期），因为没有任何法律保护，澳大利亚的动物群体遭到了毁灭性打击，其中包括东部小袋鼠（1889 年灭绝）、短尾蹿鼠（1896 年灭绝）、豚足袋狸（1901 年灭绝）、长尾弹鼠（1901 年灭绝）、硕绣眼鸟（1918 年灭绝）、天堂长尾鹦鹉（1927 年灭绝）、白尾巢兔鼠（1933 年灭绝）、荒漠袋鼠（1935 年灭绝）、袋狼（1936 年灭绝）和图拉克袋鼠（1939 年灭绝）。[3]

由于霍纳迪、卢卡斯、汤森和韦伯斯特等人开创性的动物保护工作，北美的许多物种才得以免于灭绝，幸存于世。这些动物包括美洲野牛、西印度僧海豹、北象海豹、北方海狗、蓝鲸、露脊鲸、雪鹭、美洲鹤、沙丘鹤的亚种、褐鹈鹕和美洲红鹳。在非洲，如果没有卡尔·阿克利对比利时政府进行敦促，山地大猩猩在比属刚果维龙加山的重要栖息地就无法得到保护，这种动物肯定会在 20 世纪上半叶就走向灭亡。艾伯特国家公园，即今天刚果民主共和国的维龙加国家公园是仅有的两个保护着世界上约 700 只山地大猩猩的国家公园之一。据 2018 年对山地大猩猩普查而进行的估算，生活在大维龙加地区的大猩猩总数为 604 只，这表明了该公园在保护山地大猩猩方面所发挥的重要作用，毕竟这一物种常常面临着政局动荡和战争带来的威胁，依然在灭绝的边缘摇摇欲坠。

虽然研究动物保护的历史学家普遍认为霍纳迪拯救了濒临灭绝的美洲野牛，而阿克利则保护了维龙加地区重要的大猩猩栖息地，但几乎完全忽视了卢卡斯和汤森的贡献，也许是因为他们参与美国野生动物保护运动的工作在大多数情况下都是在政治前线的幕后进行的。然而，他们的科学研究拯救了许多濒危的海洋物种。在他们的共同努力下，人们认识了毛皮海狮的自然史，而这也是 1911 年能成功通过保护毛皮海狮的条约，禁止远洋猎杀的关键。这个条约是世界上第一个保护野生动物的国际条约，它为未来在动物保护方面进行国际合作开设了一个良好先例。此外，汤森为北象海豹所付出的不懈努力终于使得墨西哥于 1922 年通过了保护该物种的法案。与霍纳迪一样，卢卡斯和汤森在让大众认识到人类可能会对野生动物造成严重影响这一方面，也贡献了自己的一分力量。卢卡斯出版了多本畅销书，如《过去的动物》（1901）和《人类出现以前的北美洲动物》（1902），为广大普通读者解答了关于物种灭绝的问题，而汤森则用幻灯片演讲的形式，向公众介绍了世界上的海洋和濒危的海洋哺乳动物。

类似地，阿克利关于非洲采集活动的畅销书《在最光明的非洲》（1923）是他在《导师》（一本类似于《国家地理》的杂志）和《美国博物馆杂志》（美国自然博物馆的杂志）等期刊上 10 年以来所发表的文章的汇编。这本书有助于破除人们对大猩猩的负面误解，并确定了保护山地大猩猩栖息地的国际运动的必要性。虽然阿克利还没完成他的工作就去世了，但他的妻子玛丽·乔贝·阿克利则继续将对山地大猩猩的研究进行了下去，并于后来出版了《卡尔·阿克利的非洲之旅：美国自然博物馆的阿克利－伊士曼－波默罗伊非洲馆远征队探险记》（1929）一书及许多其他呼吁保护非洲野生动物的书籍。

在过去的 20 年中，美国国家博物馆、卡内基自然博物馆和美国自然博物馆，筹集了数百万美元的资金，开展并完成了诸多修复和保存馆中前沃德研究所标本师作品的项目。1995 年，卡内基自然博物馆于 2 楼开设了新的北美野生动物展馆，取代了原先那座由雷米·桑滕斯在 90 年前设计而成的哺乳类动物馆。新展馆强调了生物多样性和保护北美哺乳动物群的必要性。展品的设计依然多采用栖息地立体模型的形式。其中最吸引人的展品是经过了翻新的雷米·桑滕斯的阿拉斯加棕熊立体景观模型。

这件展品的新设计是基于一名展品设计师和一名植物制备人员的实地研究作出的。就像阿克利的设计团队在 1926 年跟随他前往非洲一样，他们也一起去到了科迪亚克岛上观察这种熊在自然栖息地中的行为。两人还拍摄了照片，采集了新的配件材料，以替换掉原先那些已经褪色到无法再进行修复的配件。博物馆还请人绘制了一副新的全景式背景。[4] 此外，为了展示出单一栖息地中动物物种的多样性，他们还额外采集制作了各种自然栖息于该地区的动物标本，包括一只翠鸟、一只白鼬和一群灰翅鸥。他们也改动了桑滕斯所制作的家庭群组标本的结构，以体现出当下这个时代对于熊的行为的科学认知。如今这件作品将一头公熊标本摆在了伸出于展品之外的一块岩石上，组成这个立体景观中的河床的石头也延伸到了玻璃之外，博物馆还建造了一块仿真的沙洲，鼓励参观者们到上面走一走，感受公熊和带着幼崽的母熊的生活环境。场景中还配有激流水声和远方海鸥嘶鸣的声音。为了介绍这个立体模型没有呈现出来的知识点，如它们的类别和交配方式，展览设计师增设了一个包含视频和交互单元的“教育区”。[5]

2002 年，美国自然博物馆收到了来自盖蒂基金会的一大笔拨款，这笔钱被用来发起了一场针对阿克利的非洲野生动物馆标本保存状况的调查。史蒂夫·奎因是一名博物馆艺术家和美国自然博物馆展览部的高级项目经理，他管理着一支修复师队伍，这些修复师的职责是去识别出单只动物标本、壁画及前景配件身上保存不到位的地方。经检查，他们发现露天展出于展馆中央的大象群组标本，比起它周围的立体景观模型，即比起那些被封存在玻璃柜中的标本的损毁情况要更为严重。暴露在不受控制的周围环境中近一个世纪，大象标本的象牙开裂，皮肤上也有裂口，毛发脱落，其中 8 只标本身上还积了一层厚厚的灰。[6] 相比之下，修复师们发现立体景观模型中的标本、壁画和配件的保存状况则相对较好，但这些密封的立体模型环境中的照明却构成了独特的威胁，特别是针对标本本身的威胁，因为照明会产生较大的热负荷，并引起相对湿度的波动。采用现代化的方式清洁照明和暖通空调系统，并对其加以改良，有助于稳定展馆内的环境。与卡内基自然博物馆的做法不同的是，美国自然博物馆的管理层宣布说博物馆打算保留卡尔·阿克利原来的设计。[7]

卡内基自然博物馆和美国自然博物馆的管理层都倾向于将馆内如今已经历史悠久的景观模型保存下来，直至永久。然而，美国国立自然博物馆的馆长们却选择去全面翻新博物馆的哺乳动物展馆，翻新过程中也制作了全新的动物标本。2004 年，当幕布升起，新的肯尼斯·贝林家族哺乳动物展厅在参观者面前亮相，人们眼前的展馆没有任何绘制的立体景观模型。这是近 70 年以来的第一次，对于博物馆游客如此熟悉的栖息地景观模型，不再是美国主要自然博物馆中野生动物展览的重头戏。相反，展品的设计者们选择在一个新修复的展厅中展出标本，让其沐浴在自然光下，突出其原始的布杂艺术（学院派）设计风格。比起强调动物的家庭群体关系和它们与栖息地之间的关系，这种新型的设计更倾向于凸显生物多样性和跨越了栖息地的某些物种之间的相似性。尽管展示方式发生了变化，栩栩如生的动物剥制标本仍然是这些展览最吸引人的地方。[8]

阿克利的梦想是让一群博物学家兼艺术家们在一起工作，共同创造出一种整体而统一的标本设计风格，这一梦想在整个 20 世纪及如今的 21 世纪一再实现。在美国各地，公共的、私人的和大学里的自然博物馆都开设了永久性的展览部门，部门中有负责公共项目的人开展轮换展览的设计工作和更新永久性展品的工作。参与到重新设计国立博物馆哺乳动物展馆这项工作的是一支超过了 300 人的队伍，其中包括 5 位标本剥制师、展览设计师兼生物学家。两位全职的国立博物馆的标本剥制师完成了 200 多件标本。与过去一样，展馆中的标本来自它的捐助者肯尼斯·尤金·贝林，他在狩猎旅行中采集了许多哺乳动物的皮毛。其他标本来自博物馆自己的馆藏和史密森尼国家动物园，而余下部分则来自世界各地的博物馆。为了给新展馆腾出空间，所有栖息地标本群组都被拆除了。这些标本不是被销毁，就是被移送到位于马里兰州苏特兰的巨大的史密森尼学会博物馆支援中心去。霍纳迪的群组作品“树顶上的斗争”现在就位于苏特兰，它被拆解并装入箱中，放进了控温的存储场所。标本剥制师已经修复好之前展出的动物标本作品中两成左右的标本，其中包括 1909 年罗斯福采集到的白犀中的一头，这件作品曾经是卡尔·阿克利的门生詹姆斯·克拉克制成的。

如今的标本剥制技术与霍纳迪和阿克利所开发的“新型标本剥制法”并没有太大区别，但塑料和泡沫材料等新型材料取代了金属和木制骨架，简化了制作的过程。

石膏和黏土至今仍在使用，特别是用在重现动物的面部特征上，这很像法医人类学家所采用的三维面部重建技术。遗容面具（阿克利最早使用）、实地测量动物身体及拍摄，这些技术至今都仍被应用于制作身体构造准确的标本上。但从许多方面看来，动物标本剥制术这门艺术正在迅速失传。肯尼斯·贝林家族哺乳动物展厅落成后，国立博物馆就缩减了馆中标本剥制师的规模，美国其他主要的自然博物馆也不再聘用全职的标本剥制师。许多博物馆机构如今认为准确展示野生动物及其栖息地的工作应该由摄影和视频来完成，在这两者面前，制作动物标本则显得费钱又耗时，也难以在艺术技巧的呈现上达到完美，因此不再是它们的核心任务。

自从韦伯斯特和卢卡斯争论在自然博物馆展览中使用照片作为补充教材，以及阿克利发明了第一台野外动态影像摄影机以来，时间差不多过去了一个世纪。阿克利发明的摄影机开启了摄制野生动物影像的先河，将博物馆的观众从被动的游客转变为了主动的观察者——以前，他们因听信大众传闻而对自然世界有所误解，而现在，因为野生动物摄制技术，他们对自然世界有了更全面的了解。到 20 世纪中叶，自然博物馆的管理者们开始将博物馆的教育指导重心转向了更年轻、更缺乏社会经验的观众群体。20 世纪 70 年代就出现了博物馆教育这一新领域。专业的教育工作者开始开发新型的方式，让博物馆的参观者沉浸在一个更具互动性的学习环境中。展览开始采用能让尽量多的人类感官参与其中的教学材料，包括照片、数字视频、声音和互动式的动手体验。[9]

阿克利相信动态影像将成为增强博物馆动物标本展示效果的一大媒介，而这一媒介如今已经变得比他所设想的还要受到大众欢迎，人气几乎完全超越了 20 世纪初的博物馆动物标本剥制术。在维多利亚时代，客厅里圆顶玻璃钟罩下的蜂鸟标本已被电视、剧院、电脑屏幕，以及从家庭走向课堂的移动设备上的来自非洲大草原的大型哺乳动物所取代。鉴于世界上许多野生动物如今已经普遍为博物馆游客所熟知，展览设计师所面临的挑战是如何创设出比以往更有趣的动物展览。肯尼斯·贝林家族哺乳动物展厅在现代自然博物馆展览环境方面堪称典范。它拥有统一的教育叙述，即“哺乳动物的历史”，被书写在了数以百计的标本作品、数以千计的野生动物照片和数十个屏幕中，屏幕上播放的是动物在其自然栖息地的视频，视频中动物既能身处模拟了非洲草原暴雨的雷声中，也能处于北极地区的寒凉中。[10]展馆的墙上挂着各种哺乳动物的照片，它们就好像我们自己家族和祖先的肖像画一样，吸引着博物馆的参观者通过自然之镜，深入地去了解和认识大自然。

致 谢

在我研究和写书的过程中，我参观了许多家博物馆、档案馆和特藏库，在这些地方遇到了很是热心的研究人员，我想对他们表示感谢。其中，我特别感谢史密森尼学会档案馆的帕梅拉·亨森；史密森尼学会自然博物馆哺乳动物部门的琳达·戈登；史密森尼学会的私人修复师和顾问凯瑟琳·A. 霍克斯；美国自然博物馆图书馆服务部门的英格丽德·莱农；卡内基自然史博物馆图书馆的伯纳黛特·卡勒里和哺乳动物部门的苏珊娜·麦克拉伦；哈佛大学比较动物学博物馆的朱迪思·楚帕斯科，以及菲尔德自然博物馆图书馆、哈佛大学比较动物学博物馆的恩斯特·迈尔图书馆特藏部、国会图书馆阅览室和罗切斯特大学的珍本和特藏部门的工作人员。我要感谢林恩·尼雅特和罗伯特·科勒，在他们的书籍尚未出版的情况下，与我分享他们的原稿。

本书部分内容的早期版本是两篇期刊长度的文章：第 2 章曾出现在《收藏品：一本博物馆和档案馆专业人士的杂志》的第 1 卷第 2 期（2004 年 11 月），第 155 ~ 201 页中，题为“赋予填充的动物标本以生机：美国标本剥制师协会（1880 ~ 1885 年）”。第 3 章的部分内容来自《奋进》杂志第 29 卷第 3 期（2005 年 9 月），玛丽·安妮·安德烈的文章“意外成为保护主义者：威廉·坦普尔·霍纳迪、史密森尼学会的野牛考察队及美国国家动物园”，第 109 ~ 113 页。©2005，已获爱思唯尔的授权。特别感谢亨利·尼科尔斯和阿瑟·沃兹沃斯的鼓励和他们精准的校订。

感谢萨莉·格雷戈里·科尔斯泰德、保罗·法伯、珍妮弗·冈恩、珍妮弗·亚历山大和马克·博雷洛对本书提出的批评性意见，这些评论对成就本书至关重要。我特别感激我的朋友和同事们：威廉·W. 阿博特、保罗·布林克曼、卡伦·帕沙尔和卡伦·雷德尔，他们阅读了我的手稿，并发表他们的评论。我特别感谢希·尤因在史密森尼学会举办的一次探险旅行期间，细致地校订了我的最终手稿，感谢她与我之间进行的长谈与灵感的迸发。非常感谢芝加哥大学出版社我的第一任编辑克里斯蒂·亨利，她从一开始就很认可这本书。感谢吉尔·弗里德曼、吉尔·弗里德曼、帕特里克·菲利普斯、珍妮弗·威克斯和埃利奥特·D. 伍兹在我写书以来对我的鼓励以及他们对于出版工作的督促。

我的丈夫泰德和儿子杰克是我很棒的伙伴，他们多次陪我前往各个博物馆和档案馆为这本书收集研究资料。泰德在这一整个过程中都非常热情，还教会了我许多关于写作的技巧。最终，他将我变成了一个比以前优秀得多的作家。我也非常感谢我的公公休，他是研究博物馆机构方面的一位杰出历史学家，他常对我说“开始工作吧！”，这句话一直在激励着我。我还要感谢我的婆婆乔伊斯，她不仅反复地用这句话鼓励我，而且在过去的许多年里一直给予我坚定的支持。我还要感谢我的父母帕特里夏和吉尔贝托·安德烈，感谢我的家人，特别是我的姐姐塔米，感谢她与我的友谊，感谢她坚定不移地相信我。没有你们，我完成不了这本书。

注　释

前言

1. 弗雷德里克·奥古斯塔·卢卡斯,《博物馆工作五十年：自传、未经发表的论文及参考文献》(纽约：美国自然博物馆，1933 年)，第 12 页。
2. “移植非洲”,《纽约时报》，1936 年 6 月 1 日，第 52 页。
3. “2000 人参加阿克利纪念馆开幕式”,《纽约时报》，1936 年 3 月 20 日，第 3 页。
4. 拉塞尔·欧文,“非洲在纽约重焕生机”,《纽约时报》，1936 年 5 月 17 日，周日刊第 16 版。
5. 以下对于阿克利与亨利·奥古斯塔·沃德首次会面的描述及所引用的段落，除非另有说明，均摘自卡尔·伊森·阿克利,《在最明亮的非洲》，纪念版（纽约花园城：花园城出版社，[1923]1930)，第 3–4 页。
6. 阿克利,《在最明亮的非洲》，第 5–6 页。
7. 阿克利,《在最明亮的非洲》，第 5–6 页。
8. 弗雷德里克·奥古斯塔·卢卡斯,“动物标本剥制师阿克利”,《自然史》卷 27 (1927 年 3 月至 4 月)：第 145 页；弗雷德里克·奥古斯塔·卢卡斯,“早期博物馆掠影”,《自然史》，1921 年 1 月至 2 月，第 77 页、第 75 页。
9. 卢卡斯,“动物标本剥制师阿克利”，第 145 页。
10. 保罗·法伯,“标本剥制术的发展与鸟类学的历史”,《伊西斯》卷 68 第 244 期 (1977 年)：第 552 页注释部分。
11. “有多种方法可以保存死亡鸟类免于腐烂，它们到达目的地的时候可能还保持着良好的状态。这些方法中有一些也可以用于保存四足动物、爬行动物、鱼类和昆虫”，摘自法伯,“标本剥制术的发展”，第 550–553 页；关于列奥米尔的大象的讨论，参见路易丝·伊丽莎白·罗宾斯,《大象奴隶与被娇惯的鹦鹉：十八世纪巴黎的外来动物》(巴尔的摩：约翰斯·霍普金斯大学出版社，2002 年)，第 19 页。
12. 让–巴蒂斯特·贝库尔,“贝库尔先生对莫杜伊先生于 1774 年 11 月发表在《物理学》杂志的信进行了回复”，回信发表于《百科全书》杂志第 5 期（1775 年)：第 143 页，法伯的“标本剥制术的发展”，第 557 页引用了该内容。

13. 法伯,“标本剥制术的发展”，第 550–560 页；斯蒂芬・L. 威廉姆斯和凯瑟琳・A. 霍克斯的“近期哺乳动物标本所使用的制备材料的历史”，收录于《哺乳动物标本管理》，编辑：休・吉诺韦斯、克莱德・琼斯和奥尔加・L. 罗索里莫（拉伯克：得克萨斯理工大学，1987 年），21–49 页；查尔斯・威尔逊・皮尔,《查尔斯・威尔森・佩尔自传》，编辑：斯坦利・哈特,《查尔斯・威尔逊・皮尔及其家族的论文选集》第 5 卷，编辑：莉莲・米勒、西德尼・哈特、大卫・C. 沃德、劳伦・E. 布朗、萨拉・C. 黑尔和莱斯利・莱因哈特（纽黑文：耶鲁大学出版社，史密森尼学会国家肖像画廊，2000 年），第 223 页。
14. 皮尔,《自传》，第 309 页。
15. 卢卡斯,“标本剥制师阿克利”，第 145 页。
16. 威廉・布洛克,《保存自然历史物品简明易行的方法》（伦敦，1817 年），引用于斯坦利・彼得・丹斯,《自然历史的艺术》（纽约州伍德斯托克：俯瞰出版社，1978 年），第 127 页。
17. 威廉・布洛克,《伦敦博物馆与万神殿展馆的配套指南》（伦敦，1813 年），第 136 页，第 109–110 页。
18. 威廉・布洛克,《配套指南》，第 iv 页。
19. 米奎尔・莫利纳,“关于韦罗兄弟的更多注释”,《普拉：博茨瓦纳非洲研究杂志》，卷 16（2002 年）：第 30–36 页。
20. 弗雷德里克・奥古斯塔・卢卡斯,“博物馆标本群组的故事”,《美国博物馆杂志》，1914 年 1 月，第 10 页。
21. 恩斯特・瓦尔特・迈尔,《动物物种和进化》（马萨诸塞州剑桥：哈佛大学出版社的贝尔纳普出版社，1963 年）。
22. 小威廉・赞德尔・利迪克,“沙漠啮齿动物亚种边界的性质及其对亚种分类学的影响”,《系统动物学》卷 11（1962 年）：第 160–171 页；休・吉诺韦斯,“博物馆藏品管理的哲学与伦理学”，见《1984 年 1 月 19 日至 25 日在加尔各答举行的热带环境中哺乳动物收藏管理研讨会会议记录》,（印度动物调查局，1988 年），第 9 页；罗伯特・E. 科勒,“亚种分类和生物调查，1850 年代至 1930 年代”，马克斯・普朗克科学促进协会预印本系列，第 240 期（2003 年），第 31–32 页，后修订为《万物：博物学家、收藏家和生物多样性，1850 年至 1950 年》的第 6 章（新泽西州普林斯顿大学出版社，2006 年）；威廉姆斯和霍克斯,“近期哺乳动物标本制备材料的历史”，第 22 页。玛丽・皮卡德・温瑟已经清楚地证明，当不列颠自然史博物馆的约翰・爱德华・格雷于 1864 年提议在博物馆的藏品中创建一个科学和教育部门时，他为这种改变的发生设立了先例。参见玛丽・皮卡德・温瑟,“阿加西的博物馆观念：愿景与神话”《自然历史的文化与机构：科学的历史和哲学论文集》，由迈克尔·特南特·吉塞林和阿伦·E. 利维顿编辑,(旧金山:加利福尼亚科学院,2000 年),第 249–271 页。

23. 关于美国动物园的历史和文化意义,详见伊丽莎白·汉森的著作《动物景点:美国动物园展示的大自然》(新泽西州普林斯顿:普林斯顿大学出版社,2002 年),第五章"自然环境"。
24. 详见马克·巴罗的"动物样本商人:美国镀金时代的自然史企业家",《生物学史杂志》卷 33(2000 年):第 502 页;萨莉·格雷戈里·科尔斯泰德的文章"亨利·奥古斯塔·沃德:商人博物学家和美国博物馆的发展",载于《自然历史书目学会杂志》第 9 卷第 4 期(1980 年):第 647 页。
25. 威廉·坦普尔·霍纳迪未经发表的自传《八十年光辉岁月》(日期不详),收录于美国国会图书馆的杂项草稿中,17 号文件夹,收录于威廉·坦普尔·霍纳迪的文件,第三章,第 26 页。
26. 约翰·F. 瑞格的著作《美国狩猎运动员与物种保护起源》第三版(科瓦利斯:俄勒冈州立大学出版社,2001 年),第 46 页。
27. 见瑞格的著作《美国狩猎运动员》,第 6–9 页。
28. 威廉·坦普尔·霍纳迪的著作《我们濒于绝迹的野生动物》(纽约:纽约动物协会,1912 年),第 54 页。
29. 见霍纳迪的著作《我们濒于绝迹的野生动物》,第 54 页。
30. 见霍纳迪的著作《我们濒于绝迹的野生动物》,第 56 页。
31. 见霍纳迪的著作《我们濒于绝迹的野生动物》,第 117 页。
32. 见霍纳迪的著作《我们濒于绝迹的野生动物》,第 101 页。
33. 见霍纳迪的著作《我们濒于绝迹的野生动物》,第 384 页。
34. 见霍纳迪的著作《我们濒于绝迹的野生动物》,第 105 页。
35. 见霍纳迪的著作《我们濒于绝迹的野生动物》,第 278 页。
36. 见霍纳迪的著作《我们濒于绝迹的野生动物》,第 396 页。
37. 见霍纳迪的著作《我们濒于绝迹的野生动物》,第 392 页。
38. 道格拉斯·布林克利,"边疆的先知",奥杜邦杂志 2010 年 11–12 月号。

第 1 章

1. 查尔斯·哈斯金斯·汤森,"纪念弗雷德里克·奥古斯塔·卢卡斯",《海雀》杂志,卷 47(1930 年):第 147–148 页。
2. 霍纳迪,《八十年光辉岁月》,第 3 章,第 25 页。关于霍纳迪的传记,请参阅詹姆斯·安德鲁·道尔夫的《将野生动物带到数百万人面前:威廉·坦普尔·霍纳迪

1854 至 1896 年的早期岁月》(博士论文，马萨诸塞大学出版社，1975 年)。
3. 爱德华·西尔维斯特·摩斯，“笔记”，《美国博物学家》杂志，1873 年 4 月，第 250、252 页；霍纳迪，《八十年光辉岁月》，第 2 章，第 24 页。
4. 霍纳迪，《八十年光辉岁月》，第 2 章，第 23–24 页；罗斯维尔·豪厄尔·沃德，《亨利·奥古斯塔·沃德：美国博物馆建设者》(纽约罗切斯特：罗切斯特历史学会，1948 年)，第 173–174 页。
5. 霍纳迪，《八十年光辉岁月》，第 3 章，第 25 页。
6. 沃德，《亨利·奥古斯塔·沃德》，第 34 页。
7. 沃德，《亨利·奥古斯塔·沃德》，第 123 页。
8. 沃德，《亨利·奥古斯塔·沃德》，第 130 页。
9. 沃德，《亨利·奥古斯塔·沃德》，第 131 页。
10. 沃德，《亨利·奥古斯塔·沃德》，第 157–158 页。
11. 卢卡斯，《博物馆工作五十年》，第 9 页；沃德，《亨利·奥古斯塔·沃德》，第 163 页。
12. 卢卡斯，《博物馆工作五十年》，第 11 页。
13. 沃德，《亨利·奥古斯塔·沃德》，第 163 页；卢卡斯，《博物馆工作五十年》，第 10 页；汤森，“纪念卢卡斯”，第 148 页。
14. 沃德，《亨利·奥古斯塔·沃德》，第 172 页。
15. 卢卡斯，《博物馆工作五十年》，第 11–12 页。
16. 汤森，“纪念卢卡斯”，第 148 页。
17. 霍纳迪在沃德家中的描述来自霍纳迪的《八十年光辉岁月》，第 3 章，第 27 页。
18. 霍纳迪，《八十年光辉岁月》，第 3 章，第 27 页。
19. 霍纳迪，《八十年光辉岁月》，第 2 章第 19 页、第 3 章第 27 页。霍纳迪写道：“他的第一只鸟标本是一只‘大白鹈鹕’，但大白鹈鹕是一种生活在欧洲东南地区、亚洲和非洲的动物；鉴于霍纳迪的标本是在艾奥瓦州埃姆斯市的艾奥瓦州立大学收集的，这只鸟应该是一只美洲鹈鹕。”
20. 霍纳迪，《八十年光辉岁月》，第 3 章，第 29 页。
21. 霍纳迪，《八十年光辉岁月》，第 4 章，第 32 页。
22. 霍纳迪，《八十年光辉岁月》，第 4 章，第 36 页、第 39 页。这个标本在美国科学界引起了轰动，因为它是被采集来用于科学研究的第一只美国鳄鱼。霍纳迪相信它是新物种，写了一篇相关的文章“佛罗里达州的鳄鱼”，发表于《美国博物学家》，卷 9.9（1875 年 9 月）：第 498–504 页。后来霍纳迪的佛罗里达鳄鱼被确认为美洲鳄的次异名，这种鳄鱼在整个中美洲和南美洲都有分布，分布范围最北到达比斯坎湾。对这一物种的首次描述由著名的博物学家乔治·居维叶于 1807 年提出。

23. 霍纳迪,《八十年光辉岁月》，第 4 章，第 47–49 页。
24. 道尔夫,《将野生动物带到数百万人面前》，第 79 页。
25. 斯特凡·贝克特尔,《霍纳迪先生的战争：一位不寻常的维多利亚时代的动物园饲养员是如何为野生动物孤军奋战，改变了世界》（波士顿：灯塔出版社，2012 年），第 100 页。
26. 道尔夫,《将野生动物带到数百万人面前》，第 140 页。
27. 埃利奥特·考斯,“对于麦克斯韦女士的科罗拉多哺乳动物展览的评论”，收录于《平原之上与山峰之间，又名，麦克斯韦女士如何制作她的博物学收藏品》，作者：玛丽·艾玛·达特·汤普森和玛莎·麦克斯韦（费城：克拉克斯顿、雷姆森与哈菲林格出版公司，1878 年），第 217 页。关于玛莎·麦克斯韦的传记，参见玛克辛·本森的《玛莎·麦克斯韦：落基山博物学家》（林肯分校：内布拉斯加大学出版社，1986 年）。
28. “我们的百年纪念：第八封信”,《森林与溪流》杂志，1876 年 8 月 3 日，第 423 页。
29. 威廉·霍纳迪,《丛林中的两年》（纽约：斯克里布纳之子公司，1886 年），第 4 页。
30. “寻找科学”,《圣路易斯 – 环球民主党报》，1879 年 6 月 15 日，第 11 页；霍纳迪，《丛林中的两年》，第 2 页；威廉·霍纳迪,《标本剥制术和动物采集》（纽约：克里布纳之子公司，1902 年），第 9–10 页（要获取霍纳迪的工具的完整清单，请参阅此来源）。
31. 威廉·坦普尔·霍纳迪写给亨利·奥古斯塔·沃德的信，日期为 1877 年 11 月 27 日，存于亨利·奥古斯塔·沃德文集（HAWP）；霍纳迪,《丛林中的两年》，第 202 页。
32. 亨利·奥古斯塔·沃德写给亚历山大·阿加西兹的信，日期为 1878 年 3 月 31 日，存于博物馆馆长文集的亚历山大·阿加西兹部分（AAMDP）；威廉·坦普尔·霍纳迪写给亨利·奥古斯塔·沃德的信，日期为 1877 年 12 月 3 日至 1878 年 1 月 13 日，存于亨利·奥古斯塔·沃德文集（HAWP）。
33. 霍纳迪,《丛林中的两年》，第 217 页。哈佛大学的比较动物学博物馆（MCZ）于 1973 年放弃了该标本。请参见哈佛大学比较动物学博物馆哺乳动物学部门的标本目录。
34. 弗雷德里克·史密斯·韦伯斯特,“栖息地群组的诞生——写于他 95 岁时的回忆录”，收录于《卡内基博物馆年度报告》卷 30（1945 年）：第 101–102 页。
35. 鲁思文·迪恩,“乔治·伯里特·森内特的野外笔记摘录”,《海雀》杂志，1923 年 10月，第 632 页。

36. 韦伯斯特,“栖息地群组的诞生”，第 102 页。
37. 韦伯斯特,“栖息地群组的诞生”，第 104 页。
38. 韦伯斯特,“栖息地群组的诞生”，第 105 页。
39. “在家里制作动物标本”,《沃德自然科学公报》，1883 年 1 月 1 日，第 13 页。
40. 查尔斯・哈斯金斯・汤森,“与鸟儿共度的旧时光：带两张肖像的自传”,《秃鹰》杂志，卷 29 第 5 期（1927 年 9 ~ 10 月)，第 224–232 页。
41. “寻找科学”,《圣路易斯 – 环球民主党报》，1879 年 6 月 15 日，第 11 页。
42. 霍纳迪,《丛林中的两年》，第 371 页。
43. 霍纳迪,《标本剥制术和动物采集》，第 230 页。
44. 霍纳迪,《八十年光辉岁月》，第 8 章。
45. 霍纳迪,《标本剥制术和动物采集》，第 230 页。
46. 霍纳迪,《标本剥制术和动物采集》，第 230 页。
47. 乔治・布朗・古德,《1893 年美国国家博物馆年度报告》(华盛顿特区：美国政府出版局，1895 年)，第 42 页。
48. 霍纳迪,《标本剥制术和动物采集》，第 231 页。
49. 霍纳迪,《标本剥制术和动物采集》，第 231 页。
50. 霍纳迪,《标本剥制术和动物采集》，第 231 页；霍纳迪,《丛林中的两年》，第 371 页。
51. 霍纳迪,《标本剥制术和动物采集》，第 233 页;《华盛顿邮报》，1883 年 8 月 17 日，第 1 页。
52. 韦伯斯特,“栖息地群组的诞生”，第 106 页。
53. 《1880 至 1881 年美国动物标本剥制师协会首份年度报告》(纽约罗切斯特:《民主党和纪事报》书刊印刷公司，1881 年)，第 24 页。
54. 《美国动物标本剥制师协会首份年度报告》，第 13 页、第 24 页。
55. 《美国动物标本剥制师协会首份年度报告》，第 13 页。
56. 在 19 世纪 50 年代和 60 年代，一群德国博物学家松散地组织在一起，在德国发起了一场类似的运动，他们称之为“实用自然史”。领头人是标本剥制师菲利普・利奥波德・马丁，他提倡生物学群组展览的“自然性”和“趣味性”。关于这场运动的深入讨论，详见林恩・K. 尼雅特的《现代自然：德国生物学观点的崛起》(芝加哥：芝加哥大学出版社，2009 年)。
57. 《美国动物标本剥制师协会首份年度报告》卷 1，第 17 页。

第 2 章

1. 威廉·坦普尔·霍纳迪,《野生动物围捕》(纽约：斯克里布纳之子公司，1925 年)，第 299 页。
2. “我们的罗切斯特来信”,《森林与溪流》，1880 年 12 月 23 日，第 409 页；“第一届标本剥制师展览”,《纽约论坛报》的来信，1880 年，再版于《沃德自然科学公报》卷 1 第 1 期 (1881 年 6 月 1 日)：第 14 页。
3. “第一届标本剥制师展览”，第 14 页。
4. “第一届标本剥制师展览”，第 14 页；霍纳迪,《标本剥制术和动物采集》，第 223 页。
5. “第一届标本剥制师展览”，第 14 页。
6. 韦伯斯特,“栖息地群组的诞生”的诞生，第 108 页。
7. 《美国剥制师协会首份年度报告》卷 1，第 10 页。
8. 韦伯斯特,“栖息地群组的诞生”的诞生，第 107 页。
9. 韦伯斯特,“栖息地群组的诞生”的诞生，第 107 页。
10. 韦伯斯特,“栖息地群组的诞生”的诞生，第 107 页。
11. 约翰·詹姆斯·奥杜邦,《美国鸟类：美国及其领土的鸟类图鉴》，卷 6 (费城：约翰·鲍恩，1843 年)，第 143 页。
12. 弗兰克·M. 查普曼,《一座火烈鸟城市：记录最近对一个鲜为人知的鸟类学领域的探索》,《世纪》杂志，卷 69，第 2 期 (1904 年 12 月)：第 164 页；“笔记和新闻”,《海雀》杂志，卷 22 (1905 年)：第 109 页。本文描绘了一组由查普曼设计、并于 1905 年安装于美国自然博物馆的复杂的筑巢美洲火烈鸟的立体全景模型。
13. 在《栖息地立体景观模型：自然历史博物馆中的荒野幻觉》(瑞典斯德哥尔摩：阿尔姆奎斯特与维克塞尔出版社，1993 年) 的第 18 页中，卡伦·万德斯错误地以为“评委们……之所以拒绝韦伯斯特的火烈鸟群组，是因为它的背景是绘制出来的……霍纳迪的红毛猩猩展，相比之下，虽然呈现的场景更为夸张，却获得了最高奖项，这是因为它没有一个绘制的背景。”直到 1884 年，沃德将“在家中的火烈鸟”加入了密尔沃基博物馆的动物学系列馆藏时，它才有了彩绘背景。
14. 韦伯斯特,“栖息地群组的诞生”，第 108 页。
15. 霍纳迪,《八十年的光辉岁月》，第 8 章。
16. 霍纳迪,《八十年的光辉岁月》，第 8 章。
17. 霍纳迪,《标本剥制术和动物采集》，第 232 页。
18. 《美国动物标本剥制师协会首份年度报告》，第 19 页。
19. “一场成功展览的最后一夜”,《罗切斯特民主党和纪事报》，1880 年 12 月 23 日，再版于《沃德自然科学公报》卷 1 第 1 期（1881 年 6 月 1 日），第 14 页。

20. 《1881 至 1882 年美国动物标本剥制师协会第二份年度报告》（纽约罗切斯特：《民主党和纪事报》书刊印刷公司，1882 年），第 34 页。
21. 《美国动物标本剥制师协会第二份年度报告》，第 34 页。
22. 《美国动物标本剥制师协会第二份年度报告》，第 35 页。
23. 考斯，“对于麦克斯韦女士的展览的评论”，第 217 页。
24. 《美国动物标本剥制师协会首份年度报告》，第 24 页。
25. 《美国动物标本剥制师协会第二份年度报告》，第 35–36 页。
26. 《美国动物标本剥制师协会第二份年度报告》，第 36–37 页。
27. 《美国动物标本剥制师协会第二份年度报告》，第 37 页。
28. 《美国动物标本剥制师协会第二份年度报告》，第 37 页。
29. “鳍、毛皮和羽毛”，《波士顿日报》，1881 年 12 月 15 日。
30. 《波士顿晚报》，1881 年 12 月 15 日。
31. 1881 年 12 月 15 日的《波士顿日报》和《波士顿晚报》中，记者对它的描述都是“一只印度象，高 2 英尺 9 英寸，去世时不过 6 到 8 个月大”，几乎可以肯定他们都是根据展览目录来撰写报道的。
32. 美国标本剥制师协会的展览目录经常会使用“突然”这个词来描述群体中所发生的动作。对于剥制师来说，重要的是通过捕捉自然界中的一个意外瞬间（通常发生在捕食者与猎物之间），让展品传达出一种确切的动态感。
33. 玛丽·伊丽莎白·温莱特·杰弗里是美国标本剥制师协会的成员，她为第二届展览设计了两只小鸡形笔洗、两只小猫形拭笔洗（可能是为了吸掉羽毛笔的墨水），以及一条地毯（带着一个被做成了标本的土拨鼠头）。第二届年度报告还没出版，她就被列为已故：“纽约，1882 年 10 月 15 日。”
34. 《美国动物标本剥制师协会第二份年度报告》，第 10 页。
35. 霍纳迪，《标本剥制术和动物采集》，第 220 页。
36. 霍纳迪，《标本剥制术和动物采集》，第 221 页。
37. 归玛丽·伊丽莎白·温莱特·杰弗里所有。
38. 《沃德自然科学公报》，卷 1 第 2 期（1882 年 1 月 1 日），第 13 页。
39. “标本剥制师协会”，《沃德自然科学公报》，卷 2 第 1 期（1883 年 1 月 1 日），第 2 页。
40. 《沃德自然科学公报》，卷 1 第 3 期（1882 年 4 月 1 日），第 1 页。
41. 这些数据来自《美国动物标本剥制师协会首份年度报告》第 20 页和《美国动物标本剥制师协会第二份年度报告》25–26 页的财务报告。协会在第二届展览中的支出超过了其收入 314 美元。广告费用为 191.88 美元，而前一年仅花费 34.36 美元。

42. 《美国动物标本剥制师协会第二份年度报告》，第 22–23 页。
43. 广告,《波士顿先驱报》，1881 年 12 月 15 日和 16 日。
44. 古德,《1893 年美国国家博物馆年度报告》，第 44 页。
45. 古德,《1893 年美国国家博物馆年度报告》，第 42 页。
46. 卢卡斯,《博物馆工作五十年》，第 14 页。
47. 这本书价值 45 美元。
48. 威廉・坦普尔・霍纳迪写给亨利・奥古斯塔・沃德（以美国标本剥制师协会为信头）的信，日期为 1882 年 10 月 4 日至 12 日，存于亨利・奥古斯塔・沃德文集（HAWP）。
49. 威廉・坦普尔・霍纳迪写给亨利・奥古斯塔・沃德的信，日期为 1882 年 10 月 15 日至 18 日，存于亨利・奥古斯塔・沃德文集（HAWP）
50. 威廉・坦普尔・霍纳迪写给亨利・奥古斯塔・沃德的信，日期为 1882 年 10 月 27 日，存于亨利・奥古斯塔・沃德文集（HAWP）。
51. 威廉・坦普尔・霍纳迪写给亨利・奥古斯塔・沃德的信，日期为 1882 年 12 月 2 日至 10 日，存于亨利・奥古斯塔・沃德文集（HAWP）。
52. 威廉・坦普尔・霍纳迪写给亨利・奥古斯塔・沃德的信，日期为 1882 年 12 月 14 日，存于亨利・奥古斯塔・沃德文集（HAWP）。
53. “标本剥制师协会”，第 2 页。
54. 威廉・坦普尔・霍纳迪写给亨利・奥古斯塔・沃德的信，日期为 1882 年 12 月 22 日，存于亨利・奥古斯塔・沃德文集（HAWP）。
55. 霍纳迪,《八十年的光辉岁月》，第 15 章。
56. 安德鲁・卡内基,《环游世界》,（纽约：斯克里布纳之子公司，1884 年），第 161 页。
57. 《1882 至 1883 年美国动物标本剥制师协会第三份年度报告》（纽约罗切斯特:《民主党和纪事报》书刊印刷公司，1883 年），第 35 页。
58. “作为一门艺术的标本剥制术”,《纽约时报》，1883 年 5 月 1 日。
59. 约瑟夫・巴西特・霍尔德,“约瑟夫・巴西特・霍尔德的讲话”，载于《美国标本剥制师协会第三份年度报告》，第 43 页。
60. 霍尔德,“约瑟夫・巴西特・霍尔德的讲话”，第 43 页。
61. 霍尔德,“约瑟夫・巴西特・霍尔德的讲话”，第 43 页。
62. 霍尔德,“约瑟夫・巴西特・霍尔德的讲话”，第 43 页。
63. 霍尔德,“约瑟夫・巴西特・霍尔德的讲话”，第 46 页。
64. 霍尔德,“约瑟夫・巴西特・霍尔德的讲话”，第 43 页。
65. 卢卡斯,“标本剥制的范畴和需求”，载于《美国标本剥制师协会第三份年度报告》，第 53 页。

66. 劳拉·纽博尔德·伍德·罗珀，《FLO：弗雷德里克·劳·奥姆斯特德的传记》（1973 年版；重印，巴尔的摩：约翰霍普金斯大学出版社，1983 年），第 292 页。尽管奥姆斯特德不同意沃克斯将景观建筑分类为美术的一种，但他向公众介绍了沃克斯的概念，因此常被认为推动了该概念的发展。
67. 卢卡斯，“标本剥制的范畴和需求”，第 52 页。
68. 卢卡斯，“标本剥制的范畴和需求”，第 53 页。
69. 卢卡斯，“标本剥制的范畴和需求”，第 53 页。
70. 卢卡斯，《博物馆工作五十年》，第 12 页。
71. 卢卡斯，“标本剥制的范畴和需求”，第 56 页。
72. “美国标本剥制师的展览”，《森林与溪流》，卷 20 第 14 期（1883 年 3 月 3 日）：第 267 页。
73. 霍纳迪，《标本剥制术和动物采集》，第 112 页。
74. 霍纳迪，《野生动物围捕》，第 303 页。
75. 以下描述霍纳迪制作大象芒戈标本的文字及引用的段落（除非另有说明），均摘自弗雷德里克·奥古斯塔·卢卡斯的文章“芒戈的制作”，《科学》杂志，卷 7 第 193 期（1886 年），第 337–341 页。
76. “美国标本剥制师协会”，《科学美国人》，卷 48 第 20 期（1883 年 5 月 19 日）：第 305 页。
77. 霍纳迪，《野生动物围捕》，第 303 页。
78. “美国标本剥制师协会”，第 305 页。
79. 罗伯特·威尔逊·薛斐尔，“用于博物馆的科学标本剥制术”，发表于《美国国家博物馆的年度报告，截至 1892 年 6 月 30 日》，（华盛顿特区：美国政府出版局，1893 年），第 426 页。
80. “标本剥制师的展览”，《沃德自然科学公报》，卷 2 第 2 期（1883 年 4 月 1 日）：第 13 页。
81. “美国标本剥制师的展览”，第 267 页。
82. 托马斯·W. 弗雷纳，“标本剥制师的展览”，《森林与溪流》，卷 20 第 16 期（1883 年 5 月 17 日）：第 305 页。
83. “美国标本剥制师的展览”，第 267 页。
84. 卢卡斯，“标本剥制师阿克利”，第 144 页。
85. 请参见“抓拍”，《户外生活杂志》，1893 年 1 月 26 日，第 1 页；以及柯林顿·哈特·梅里厄姆，“对于生物调查起源和早期时代的回顾”，《调查》杂志，卷 16 第 3 期（1933 年 3 月），第 4 页。

86. “抓拍”，第 1 页。
87. 卢卡斯，“标本剥制师阿克利”，第 144 页。
88. 阿克利，《在最明亮的非洲》，第 7–8 页。
89. 《哈泼周刊》，1883 年 5 月 5 日。
90. “美国标本剥制师的展览”，第 267 页。
91. “我们的鸭嘴兽群组”，《沃德自然科学公报》卷 2 第 2 期（1883 年 4 月 1 日）：第 9 页。虽然剥制师协会的成员们并不知道这个群组标本的任何前身，但值得注意的是，1787 年，查尔斯·威尔逊·皮尔在他位于隆巴德街的费城博物馆中展出了一个类似的水生栖息地群组。关于展览的详细描述，请参见皮尔的《自传》，第 221–222 页、第 309 页。关于皮尔与欧洲博物馆之间展览技术的比较，请参见托比·A·阿佩尔，“科学，流行文化与收益：皮尔的费城博物馆”，《自然历史书目学会杂志》，卷 9（1980 年），第 619–634 页。
92. “我们的鸭嘴兽群组”，第 9 页。
93. “我们的鸭嘴兽群组”，第 9 页。
94. “标本剥制师的展览”，第 13 页。
95. “标本剥制师的展览”，第 13 页。
96. “标本剥制师的展览”，第 13 页。
97. 霍纳迪，《标本剥制术和动物采集》，第 249–250 页。
98. 《美国标本剥制师协会第三份年度报告》，第 11 页。
99. 霍纳迪，《标本剥制术和动物采集》，第 249–250 页。
100. 《美国标本剥制师协会第三份年度报告》，第 112–114 页。
101. “标本剥制术的革命”，《纽约商业广告报》，1883 年 5 月 3 日，再版于《沃德自然科学公报》卷 2 第 2 期（1883 年 4 月 1 日）：第 16 页。
102. “标本剥制师协会”，第 2 页。
103. 《美国标本剥制师协会第三份年度报告》，第 7 页。
104. 《1884 年史密森尼学会董事会年度报告》，（华盛顿特区：美国政府出版局，1885 年），第 66 页。
105. 威廉·坦普尔·霍纳迪，就新奥尔良博览会上的展览致美国标本剥制师协会成员的通函，1884 年 8 月 4 日，收录于史密森尼学会档案馆 70 号档案组；爱德华·奥斯汀·柏克写给乔治·布朗·古德的信，1884 年 8 月 4 日，收录于史密森尼学会档案馆 70 号档案组；史密森尼学会和美国国家博物馆的博览会报告，1867 ~ 1940 年，收录于史密森尼学会档案馆 70 号档案组；威廉·坦普尔·霍纳迪写给弗雷德里克·史密斯·韦伯斯特的信，1884 年 9 月 13 日，收录于史密森尼学会档案馆 210 号档案组；标本剥制师，美国国家博物馆，1883 ~ 1889 年，收录于史密森尼学会档案馆 70 号档案组。

106. 没有留存下来表明是否颁发了奖项的记录，但考虑到没有展出新的标本，也没有任何标本剥制师协会的成员通过国家博物馆以外的途径参展，因此有理由认为没有颁发任何奖项。

107. 霍纳迪，致成员的通函。

108. 霍纳迪，致成员的通函。

109.《国家共和报》，1884 年 5 月 19 日，第 4 页;《华盛顿邮报》，1884 年 5 月 19 日，第 1 页。

110.《新奥尔良时代民主报》，1885 年 1 月 8 日。

111. “从一个狩猎运动员的角度来看世界博览会”,《森林与溪流》，第 24 卷第 4 期（1885 年 2 月 19 日），第 64 页。

112. 霍纳迪,《八十年的光辉岁月》，第 8 章；卢卡斯,《博物馆工作五十年》，第 15 页。

113. “标本剥制艺术的好坏之分”,《科学美国人》，卷 55 第 9 期（1886 年 8 月 28 日），第 129 页。

114. “在标本剥制师的工作室中：动物宠物如何被填充和制成标本”,《华盛顿邮报》，1885 年 8 月 10 日，第 1 页。

115. 霍纳迪,《八十年的光辉岁月》，第 8 章。

116. 霍纳迪,《八十年的光辉岁月》，第 8 章。

117. 霍纳迪,《八十年的光辉岁月》，第 8 章。

118. 卢卡斯,《博物馆工作五十年》，第 15 页。

第 3 章

1. 弗雷德里克·奥古斯塔·卢卡斯，“近期灭绝或面临灭绝威胁的动物在美国国家博物馆藏品中的体现”《史密森尼学会董事会年度报告，截至 1889 年 6 月 30 日》,（华盛顿特区：美国政府出版局，1891 年），第 609 页。

2.《史密森尼学会董事会年度报告，截至 1886 年 6 月 30 日》,（华盛顿特区：美国政府出版局，1889 年），第 80–81 页。

3. “美国国家博物馆准备在新奥尔良博览会上展出的哺乳动物标本的清单及分类”，1884 年 5 月 14 日，收录于史密森尼学会档案馆 70 号档案组。

4.《史密森尼学会指导下的美国国家博物馆的年度报告，截至 1886 年 6 月 30 日》,（华盛顿特区：美国政府出版局，1889 年），第 79 页。

5. 威廉·坦普尔·霍纳迪，“美洲野牛的灭绝”，载于《史密森尼学会董事会年度报告，截至 1887 年 6 月 30 日》，第 529 页。

6. 布里顿·库珀·布施,《对抗海豹的战争：北美捕猎海豹业史》(金斯顿：麦吉尔－皇后大学出版社，1985年)。
7. 查尔斯·哈斯金斯·汤森,“加利福尼亚的海之象”,《森林与溪流》，1887年1月13日，第485页。
8. 本文和以下段落的信息(除非另有说明)，均来自汤森,“加利福尼亚的海之象”，第485页；以及查尔斯·哈斯金斯·汤森,“象海豹并未灭绝”,《世纪》杂志，1912年6月，第205–211页。
9. 汤森,“加利福尼亚的海之象”，第485页。
10. 汤森,“象海豹并未灭绝”，第206页。
11. 汤森,“加利福尼亚的海之象”，第485页。
12. 汤森,“加利福尼亚的海之象”，第485页。
13. 汤森,“加利福尼亚的海之象”，第485页。
14. 霍纳迪,“美洲野牛的灭绝”，前言，第371页。
15. 丹·弗洛雷斯,《美国塞伦盖蒂：大平原上最后的大型动物》，堪萨斯州劳伦斯：堪萨斯大学出版社，2016年，第122–124页。弗洛雷斯找到了历史证据，证明谢里登将军甚至并没有出席那次审判。但人们却常常反复地引用那句以为是他在审判中所说过的话：“他们正在摧毁印第安人的食品库存……给他们送去火药和子弹……让他们对野牛进行屠杀、剥皮和出售，直至水牛灭绝，而他们这样做是为了让和平持续下去。”
16. 丹尼尔·霍斯勒·奥布莱恩,《大平原野牛》(林肯分校：内布拉斯加大学出版社，2017年)，第34页。
17. 这段及下一段的信息提取自霍纳迪的“美洲野牛的灭绝”，第530页。
18. 霍纳迪,《八十年的光辉岁月》，第10章，第20页。
19. 霍纳迪,“美洲野牛的灭绝”，第532–534页。
20. 霍纳迪,“美洲野牛的灭绝”，第396页。
21. 威廉·坦普尔·霍纳迪,“水牛的消失(一)”,《大都会》杂志卷4(1887年10月)，第91页。
22. 霍纳迪,“水牛的消失(一)”，第92页。
23. 霍纳迪,《八十年的光辉岁月》，第10章，第20页。
24. 《华盛顿邮报》，1886年8月30日，第2页。
25. “国家博物馆的野牛”,《森林与溪流》卷28，第6期(1877年3月)，第3页。
26. 霍纳迪,“美洲野牛的灭绝”，第545页。
27. 弗雷德里克·奥古斯塔·卢卡斯,“芬克岛的远征，对大海雀的历史和解剖观察”，载于《1888年美国国家博物馆的报告》(华盛顿特区：美国政府印刷局，1890

年），第 493 页。

28. 卢卡斯，“近期灭绝或面临灭绝威胁的动物馆藏”，第 610 页。
29. 弗雷德里克·奥古斯塔·卢卡斯，“正式灭绝”，《森林与溪流》卷 28（1887 年 3 月 3 日），第 104 页。
30. 卢卡斯，“正式灭绝”，第 104 页。
31. 布伦特·S. 斯图尔特和哈丽雅特·R. 休伯，“北象海豹”，《哺乳类物种》第 449 期（1993 年 11 月 15 日）：第 1–10 页。
32. 卢卡斯，“芬克岛的远征”，第 507 页。
33. 卢卡斯，“芬克岛的远征”，第 719 页。
34. 卢卡斯，“芬克岛的远征”，第 512 页。
35. 卢卡斯，“芬克岛的远征”，第 512 页。
36. 卢卡斯，“芬克岛的远征”，第 512 页。
37. 卢卡斯，“芬克岛的远征”，第 613 页。
38. 霍纳迪，“美洲野牛的灭绝”，第 522 页。
39. 《美国国家博物馆关于截至 1888 年 6 月 30 日的一年中的状况和进展的报告》，（华盛顿特区：美国政府出版局，1889 年），第 20 页。
40. 霍纳迪，《八十年的光辉岁月》，第 9 章，第 5 页；“华盛顿的野牛”，《森林与溪流》卷 30 第 13 期（1888 年 4 月 19 日）；霍纳迪，“美洲野牛的灭绝”，第 463 页。
41. 《华盛顿星报》，1887 年 11 月 12 日。
42. 霍纳迪，《标本剥制术和动物采集》，第 233 页。
43. 霍纳迪，《标本剥制术和动物采集》，第 233 页。
44. 霍纳迪，《标本剥制术和动物采集》，第 233 页。
45. 霍纳迪，《标本剥制术和动物采集》，第 244 页。
46. “我们的鸭嘴兽群组”，第 9 页。
47. 霍纳迪，“美洲野牛的灭绝”，第 403 页。
48. 霍纳迪，《标本剥制术和动物采集》，第 246 页。
49. 霍纳迪，《标本剥制术和动物采集》，第 246 页。
50. 霍纳迪，《标本剥制术和动物采集》，第 246 页。
51. 霍纳迪，《标本剥制术和动物采集》，第 246 页。
52. 《华盛顿星报》，1888 年 3 月 10 日。
53. 霍纳迪，《标本剥制术和动物采集》，第 244 页。
54. 《芝加哥新闻报》的一封信，后来重印于“早餐桌”，《波士顿每日广告报》，1887 年 4 月 16 日，第 4 版。
55. 《芝加哥新闻报》的一封信，后来重印于“早餐桌”，《波士顿每日广告报》，1887

年4月16日，第4版。

56. “致编辑的信”,《波士顿每日广告报》，1887年4月25日，第4版。
57. 《波士顿每日广告报》，1887年4月25日，第4版。
58. 乔治·布朗·古德,《史密森尼学会董事会年度报告及美国国家博物馆的年度报告，截至1888年6月30日》(华盛顿特区：美国政府出版局，1890年)，第60页。
59. 罗伯特·威尔逊·薛斐尔,“用于博物馆的科学标本剥制术”，发表于《美国国家博物馆的年度报告，截至1892年6月30日》,(华盛顿特区：美国政府出版局，1893年)，第422页。
60. 保罗·波特（1625 ~ 1654）是荷兰的一位风景和动物画家。薛斐尔,“博物馆的科学标本制作”，423页。
61. “毁灭的故事”,《森林与溪流》卷31第10期（1888年)，第181页。
62. “毁灭的故事”，第181页。
63. 苏珊·雷伊·斯塔尔,“工艺与商品，混沌与超越：在标本剥制和自然历史的案例中，正确的工具如何变成了错误的工具”，收录于《工作中的正确工具：20世纪生命科学中的工作》，由阿黛尔·克拉克和琼·藤村秀子编辑，普林斯顿大学出版社，1992年，第281页。
64. 《史密森尼学会指导下的美国国家博物馆的年度报告，截至1889年6月30日》,(华盛顿特区：美国政府出版局，1891年)，第166页。
65. 霍纳迪,“美洲野牛的灭绝”，第528页。
66. 关于建立美国国家动物园的深入讨论，请参阅小弗农·M.基斯林,《美国动物园的起源和直至1899年的发展》和海伦·莱夫科维茨·霍洛维茨,“国家动物园：‘避难城’还是动物园？”，收录于《新世界新动物：19世纪，从私人动物展到公共动物园》，由罗伯特·J.霍奇和威廉·A.戴斯编辑，约翰·霍普金斯大学出版社于1996年出版。有关美国动物园的历史和文化意义的详细记述，请参阅汉森,《动物景点》。
67. 霍纳迪,《八十年的光辉岁月》，第9章，第16页。
68. 霍纳迪,《八十年的光辉岁月》，第11章；道尔夫,《将野生动物带到数百万人面前》，第668页。
69. 霍纳迪,《八十年的光辉岁月》，第11章。
70. “纽约华丽的动物园”,《纽约时报》，1896年5月3日，第28页。
71. 汤森,“纪念卢卡斯”；大卫·斯塔尔·乔丹,《一个人的日子：一位博物学家，教师和民主政治小先知的回忆》，第1卷,(纽约：世界图书出版公司，1922年)，第552页。
72. 乔丹,《一个人的日子》，第611页。

第 4 章

1. 弗雷德里克·史密斯·韦伯斯特,“装饰性标本剥制”，收录于《美国标本剥制师协会第三份年度报告》，第 62 页。
2. 对于现代博物馆的发展和建筑设计的概述，请参见萨莉·格雷戈里·科尔斯泰德和保罗·布林克曼的“构建大自然：美国自然历史博物馆的成长期”,《加利福尼亚州科学院会议录》，第 55 卷，第 2 期，补充材料 1 号,（2004 年 9 月 30 日）：7–33 页。另请参见史蒂芬·康恩的《博物馆与美国的智识生活，1876 ~ 1926》（芝加哥：芝加哥大学出版社，1998 年），第 2 章。
3. 威廉·坦普尔·霍纳迪写给亨利·奥古斯塔·沃德的信，1882 年 5 月，存于亨利·奥古斯塔·沃德文集（HAWP）。
4. 韦伯斯特,“装饰性标本剥制”，收录于《美国标本剥制师协会第三份年度报告》，第 62–63 页。
5. 韦伯斯特,“装饰性标本剥制”，收录于《美国标本剥制师协会第三份年度报告》，第 62–63 页。
6. 韦伯斯特,“装饰性标本剥制”，收录于《美国标本剥制师协会第三份年度报告》，第 62–63 页。
7. 韦伯斯特,“装饰性标本剥制”，收录于《美国标本剥制师协会第三份年度报告》，第 62 页。
8. 《华盛顿邮报》，1891 年 5 月 18 日，第 4 版；“杰克森的战马标本”,《华盛顿邮报》，1887 年 3 月 5 日，第 4 版；“总统的鹿标本”，1886 年 10 月 19 日，第 2 版。
9. 阿克利,《在最明亮的非洲》，第 15 页。
10. 阿克利,《在最明亮的非洲》，第 9 页。
11. 阿克利,《在最明亮的非洲》，第 7 页。
12. 威廉·莫顿·惠勒,“卡尔·阿克利的早期工作与环境”,《自然历史》，卷 27 第 2 期（1927 年 3 ~ 4 月），第 138 页。
13. 惠勒,“卡尔·阿克利的早期工作与环境”，第 135 页。
14. 惠勒,“卡尔·阿克利的早期工作与环境”，第 138 页。
15. 对于阿克利这一方法的描述来自阿克利,《在最明亮的非洲》，第 10–13 页。
16. 阿克利,《在最明亮的非洲》，第 10–13 页。
17. 威廉·莫顿·惠勒,《密尔沃基公共博物馆董事会第七份年度报告，1889 年 10 月 1 日》（密尔沃基：密尔沃基公共博物馆，1890 年），第 9 页。
18. 惠勒,“卡尔·阿克利的早期工作与环境”，第 138 页。
19. 惠勒,“卡尔·阿克利的早期工作与环境”，第 139 页。

20. 彭洛佩·博德瑞－桑德斯,《对非洲的迷恋：卡尔·阿克利的生命与遗产》第2版,(佛罗里达州杰克逊维尔：巴塔克斯博物馆出版社，1998年)，第41页。
21. 埃默森·霍夫,“威斯康星州的麋鹿”,《森林与溪流》，1895年5月11日，第369页。
22. “趁还来得及”,《森林与溪流》，1896年4月11日，第295页。
23. 《纽约时报》，1896年3月4日。
24. 详见爱德华·H.麦金利,《非洲的诱惑：美国对热带非洲的兴趣，1919 ~ 1939年》(印第安纳波利斯：鲍布斯－梅里尔出版公司，1974年)，第9–10页。
25. 亨利·费尔菲尔德·奥斯本,“主席报告”，收录于《1912年美国自然博物馆董事会第四十四份年度报告》(纽约：欧文出版社，1913年)，第16页。
26. 亨利·费尔菲尔德·奥斯本,“北美野生动物的保护”，于布恩和克罗克特俱乐部发表的讲话(为华盛顿的布恩和克罗克特俱乐部私人印刷，1904年)；亨利·费尔菲尔德·奥斯本和哈罗德·埃尔默·安东尼,《哺乳动物时代的终结》,《哺乳动物学杂志》卷3第4期(1922年11月)，第219–237页。
27. 《芝加哥论坛报》，1896年7月19日，第36页。
28. 《芝加哥论坛报》，1896年7月19日，第36页。
29. “为了菲尔德博物馆”,《芝加哥每日论坛报》，1896年11月22日，第1页。
30. “为了菲尔德博物馆”,《芝加哥每日论坛报》，1896年11月22日，第1页。
31. “为了菲尔德博物馆”,《芝加哥每日论坛报》，1896年11月22日，第1页。
32. “拆封埃利奥特教授的战利品”,《芝加哥每日论坛报》，1896年12月25日，第12页。
33. 《1897 ~ 1898年菲尔德博物馆年度报告》(芝加哥，1898年)，第193页。
34. 《1897 ~ 1898年菲尔德博物馆年度报告》(芝加哥，1898年)，第193页。
35. 《1897 ~ 1898年菲尔德博物馆年度报告》(芝加哥，1898年)，第193页。
36. 《1897 ~ 1898年菲尔德博物馆年度报告》(芝加哥，1898年)，第193页。
37. 《1897 ~ 1898年菲尔德博物馆年度报告》(芝加哥，1898年)，第193页。
38. “科学的笔记和新闻”,《科学》，1897年12月31日，第991页。
39. 《1897 ~ 1898年菲尔德博物馆年度报告》，第287页。
40. 《1897 ~ 1898年菲尔德博物馆年度报告》，第365页。
41. 彭洛佩·博德瑞－桑德斯,《对非洲的迷恋》，第68–69页，第71页。
42. 阿克利,《在最明亮的非洲》，第11页；彭洛佩·博德瑞－桑德斯,《对非洲的迷恋》，第69页。
43. 《1898 ~ 1899年菲尔德博物馆年度报告》(芝加哥，1899年)，第369页。
44. 彭洛佩·博德瑞－桑德斯,《对非洲的迷恋》，第70页。

45. 展览中包含了两只年龄不同的幼崽是不准确的，但哺乳动物学家最近才作出这样的申述。参见道格拉斯・P. 德马斯特和伊恩・格罗特・斯特林，“北极熊”，《哺乳类物种》第 145 期（1981 年 5 月 8 日），第 1–7 页。
46. 弗雷德里克・史密斯・韦伯斯特和威廉・坦普尔・霍纳迪的通信，1884 年 5 月至 1885 年 2 月，“标本剥制师的通信”，收录于史密森尼学会档案馆 210 号档案组。
47. “在标本剥制师的工作室中”，第 1 页。
48. 威廉・雅各布・霍兰德，《卡内基博物馆馆长年度报告，截至 1898 年 3 月 31 日》，（匹兹堡：默多克 – 克尔出版社，1898 年），第 11 页。
49. 霍兰德，《卡内基博物馆年度报告》1898 年，第 22 页。
50. 马鹿，或称美洲麋鹿。
51. 霍兰德，《卡内基博物馆年度报告》1898 年，第 13 页。
52. 卡伦・万德斯在《栖息地立体景观模型》（第 165 页）中对韦伯斯特的马鹿群组标本作出了错误解读，他受到了霍纳迪的影响，后者曾断定韦伯斯特这组标本“以震撼人心的力量显示出‘杰克逊霍尔地区的马鹿群’不断走向消亡的悲剧结局”（霍纳迪，《野生动物围捕》，323–324 页）。但同样存在于这一群组作品中的加州神鹫，其分布范围并没能延伸至黄石国家公园，此外，这件标本描绘的是马鹿被猎人杀死，而不是被饿死。
53. 威廉・洛弗尔・芬利，“加州神鹫生活史第二部分：历史数据和神鹫的分布范围”，《神鹫》卷 10 第 1 期（1908 年 1 月至 2 月），第 5–10 页。
54. 威廉・雅各布・霍兰德，《卡内基博物馆馆长年度报告，截至 1900 年 3 月 31 日》，（匹兹堡：默多克 – 克尔出版社，1900 年），第 12 页。
55. 这个群组作品如今在田纳西州大章克申的全美猎鸟犬博物馆展出。
56. 霍兰德，《卡内基博物馆年度报告》，1900 年，第 13 页。
57. 珍妮丝・C. 萨科和杜安・A. 施利特，“阿拉伯信使的回归：19 世纪北非沙漠中的戏剧”，《卡内基杂志》卷 62 第 2 期（1994 年），第 31–32 页、第 38–41 页。
58. 萨科和施利特，“阿拉伯信使的回归”。
59. 霍兰德，《卡内基博物馆年度报告》，1900 年，第 12 页。
60. 霍兰德，《卡内基博物馆年度报告》，1900 年，第 13–14 页。
61. 见“第十六届美国鸟类学家联合会大会”，《海雀》，1899 年 1 月，第 54 页。
62. 乔治・H. 舍伍德，《美国自然博物馆展馆通用导览》，美国自然博物馆导览册系列第 35 篇（纽约：美国自然博物馆，1911 年），第 64 页。
63. 美国鸟类学家联合会会议记录，1886 年 11 月 17 日，收录于美国鸟类学家联合会记录，史密森尼学会档案馆，7150 号档案组，5 号盒子，第 1 卷，第 251–253 页。关于此讨论的全部背景，请参阅马克・巴罗，《热爱鸟类：奥杜邦之后的美国鸟类学》(新泽西州普林斯顿：普林斯顿大学出版社，1998 年)。

64. 《卡内基博物馆馆长年度报告，截至 1901 年 3 月 31 日》，(匹兹堡，1901 年)，第 13 页。
65. "博物馆在怀俄明州的采石场的顺利开采，"《匹兹堡新闻报》，1899 年 8 月 9 日。
66. 根据卡内基博物馆鸟类馆的照片和 1911 年之前的明信片进行描述，照片和明信片收录于卡内基博物馆档案馆。
67. 请参阅马克·巴罗，《热爱鸟类》，133–134；威廉·杜彻，《1903 年美国鸟类学家联合会委员会关于保护北美鸟类的报告》，《海雀》，1904 年 1 月，121–124 页。
68. 这一组标本仍在卡内基博物馆展出，并附有原始标签。
69. 埃德·马伯尔·哈斯布罗克，《象牙喙啄木鸟（学名：Campephilus principalis）的现状》，《海雀》，1891 年 4 月，第 184 页。
70. 韦伯斯特，"装饰性标本剥制"，第 62 页。
71. 弗雷德里克·詹姆斯·沃尔尼·斯基夫写给哈洛·奈尔斯·希金博桑的信，1900 年 1 月 10 日，收录于馆长的信件——信簿，卡内基博物馆档案馆。
72. 阿克利，《在最明亮的非洲》，第 14–15 页。
73. 阿克利，《在最明亮的非洲》，第 15 页。
74. 《芝加哥论坛报》，1902 年 8 月 14 日，第 3 页。
75. 弗雷德里克·史密斯·韦伯斯特写给卡尔·伊森·阿克利的信，1902 年 4 月 2 日，收录于卡尔·伊森·阿克利文件集（CEAP–RR）。
76. "博物馆笔记"，《科学》，1903 年 5 月 29 日，第 873–874 页；弗雷德里克·史密斯·韦伯斯特写给卡尔·伊森·阿克利的信，1902 年 12 月 15 日，收录于卡尔·伊森·阿克利文件集（CEAP–RR）。
77. 威廉·阿兰森·布莱恩写给卡尔·伊森·阿克利的信，1903 年 8 月 2 日，收录于卡尔·伊森·阿克利文件集 6 号文件盒 2 号文件夹。(CEAP–RR，6.2)
78. 威廉·阿兰森·布莱恩写给卡尔·伊森·阿克利的信，1903 年 8 月 2 日，收录于卡尔·伊森·阿克利文件集 6 号文件盒 2 号文件夹。(CEAP–RR，6.2)
79. 威廉·阿兰森·布莱恩写给卡尔·伊森·阿克利的信，1903 年 8 月 2 日，收录于卡尔·伊森·阿克利文件集 6 号文件盒 2 号文件夹。(CEAP–RR，6.2)
80. 威廉·坦普尔·霍纳迪写给卡尔·伊森·阿克利的信，1901 年 1 月 11 日，收录于卡尔·伊森·阿克利文件集 3 号文件盒 3 号文件夹。(CEAP–RR，3.3)
81. 威廉·坦普尔·霍纳迪写给卡尔·伊森·阿克利的信，1901 年 1 月 11 日，收录于卡尔·伊森·阿克利文件集 3 号文件盒 3 号文件夹。(CEAP–RR，3.3)
82. 威廉·坦普尔·霍纳迪，"美国引领了世界的标本剥制艺术"，《纽约先驱论坛报》，1901 年 3 月 21 日。

83. 霍纳迪，“美国引领世界”。
84. 哈利·C. 丹斯洛写给卡尔·伊森·阿克利的信，1901 年 4 月 14 日，收录于卡尔·伊森·阿克利文件集 3 号文件盒 2 号文件夹。（CEAP–RR，3.2）
85. 威廉·坦普尔·霍纳迪写给亨利·奥古斯塔·沃德的信，1882 年 10 月 15 日至 18 日，存于亨利·奥古斯塔·沃德文集（HAWP）。
86. 威廉·坦普尔·霍纳迪写给卡尔·伊森·阿克利的信，1902 年 4 月 5 日，收录于卡尔·伊森·阿克利文件集 6 号文件盒 1 号文件夹。（CEAP–RR，6.1）
87. 威廉·坦普尔·霍纳迪写给卡尔·伊森·阿克利的信，1901 年 2 月 8 日，收录于卡尔·伊森·阿克利文件集 6 号文件盒 1 号文件夹。（CEAP–RR，6.1）
88. 阿克利，《在最光明的非洲》，17–18 页。
89. 阿克利，《在最光明的非洲》，17–18 页。
90. 沃尔特·L·比斯利，“用黏土塑造动物：标本剥制术的时代过去了”，《科学美国人》，1904 年 6 月 25 日，第 496 页、第 498 页。
91. 威廉·阿兰森·布莱恩写给卡尔·伊森·阿克利的信，1904 年 7 月 8 日，收录于卡尔·伊森·阿克利文件集 6 号文件盒 2 号文件夹。（CEAP–RR，6.2）
92. 威廉·阿兰森·布莱恩写给卡尔·伊森·阿克利的信，1904 年 7 月 8 日，收录于卡尔·伊森·阿克利文件集 6 号文件盒 2 号文件夹。（CEAP–RR，6.2）
93. 威廉·阿兰森·布莱恩写给卡尔·伊森·阿克利的信，1904 年 7 月 8 日，收录于卡尔·伊森·阿克利文件集 6 号文件盒 2 号文件夹。（CEAP–RR，6.2）
94. 阿克利，《在最明亮的非洲》，第 18 页。
95. 威廉·阿兰森·布莱恩写给卡尔·伊森·阿克利的信，1904 年 7 月 8 日，收录于卡尔·伊森·阿克利文件集 6 号文件盒 2 号文件夹。（CEAP–RR，6.2）
96. 威廉·阿兰森·布莱恩写给卡尔·伊森·阿克利的信，1904 年 7 月 8 日，收录于卡尔·伊森·阿克利文件集 6 号文件盒 2 号文件夹。（CEAP–RR，6.2）
97. 威廉·阿兰森·布莱恩写给卡尔·伊森·阿克利的信，1904 年 7 月 8 日，收录于卡尔·伊森·阿克利文件集 6 号文件盒 2 号文件夹。（CEAP–RR，6.2）
98. 博德瑞 – 桑德斯，《对非洲的迷恋》，第 75 页、第 86 页、第 98 页。
99. 沃德，《亨利·奥古斯塔·沃德》，第 284 页。
100. 罗伯特·亨利·洛克威尔，《我成为一名猎人的方式》，（纽约：诺顿出版社，1955 年），第 30 页。
101. 《卡内基博物馆馆长年度报告，截至 1907 年 3 月 31 日》（匹兹堡：默多克 – 克尔出版社，1907 年），第 10 页。
102. 肯尼斯·卡罗尔·帕克斯，“纪念沃尔特·埃德蒙德·克莱德·托德”，《海雀》卷 87 第 4 期（1987 年 10 月）；威廉·雅各布·霍兰德，《1900 年卡内基博物馆馆长年度报告》，第 10 页。

103. 这里的剔洁（Beaming）是指将兽皮平放在横梁（beam）上，刮去其表皮层的过程。

104. 雷米·桑滕斯写给致威廉·雅各布·霍兰德的信，1906 年 11 月 10 日，收录于威廉·雅各布·霍兰德文件集，卡内基博物馆档案馆。在酸洗过程中使用硫酸是为了降低兽皮的 pH 值，而使用盐则是防止酸使兽皮肿胀。

105. 雷米·桑滕斯写给致威廉·雅各布·霍兰德的信，1906 年 11 月 10 日，收录于威廉·雅各布·霍兰德文件集，卡内基博物馆档案馆。

106. 沃尔特·埃德蒙德·克莱德·托德写给威廉·雅各布·霍兰德的信，1907 年 1 月 5 日，收录于威廉·雅各布·霍兰德文件集，卡内基博物馆档案馆。

107. 《卡内基博物馆馆长年度报告，截至 1908 年 3 月 31 日》（匹兹堡，1908 年），第 11 页。

108. 卡尔·伊森·阿克利，"卡尔·阿克利的演讲"，载于《西奥多·罗斯福：1919 年 2 月 9 日在世纪协会之前发表的纪念演讲》（纽约：世纪协会出版，1919 年），第 62 页；托马斯·贺伯特，《西奥多·罗斯福：典型美国人——他的生活于工作：爱国者、演说家、历史学家、狩猎运动员、士兵、政治家和总统》。（L. H. 沃尔特出版，1919 年），第 314 页；"女子杀死了大象"，《华盛顿邮报》，1907 年 2 月 12 日，第 13 页。

109. "菲尔德自然博物馆计划为新的丛林标本建造展馆"，《芝加哥每日论坛报》，1907 年 1 月 30 日，第 4 页；"一女子一枪击毙大象"，《芝加哥每日论坛报》，1907 年 2 月 10 日，第 3 页。

110. "一女子一枪击毙大象"，第 3 页。

111. 博德瑞 - 桑德斯，《对非洲的迷恋》，第 100–102 页。

112. 卡尔·伊森·阿克利，"伊利诺伊州鸟类展览计划大纲"，收录于卡尔·伊森·阿克利文件集（CEAP–RR）。

113. 博德瑞 - 桑德斯，《对非洲的迷恋》，第 100–102 页。

114. 《美国博物馆协会会议记录》，第 1 卷，收录于《1907 年 6 月 4 日至 6 日卡内基学会旗下博物馆举行的会议的记录》（匹兹堡：美国博物馆协会出版，1908 年）。

115. 《美国博物馆协会会议记录》，第 2 卷，收录于《1908 年 5 月 5 日至 7 日在伊利诺伊州芝加哥举行的第三次年度会议的记录》（南卡罗来纳州查尔斯顿：美国博物馆协会出版，1908 年）。

116. 《美国博物馆协会会议记录》，第 2 卷，1908 年，第 57 页。

117. 《美国博物馆协会会议记录》，第 2 卷，1908 年，第 58 页。

118. 《芝加哥每日论坛报》，1907 年 10 月 9 日，第 6 页。

119. 《芝加哥论坛报》，1909 年 7 月 25 日，第 5 页。
120. 霍纳迪,《野生动物围捕》，第 311 页。
121. “科学的笔记和新闻”,《科学》，1909 年 9 月 3 日，第 305 页。
122. 帕勒・B. 佩特森,《当摄像机进入野外：制作早期野生动物和探险影片的历史（1895 ~ 1928 年）》（北卡罗来纳州杰斐逊：麦克法兰出版公司，2011 年），第 155 页。
123. 博德瑞 – 桑德斯,《对非洲的迷恋》，第 106 页。
124. 西奥多・罗斯福,《非洲游猎路线：一位美国猎人 – 博物学家在非洲的漫游记录》,（纽约：斯克里布纳之子公司，1910 年），399–404 页；博德瑞 – 桑德斯,《对非洲的迷恋》，124–127 页。
125. 阿克利,《在最明亮的非洲》，第 19 页。

第 5 章

1. 霍纳迪,《我们濒于绝迹的野生动物》，ix 页。
2. “沿着海底行进”,《华盛顿邮报》，1904 年 2 月 21 日，第 6 页。
3. “沿着海底行进”，第 6 页。
4. “深海怪兽”,《华盛顿邮报》，1904 年 3 月 13 日，B6 页。
5. 见弗雷德里克・奥古斯塔・卢卡斯,《博物馆标本群组的故事》，导览册系列，编号 53（纽约：美国自然历史博物馆出版，1921 年），第 20 页。
6. 卢卡斯,《博物馆工作五十年》，第 26 页。
7. “制作鲸鱼的铸模”,《华盛顿邮报》，1903 年 5 月 3 日，A7 页。
8. 引自弗雷德里克・W. 特鲁，“鲸鱼纸浆铸模展览”,《科学》卷 8 第 186 期（1898 年 7 月 22 日），第 109 页。
9. 《1882 年史密森尼学会董事会年度报告》,（华盛顿特区：美国政府出版局，1884 年），第 125 页。
10. 特鲁，“鲸鱼纸浆铸模展览”，第 109 页。
11. “大鲸鱼的制备工作”,《华盛顿邮报》，1903 年 8 月 16 日，E1 页。
12. “一辆鲸鱼专用的车”,《华盛顿邮报》，1904 年 3 月 13 日，E12 页。
13. 马克・本尼特编辑,《路易斯安那购地博览会历史：包括路易斯安那领土的历史，路易斯安那购地的故事，对世界各国家和地区参与这一大型博览会的全面记述，以及 1904 年圣路易斯世界博览会上的其他事件》（圣路易斯：通用博览会出版公司，1905 年），第 321–340 页。
14. 麦格拉思的话被引用于弗雷德里克・奥古斯塔・卢卡斯的“鲸鱼的消失”中，该文是《动物协会公报》的附刊，1908 年 7 月，第 446 页。
15. 卢卡斯，“鲸鱼的消失”，第 446 页。
16. 卢卡斯，“鲸鱼的消失”，第 448 页。
17. 查尔斯 · 哈斯金斯 · 汤森，“鲸鱼的命运”，《森林与溪流》，1908 年 8 月 8 日，第 2 页。
18. 查尔斯 · 哈斯金斯 · 汤森为“鲸鱼的消失”提供的编辑注释，该文是《动物协会公报》的附刊，1908 年 7 月，第 448 页。
19. 亨利 · 费尔菲尔德 · 奥斯本，“纽约动物园和水族馆”，《科学》卷 17 第 424 期（1903 年 2 月 13 日），第 265 页。
20. 汤森，“与鸟儿共度的旧时光”，第 224–232 页。
21. 《纽约时报》周日刊，“水族馆鱼儿的舒适之家”，1904 年 6 月 5 日，第 3 页。
22. “水族馆鱼儿的舒适之家”，第 3 页。
23. 《纽约时报》，“翻修水族馆”，1903 年 12 月 20 日，第 24 页。
24. “水族馆鱼儿的舒适之家”，第 3 页。
25. “水族馆鱼儿的舒适之家”，第 3 页。
26. 请参考查尔斯 · 汤森 1903 年的信件，纽约动物协会，编号 [98–001]。
27. “污水杀死了港口里的鱼”，《纽约时报》，1908 年 7 月 12 日，第 5 页。
28. “钓鱼爱好者严阵以待”，《纽约时报》，1908 年 3 月 22 日，S4 版。
29. “钓鱼爱好者严阵以待”，S4 版。
30. 查尔斯 · 汤森，“被圈养的海豚的寿命”，《科学》卷 43 第 1111 期（1916 年），534–535 页。
31. 查尔斯 · 汤森，“纽约水族馆的西印度僧海豹”，《森林与溪流》，1909 年 9 月 4 日，第 372 页。
32. 卢卡斯，《博物馆工作五十年》，第 28–29 页。
33. 弗雷德里克 · 奥古斯塔 · 卢卡斯，“群组标本的问题”，《博物馆新闻》，1909 年 4 月，第 97–98 页；卢卡斯，《博物馆工作五十年》，第 27 页。
34. 弗雷德里克 · 奥古斯塔 · 卢卡斯，《布鲁克林艺术与科学研究所的博物馆：关于博物馆的情况和进展的报告，截至 1905 年 12 月 31 日》（纽约：布鲁克林研究所，1906 年），第 12 页。
35. 卢卡斯，《布鲁克林研究所博物馆》，1905 年，第 12 页。
36. 弗雷德里克 · 奥古斯塔 · 卢卡斯，《博物馆新闻》，1905 年 11 月，第 46 页。
37. 《美国博物馆协会会议记录》，第 1 卷，第 73 页。
38. 卢卡斯发现绘制背景的成本不可能“低于 1500 美元”。卢卡斯，《布鲁克林研究所博物馆》，1905 年，第 73 页。

39. “科学期刊和文章”,《科学》，1905 年 11 月 10 日，第 596 页。
40. 《美国博物馆协会会议记录》，第 1 卷，第 70–71 页。
41. 《美国博物馆协会会议记录》，第 1 卷，第 72–73 页。
42. 《美国博物馆协会会议记录》，第 1 卷，73 页。
43. 卢卡斯在 1911 年 5 月 14 日的《纽约时报》上讲述了这件轶事，见“馆长弗雷德里克·奥古斯塔·卢卡斯谈他未来的工作”，第 9 页。有趣的是，在四年前，即 1907 年的美国博物馆协会的第二次会议上，卢卡斯所讲述的这个故事是另一种版本。见《美国博物馆协会会议记录》，第 1 卷，第 46 页。
44. 卢卡斯,《布鲁克林研究所博物馆》，1905 年，第 12–13 页。
45. 卢卡斯,《博物馆新闻》，1905 年 11 月，第 46 页。
46. “毛皮海狮顾问委员会的成立”,《华盛顿邮报》，1909 年 1 月 26 日，第 10 页。
47. 查尔斯·哈斯金斯·汤森,“1909 年毛皮海狮群的状况报告”，手稿，来自纽约水族馆馆长办公室的记录，7 号档案组，控制号 1009。
48. 库克帕特里克·多尔西,《环境保护外交的曙光》（西雅图：华盛顿大学出版社，1998 年），第 130 页；布施,《对抗海豹的战争》，95–98 页；卡尔·沃尔顿·肯扬和福特·威尔克,“北方海狗（学名：Callorhinus ursinus）的迁徙”,《哺乳动物学杂志》第 34 卷第 1 期（1953 年 2 月）：第 86–98 页。
49. 汤森,“1909 年毛皮海狮群的状况报告”。
50. 汤森,“1909 年毛皮海狮群的状况报告”。
51. 威廉·坦普尔·霍纳迪,《为野生动物而战的三十年》（纽约：斯克里布纳之子出版公司，1931 年，书籍收益将捐赠给永久野生动物保护基金），第 175 页。
52. “希望海豹得到保护”,《纽约时报》，1910 年 2 月 27 日，第 2 页。
53. 多尔西,《环境保护外交的曙光》，第 148 页。
54. 霍纳迪,《为野生动物而战的三十年》，第 173–177 页；“希望海豹得到保护”，第 2 页。
55. 弗雷德里克·奥古斯塔·卢卡斯,“普里比洛夫毛皮海狮的繁殖习性”，收录于《北太平洋毛皮海狮及毛皮海狮岛屿》（华盛顿特区：美国政府出版局，1899 年），第 53 页。
56. 多尔西,《环境保护外交的曙光》，第 151–152 页。
57. “为了种群，它们必须死,”《华盛顿邮报》，1910 年 6 月 30 日，第 5 页。
58. 威廉·坦普尔·霍纳迪写给查尔斯·内格尔的信，1910 年 5 月 18 日，它的副本作为“委员会致内格尔书信的展品 C”，被收录于亨利·伍德·艾略特的《向商务部支出委员会提交的关于阿拉斯加海狗种群的声明》（华盛顿特区：美国政府出版局，1913 年），第 65–66 页。

59. 霍纳迪,《为野生动物而战的三十年》，第 180 页。
60. “毛皮海狮政策遭受打击,”《洛杉矶时报》，1911 年 2 月 5 日，第 16 页；霍纳迪，《为野生动物而战的三十年》，第 180 页。
61. 汤森,“象海豹并未灭绝”，第 206 页。
62. 劳伦斯・马克汉・休伊,“北象海豹的过去和现状以及关于瓜达卢普岛毛皮海狮的注释”,《哺乳动物学杂志》，第 11 卷第 2 期（1930 年 5 月），第 188–194 页；查尔斯・哈斯金斯・汤森,“‘信天翁’号于 1911 年前往加利福尼亚湾的航行”,《美国自然历史博物馆公报》杂志第 35 卷（1916 年），第 405 页。
63. 汤森,“‘信天翁’号于 1911 年前往加利福尼亚湾的航行”，第 405 页，第 407 页；汤森,“象海豹并未灭绝”，第 207 页。
64. 汤森,“象海豹并未灭绝”，第 207 页。
65. 汤森,“‘信天翁’号于 1911 年前往加利福尼亚湾的航行”，第 405 页，第 407 页。
66. “新发现的象海豹”,《森林和流水杂志》，1911 年 4 月 29 日，第 652 页。
67. 汤森,“‘信天翁’号于 1911 年前往加利福尼亚湾的航行”，第 405 页，第 407 页。
68. 汤森,“‘信天翁’号于 1911 年前往加利福尼亚湾的航行”，第 405 页，第 407 页；汤森,“象海豹并未灭绝”，第 207 页。
69. 汤森,“‘信天翁’号的航行”，第 405 页、第 407 页。
70. “新发现的象海豹”，第 652 页。
71. 汤森,“‘信天翁’号的航行”，第 407 页。
72. 汤森,“象海豹并未灭绝”，第 207 页。
73. “科学家发现了传说中的象海豹及其他珍稀生物”,《纽约时报》周日刊，1911 年 8 月 13 日，第 8 页。
74. 汤森,“‘信天翁’号的航行”，第 405 页、第 407 页。
75. “象海豹展览”,《森林与溪流》杂志，1911 年 3 月 18 日，第 412 页。
76. “新发现的象海豹”，第 652 页。
77. 霍纳迪,《我们濒于绝迹的野生动物》，第 40 页。
78. 汤森,“象海豹并未灭绝”，第 207 页。
79. 霍纳迪,《我们濒于绝迹的野生动物》，第 40 页。
80. 汤森,“象海豹并未灭绝”，第 207 页。
81. 劳伦斯・马克汉・休伊,“北象海豹的过去和现状”，第 188–194 页。
82. 《1920 年美国自然历史博物馆董事会第五十二份年度报告》（纽约：美国自然历史博物馆出版，1921 年），第 52 页。
83. 《美国国际法》期刊第 6 卷增刊（纽约：贝克、沃里斯联合公司为国际法协会出版，1912），第 162–166 页。

84. 多尔西,《环境保护外交的曙光》,第 159 页。

85. 亨利·费尔菲尔德·奥斯本,"主席报告",收录于《1911 年美国自然历史博物馆董事会第四十三份年度报告》(纽约:美国自然历史博物馆出版,1912 年),第 27 页。

86. "卢卡斯博士担任博物馆馆长",《纽约时报》,1911 年 5 月 9 日,第 20 页。

87. "外国代表同美国代表在此谈判条约,共商太平洋哺乳动物保护计划",《纽约时报》,1911 年 5 月 11 日,第 14 页。

88. "签署海狗条约",《纽约时报》,1911 年 7 月 8 日,第 4 页。

89. 查尔斯·哈斯金斯·汤森"普里比洛夫海狗群及其数量增长前景",《科学》第 34 卷第 878 期(1911 年 10 月 27 日),第 569 页。

90. 多尔西,《环境保护外交的曙光》,第 162 页。《众多海洋动物学问题中的一类:北方海狗问题》,《科学月报》杂志第 9 卷第 3 期(1919 年 9 月),第 271 页。

91. 弗雷德里克·奥古斯塔·卢卡斯,"海狗群",《纽约时报》,1912 年 2 月 23 日,第 10 页。

92. "海狗屠杀者",《纽约时报》,1912 年 2 月 23 日,第 10 页。

93. 汤森,"普里比洛夫海狗群",第 568–570 页。

94. 马歇尔·麦克林,"讨论与通信:普里比洛夫海狗群",《科学》第 35 卷第 892 期(1912 年 2 月 2 日),第 183–184 页。

95. 查尔斯·哈斯金斯·汤森,"讨论与通信:普里比洛夫海狗群",《科学》第 35 卷第 896 期(1912 年 3 月 1 日),第 334–336 页。

96. 乔治·阿奇博尔德·克拉克,"讨论与通信:普里比洛夫海狗群",《科学》第 35 卷第 896 期(1912 年 3 月 1 日),第 336–338 页。

97. 弗雷德里克·奥古斯塔·卢卡斯,"海狗",《美国博物馆杂志》第 12 卷(1912 年),第 132–133 页。

98. 卢卡斯,"海狗",第 132–133 页。

99. 亨利·费尔菲尔德·奥斯本,"世界动物生命的保护",《美国博物馆杂志》第 12 卷(1912 年),第 124 页。

100. 威尔弗雷德·哈德森·奥斯古德、爱德华·亚历山大·普雷伯和乔治·霍华德·帕克,《1914 年的阿拉斯加普里比洛夫群岛上的海狗及其他生物》,收录于《渔业局公报》,第 34 卷(华盛顿特区:美国政府出版局,1914 年)。

101. 亨利·费尔菲尔德·奥斯本,《我们濒于绝迹的野生动物》前言,该书由威廉·坦普尔·霍纳迪写就(纽约:纽约动物协会,1912 年)。

102. 霍纳迪,《我们濒于绝迹的野生动物》,第 387 页。

103. 霍纳迪,《我们濒于绝迹的野生动物》,第 391 页。

104. 1921年，乔瑟夫·格林尼尔敦促科学型博物馆的馆长们将谨慎准确地做好他们所保管标本的保存工作作为一项伦理原则：

“许多脊椎动物物种正在消失，有些已经灭绝了。将来那些研究员只能依靠这个国家的博物馆中保存下来的相对比较符合真实情况的物种遗骸，以及它们的相关数据，来看出这些那时已灭绝的物种的特征了。”乔瑟夫·格林尼尔，“博物馆的良知”，《博物馆工作》第4卷（1921年），62–63页。

105. 阿尔贾·罗宾逊·克鲁克，“博物馆与保育运动”，载于《美国博物馆协会会议记录》第9卷，《1915年7月6日至9日在旧金山举行的第十届年度会议的记录》（南卡罗来纳州查尔斯顿：美国博物馆协会出版，1915年），93–95页。

106. 克鲁克，“博物馆与保育运动”。

107. 克鲁克，“博物馆与保育运动”。

第6章

1. 阿克利，《在最明亮的非洲》，第251页。
2. 阿克利，《在最明亮的非洲》，第252页。
3. “阿克利回来了，带回了大象丛林”，《芝加哥每日论坛报》，1911年11月10日，第1页。
4. 威廉·坦普尔·霍纳迪，“为枪支制造商保护猎物”，《纽约时报》，1911年12月20日，第12页。
5. 霍纳迪，《我们濒于绝迹的野生动物》。
6. 霍纳迪，《我们濒于绝迹的野生动物》，第14页。
7. 霍纳迪，《我们濒于绝迹的野生动物》，第381页。
8. “动物协会年度会议”，《森林与溪流》，1912年1月20日，第83页。
9. 阿克利，《在最光明的非洲》，第253页。
10. “阿克利回来了，带回了大象丛林”，《芝加哥每日论坛报》，1911年11月10日，第1页。
11. 阿克利，《在最光明的非洲》，第253页。
12. 阿克利，《在最光明的非洲》，第254页。
13. 阿克利，《在最光明的非洲》，第6页。
14. “即将展出罕见的霍加狓群组标本”，《纽约时报》，1911年3月13日，第3页。
15. 《卡内基博物馆馆长年度报告，截至1911年3月31日》（匹兹堡，1911年），第19页。
16. 霍纳迪，《野生动物围捕》，第310页。

17. 有关阿克利对于非洲展馆的计划的描述（除非另有说明）均摘自玛丽·辛西娅·迪克森的一篇长篇文章，“卡尔·伊森·阿克利策划新非洲馆的建设原则：在展览方式上掀起一场革命，昭示教育型博物馆未来的辉煌”，该文引用了阿克利自己的话，见《美国博物馆杂志》第 14 卷第 5 期（1914 年 5 月），第 180–187 页。
18. 来自美国自然历史博物馆阿克利和玛丽的文件集（CEAP–AMNH），档案微缩胶片 # 76，1–3 号箱。
19. 卡尔·伊森·阿克利在迪克森的《新非洲展馆》一文中的引语，第 180–182 页。
20. 弗雷德里克·奥古斯塔·卢卡斯，“一般性管理”，收录于《1912 年美国自然历史博物馆第四十四份年度报告》（纽约：美国自然历史博物馆出版，1913 年），第 38 页。
21. 卢卡斯，“一般性管理”，第 30–31 页。
22. 詹姆斯·利皮特·克拉克，《成功的狩猎：为美国自然历史博物馆采集及制备栖息地群组展品的五十年历程》（俄克拉荷马州诺曼：俄克拉荷马大学出版社，1966 年），第 49 页。
23. 1906 年 11 月 10 日，雷米·桑滕斯写给威廉·雅各布·霍兰德的信，来自威廉·雅各布·霍兰德的文件集（WJHP）。
24. 《美国博物馆协会会议记录》第 9 卷，《1915 年 7 月 6 日至 9 日在旧金山举行的第十届年度会议的记录》（南卡罗来纳州查尔斯顿：美国博物馆协会出版，1915 年），第 105 页。
25. 霍纳迪，《野生动物围捕》，第 310 页。
26. 亨利·费尔菲尔德·奥斯本，《1913 年美国自然历史博物馆第四十五份年度报告》（纽约：美国自然历史博物馆出版，1914 年），第 27 页。
27. 奥斯本，《1913 年美国自然历史博物馆第四十五份年度报告》，第 27 页。
28. 迪克森，“新非洲展馆”，第 180 页。关于非洲展馆历史的另一篇文章，请参见杰弗里·西奥多·海尔曼的《银行家、骨头与甲虫：美国自然历史博物馆的第一个世纪》（纽约花园城：美国自然历史博物馆自然历史出版，1969 年）。约瑟夫·华莱士有一篇关于阿克利非洲展馆的通俗易懂文章，可以在《奇观荟萃：美国自然历史博物馆的幕后故事》（纽约：圣马丁出版社，2000 年）中阅读到。
29. 迪克森，“新非洲展馆”，第 186 页。
30. 迪克森，“新非洲展馆”，第 186 页。
31. A.K. 克斯·希尔曼 – 史密斯与科林·皮特·格罗夫斯，“黑犀”，《哺乳类物种》第 445 期（1994 年 6 月 2 日）：1–8 页；科林·皮特·格罗夫斯，“白犀”，《哺乳类物种》，第 8 期（1972 年 6 月 16 日）：1–6 页。白犀牛比黑犀牛更喜欢群居生活，但阿克利可能没有观察到这个区别。阿克利去世后，他的助手詹姆斯·利皮特·克拉克完成了非洲馆的建造，在他的指导下，犀牛并没有成为中央地板设计的一部分，而是成了栖息地组之一，以家庭群组的形式对白犀牛进行了描绘。另一个变化是在大象群中加入了四个标本：一只年轻的公犀牛被放在母象前面，另一只在她左边，第三只放在她身后。第四只标本则被放置在老公象的右侧。遗憾的是，这些变化改变了阿克利原本的叙述意图。

32. 亨利·费尔菲尔德·奥斯本,《1916年美国自然博物馆第四十八份年度报告》(纽约：美国自然博物馆出版，1917年)，第27页。
33. 弗雷德里克·奥古斯塔·卢卡斯,《1917年美国自然博物馆第四十九份年度报告》(纽约：美国自然博物馆出版，1918年)，第46页。
34. 卢卡斯,《1917年美国自然博物馆第四十九份年度报告》，第46–47页。
35. 弗雷德里克·奥古斯塔·卢卡斯,《1921年美国自然博物馆第五十三份年度报告》(纽约：美国自然博物馆出版，1922年)，第31页。
36. “阿克利前往非洲”,《纽约时报》，1921年7月31日，第67页。
37. 卢卡斯,《1921年美国自然博物馆第五十三份年度报告》，第44页。
38. 弗朗西斯·D. 麦克马伦,“在青铜中展现生动的狩猎故事”,《纽约时报》，1926年3月28日，SM5版。
39. “阿克利前往非洲”，第67页。
40. “猎杀大猩猩的阿克利”,《纽约时报》，1921年7月18日，第8页。
41. “启航前往欧洲避暑”,《纽约时报》，1921年7月30日，第7页。
42. 玛丽·李·乔贝·阿克利,《卡尔·阿克利的非洲之旅：美国自然历史博物馆的阿克利–伊士曼–波默罗伊非洲馆远征队探险记》(纽约：多德、米德联合公司，1929年)，第222页。
43. 阿克利,《在最光明的非洲》，第264页。
44. 阿克利,《在最光明的非洲》，第265页。
45. 阿克利,《在最光明的非洲》，第265页。
46. 卡尔·伊森·阿克利,“大猩猩——现实的与虚构的”,《自然史》第23卷第5期(1923年)：第437页。
47. 玛丽·李·乔贝·阿克利,《卡尔·阿克利的非洲之旅》，第228页。
48. 玛丽·李·乔贝·阿克利,《卡尔·阿克利的非洲之旅》，第221–222页。
49. 威廉·詹宁斯·布莱恩,“上帝与进化”,《纽约时报》，1922年2月26日，第7版，第1页。奥斯本的回应请参见亨利·费尔菲尔德·奥斯本,“进化与宗教”,《纽约时报》，1922年3月5日，第7版，第2页、第14页。
50. 布莱恩,“上帝与进化”。
51. “阿克利的青铜猿像将立于教堂中”,《纽约时报》，1924年4月9日，第14页。

52. “阿克利的青铜猿像将立于教堂中”，第 14 页。
53. “阿克利的青铜猿像将立于教堂中”，第 14 页。
54. “约翰 · 苏丹，大猩猩，这里的酒店住客”,《纽约时报》，1924 年 4 月 7 日，第 13 页；“会喝茶会上学，‘几乎为人’的大猩猩”,《卫报》，2017 年 1 月 26 日。
55. “约翰 · 丹尼尔对进化论者嗤之以鼻”,《纽约时报》，1924 年 4 月 14 日，第 20 页。
56. “狮子是绅士——卡尔 · 阿克利如是说”,《纽约时报》，1924年4月28日，第10页。
57. 《正在消失的大猩猩》,《纽约时报》，1924 年 6 月 26 日，第 22 页。
58. 卡尔 · 伊森 · 阿克利，“有一颗心”,《导师》，1926 年 1 月，第 50 页。
59. 亨利 · 费尔菲尔德 · 奥斯本,《1925 年美国自然博物馆第五十七份年度报告》（纽约：美国自然博物馆，1926 年），第 19 页。
60. 乔治 · H. 舍伍德（代理馆长）,《1926 年美国自然博物馆第五十八份年度报告》（纽约：美国自然博物馆，1927 年），第 34 页。
61. 麦克马伦，“在青铜中展现生动的狩猎故事”，SM5 版。
62. 舍伍德（代理馆长）,《1926 年美国自然博物馆第五十八份年度报告》，第 34–35 页。
63. 保罗 · 杜夏卢,《赤道下的野生生物》（纽约：哈珀兄弟出版社，1869 年）。
64. 阿克利,《在最光明的非洲》，第 237–238 页。
65. 阿克利,《在最光明的非洲》，第 239 页。
66. 阿克利,《在最光明的非洲》，第 155 页。
67. 格雷格 · 米特曼,《胶卷中的大自然：美国与野生动物的电影羁绊》（马萨诸塞州剑桥：哈佛大学出版社，1999 年），第 26–31 页；吉奥夫 · 金，克莱尔 · 马洛伊与亚尼斯 · 齐奥马基斯,《美国独立电影：独立电影、独立好莱坞及其他电影相关产业》（伦敦：劳特利奇出版商，2013 年），第 167–168 页；博德瑞 – 桑德斯,《对非洲的迷恋》，第 211 页。
68. 阿克利,《在最光明的非洲》，第 265 页。
69. 阿克利,《在最光明的非洲》，第 263 页。
70. 阿克利,《在最光明的非洲》，第 263 页。
71. 罗伯特 · 亨利 · 洛克威尔,《我成为一名猎人的方式》，第 200 页。
72. 来自美国自然博物馆阿克利和玛丽的文件集（CEAP–AMNH），档案微缩胶片 # 76，1–3 号箱。
73. 麦尔斯 · 特纳,《我的塞伦盖蒂岁月：一位非洲狩猎监管员的回忆录》，纽约：W.W. 诺顿公司，1988 年，第 34a 页。
74. 洛克威尔,《我成为一名猎人的方式》，第 211 页。
75. 洛克威尔,《我成为一名猎人的方式》，第 211 页。

76. 关于阿克利设计蜡质植物方法的完整描述，请参阅劳伦斯·维尔·科尔曼的《蜡质植物：美国自然博物馆如何制作它们》，美国自然博物馆导览册系列第 54 篇（1928 年 2 月）：1–16 页。
77. 来自美国自然博物馆阿克利和玛丽的文件集（CEAP–AMNH），档案微缩胶片 # 76，1–3 号箱。
78. 洛克威尔,《我成为一名猎人的方式》，第 213 页、第 227 页。
79. 卡尔·伊森·阿克利写给亨利·费尔菲尔德·奥斯本的信，1925 年 10 月 7 日，来自美国自然博物馆阿克利和玛丽的文件集（CEAP–AMNH），档案微缩胶片 # 76，1–3 号箱。
80. 卡尔·伊森·阿克利写给亨利·费尔菲尔德·奥斯本的信，1925 年 10 月 7 日，来自美国自然博物馆阿克利和玛丽的文件集（CEAP–AMNH），档案微缩胶片 # 76，1–3 号箱。
81. 洛克威尔,《我成为一名猎人的方式》，第 215 页。
82. "阿克利和非洲展馆",《纽约时报》，1926 年 12 月 2 日，第 26 页。
83. 洛克威尔,《我成为一名猎人的方式》，第 221 页。
84. 博德瑞 – 桑德斯,《对非洲的迷恋》，第 243–244 页。
85. "遗体将留在非洲",《纽约时报》，1926 年 12 月 1 日，第 12 页。
86. 博德瑞 – 桑德斯,《对非洲的迷恋》，第 249–252 页。
87. 洛克威尔,《我成为一名猎人的方式》，第 263 页。
88. 威廉·罗宾逊·雷,《为非洲展馆的群组标本绘制背景》,《自然史》第 30 卷（1930 年）：第 575 页。
89. 威廉·罗宾逊·雷,《迷幻的边界：一位艺术家在非洲的冒险经历》纽约：西蒙与舒斯特出版公司，1938 年，第 32 页。
90. 洛克威尔,《我成为一名猎人的方式》，第 264 页。
91. 万德斯,《栖息地立体景观模型》，第 176 页。
92. 万德斯,《栖息地立体景观模型》，第 177 页。
93. 参观人数的数据见美国自然博物馆的网站：www.amnh.org.

结语

1. 1957 年，当时的美国国家博物馆首席标本剥制师威廉·L. 布朗拆解了霍纳迪的野牛群组标本时，在展品底座中发现了一个金属盒子，里面装着霍纳迪的文章"水牛的消失",(《大都会》杂志，1887 年 10 月刊)，霍纳迪在文章上写下了这样一段注释。同年，该组展品的五个标本全都被送到了蒙大拿大学。它们后来得到了修复，如今在蒙大拿州的本顿堡博物馆中心展出。

2. 提姆·法兰内利和彼得·舒登,《大自然的缺口:发现世界上已灭绝的动物》(纽约:大西洋月刊出版社,2001 年)。
3. 法兰内利和舒登,《大自然的缺口》。
4. 有关新展馆的完整描述,请参见凯瑟琳·M. 杜达,"重新聚焦北美野生动物",《卡内基杂志》第 62 卷第 1 期(1995 年 1 ~ 2 月):第 28 页。
5. 杜达,"重新聚焦北美野生动物"。
6. 凯瑟琳·霍克斯,"对于美国自然博物馆的阿克利非洲哺乳动物展馆、鸟类及哺乳动物样本的状况评估",保管员的报告(2003 年)。从作者处获得了一份副本。
7. 茱迪丝·莱文森和萨里·尤里切克,"记录文件:阿克利非洲哺乳动物展馆的保护状况调查",《物品专业组后刊》第 12 期(2005 年):39–61 页;格伦·柯林斯,"永垂不朽的大象,已故多时",《纽约时报》,2004 年 6 月 4 日。
8. 有关美国国家博物馆的贝林家族哺乳动物展厅的信息摘自《2003 年国家自然博物馆年报》中的"肯尼斯·贝林家族哺乳动物展厅",可在 http://www.mnh.si.edu 上获得。
9. 有关博物馆展览及其解释性作用的指导文献,请参考戴维·迪恩,《博物馆展览:理论与实践》(纽约:劳特利奇出版商,1994 年)。
10. "肯尼斯·贝林家族哺乳动物展厅"。有关贝林展厅标本制作项目的图片记录,请参见《从头到脚:史密森尼学会的标本剥制师翻新哺乳动物标本》,收录于《科学新知》,网址为 http://www.mnh.si.edu/museum/news/taxidermy。

参考资料与书目

手稿资料

AAMDP 博物馆馆长文集的亚历山大·阿加西兹部分，来自动物比较学博物馆档案馆、恩斯特·迈尔图书馆特藏部

CEAP-AMNH 卡尔·伊森·阿克利的文件和玛丽·李·乔贝·阿克利的文件，来自研究图书馆特藏部、美国自然博物馆

CEAP-RR 卡尔·伊森·阿克利的文件，来着拉什·瑞伊斯图书馆的手稿和特藏部、罗切斯特大学

CMNH 卡内基自然博物馆图书馆的手稿资料

FMNH 菲尔德自然博物馆研究和收藏图书馆的手稿资料

FSW 弗雷德里克·史密斯·韦伯斯特的传记档案，来自卡内基自然博物馆图书馆

HAWP 亨利·奥古斯塔·沃德的文件，来自拉什·瑞伊斯图书馆手稿和特藏部、罗切斯特大学

NYZS 纽约动物协会图书馆的手稿资料，及来自纽约水族馆的查尔斯·汤森的信件

RHS 雷米·亨利·桑滕斯的传记档案，来自卡内基自然博物馆图书馆

SIA 史密森尼学会档案馆的手稿资料

WJHP 威廉·雅各布·霍兰德的文件，来自卡内基自然博物馆图书馆

WTHP 威廉·坦普尔·霍纳迪的文件，来自国会图书馆

出版资料

移植非洲（Africa Transplanted）. 纽约时报（*Time*）.1936-06-01（52）.

卡尔·伊森·阿克利 . 卡尔·阿克利的演讲（Address of Carl E. Akeley）//

西奥多·罗斯福.西奥多·罗斯福：1919年2月9日在世纪协会之前发表的纪念演讲（*Theodore Roosevelt: Memorial Addresses Delivered Before the Century Association, February 9, 1919*）.纽约：世纪协会出版，1919.

——.大猩猩——现实的与虚构的（Gorillas—Real and Mythical）.自然史（*Natural History*），1923，23（5）：437.

——.有一颗心（Have a Heart）.导师（*The Mentor*），1926-01：50.

——.在最明亮的非洲：纪念版（*In Brightest Africa. Memorial edition*）.纽约：花园城出版社，1923.（引用于1930年）

玛丽·李·乔贝·阿克利.卡尔·阿克利的非洲之旅：美国自然历史博物馆的阿克利－伊士曼－波默罗伊非洲馆远征队探险记（*Carl Akeley's Africa: The Account of the Akeley-Eastman-Pomeroy African Hall Expedition of the American Museum of Natural History*）纽约：多德、米德联合公司，1929.

美国标本剥制师的展览（American Taxidermists' Exhibition）.森林与溪流（*Forest and Stream*），1883，20（14）：267.

玛丽·安妮·安德烈.意外成为保护主义者：威廉·坦普尔·霍纳迪、史密森尼学会的野牛考察队及美国国家动物园（The Accidental Conservationist: William T. Hornaday, the Smithsonian Bison Expeditions and the U.S. National Zoo）.奋进（*Endeavour*），2005，29（3）：109-113.

——.赋予填充的动物标本以生机：美国标本剥制师协会，1880 ~ 1885（Breathing New Life into Stuffed Animals': The Society of American Taxidermists, 1880 ~ 1885）.收藏品（*Collections*），2004，1（2）：155-201.

1882年史密森尼学会董事会年度报告（*Annual Report of the Board of Regents of the Smithsonian Institution for the Year 1882*）.华盛顿特区：美国政府出版局，1884.

1884年史密森尼学会董事会年度报告（*Annual Report of the Board of Regents of the Smithsonian Institution for the Year 1884*）.华盛顿特区：美国政府出版局，1885.

史密森尼学会指导下的美国国家博物馆的年度报告，截至1886年6月30日（*Annual Report of the Board of Regents of the Smithsonian Institution for the Year Ending June 30, 1886*）.华盛顿特区：美国政府出版局，1889.

1897 ~ 1898年菲尔德博物馆年度报告（*Annual Report of the Field Museum,*

for the Year 1897–1898）. 芝加哥，1898.

1898 ~ 1899 年菲尔德博物馆年度报告（*Annual Report of the Field Museum, for the Year 1898–1899*）. 芝加哥，1898.

托比 · A. 阿佩尔 . 科学，流行文化与收益：皮尔的费城博物馆（Science, Popular Culture and Profit: Peale's Philadelphia Museum）. 博物学书目志（*Journal of the Society for the Bibliography of Natural History*），1980，9：619–634.

约翰 · 詹姆斯 · 奥杜邦 . 美国鸟类：美国及其领土的鸟类图鉴，7 卷（*The Birds of America: From Drawings Made in the United States and Their Territories*, 7 vols）. 费城：约翰 · 鲍恩出版公司，1840–1844.

马克 · 巴罗 . 热爱鸟类：奥杜邦之后的美国鸟类学（*A Passion for Birds: American Ornithology after Audubon*）. 普林斯顿：普林斯顿大学出版社，1998.

——. 动物样本商人：美国镀金时代的自然史企业家（The Specimen Dealer: Entrepreneurial Natural History in America's Gilded Age）. 生物学史杂志（*Journal of the History of Biology*），2000，33: 493–534.

沃尔特 · L. 比斯利 . 用黏土塑造动物：标本剥制术的时代过去了（Modeling Animals in Clay: The Passing of Taxidermy）. 科学美国人（*Scientific American*），1904–06–25.

斯特凡 · 贝克特尔 . 霍纳迪先生的战争：一位不寻常的维多利亚时代的动物园饲养员是如何为野生动物孤军奋战，改变了世界（*Mr. Hornaday's War: How a Peculiar Victorian Zookeeper Waged a Lonely Crusade for Wildlife That Changed the World*）. 波士顿：灯塔出版社，2012.

趁还来得及（Before It Is Too Late）. 森林与溪流（*Forest and Stream*），1896–04–11：295.

马克 · 本尼特 . 路易斯安那购地博览会历史：包括路易斯安那领土的历史，路易斯安那购地的故事，对世界各国家和地区参与这一大型博览会的全面记述，以及 1904 年圣路易斯世界博览会上的其他事件（*History of the Louisiana Purchase Exposition: Comprising the History of the Louisiana Territory, the Story of the Louisiana Purchase and a Full Account of the Great Exposition, Embracing the Participation of the States and Nations of the World, and Other Events of the St. Louis World's Fair of 1904*）. 圣路易斯：通用博览会出版公司，1905.

玛克辛·本森.玛莎·麦克斯韦：落基山博物学家（*Martha Maxwell: Rocky Mountain Naturalist*）.林肯：内布拉斯加大学出版社，1986.

彭洛佩·博德瑞–桑德斯.对非洲的迷恋：卡尔·阿克利的生命与遗产：第2版（*African Obsession: The Life and Legacy of Carl Akeley*. 2nd ed）.佛罗里达州杰克逊维尔：巴塔克斯博物馆出版社，1998.

道格拉斯·布林克利.边疆的先知（Frontier Prophets）.奥杜邦杂志（*Audubon*），2010–11 ~ 12.

华盛顿的野牛（Buffalo for Washington）.森林与溪流（*Forest and Stream*），1888，30（13）.

威廉·A.布洛克.伦敦博物馆与万神殿展馆的配套指南（*A Companion to the London Museum and Pantherion*）.伦敦，1813.

布里顿·库珀·布施.对抗海豹的战争：北美捕猎海豹业史（*The War against the Seals: A History of the North American Seal Fishery*）.金斯顿：麦吉尔–皇后大学出版社，1985.

安德鲁·卡内基.环游世界（*Round the World*）.纽约：斯克里布纳之子公司，1884.

卡内基博物馆馆长年度报告，截至1901年3月31日（*The Carnegie Museum, Annual Report of the Director for the Year Ending March 31, 1901*）.匹兹堡：默多克–克尔出版社，1901.

卡内基博物馆馆长年度报告，截至1907年3月31日（*The Carnegie Museum, Annual Report of the Director for the Year Ending March 31, 1907*）.匹兹堡：默多克–克尔出版社，1907.

卡内基博物馆馆长年度报告，截至1908年3月31日（*The Carnegie Museum, Annual Report of the Director for the Year Ending March 31, 1908*）.匹兹堡：默多克–克尔出版社，1908.

卡内基博物馆馆长年度报告，截至1911年3月31日（*The Carnegie Museum, Annual Report of the Director for the Year Ending March 31, 1911*）.匹兹堡：默多克–克尔出版社，1911.

弗兰克·M.查普曼.一座火烈鸟城市：记录最近对一个鲜为人知的鸟类学领域的探索（A Flamingo City: Recording a Recent Exploration into a LittleKnown Field of Ornithology）.世纪杂志（*Century*），1904，69（2）：163–180.

乔治·阿奇博尔德·克拉克.讨论与通信：普里比洛夫海狗群（Discussion and Correspondence: The Pribilof Fur Seal Herd）.科学（*Science*），1912，35(896)：336–338.

詹姆斯·利皮特·克拉克.成功的狩猎：为美国自然博物馆采集及制备栖息地群组展品的五十年历程（*Good Hunting: Fifty Years of Collecting and Preparing Habitat Groups for the American Museum*）.俄克拉荷马州诺曼：俄克拉荷马大学出版社，1966.

劳伦斯·维尔·科尔曼.蜡质植物：美国自然博物馆如何制作它们（*Plants of Wax: How They Are Made in the American Museum of Natural History*）.美国自然历史博物馆导览册系列第54篇，1928–02（54）：1–16.

水族馆鱼儿的舒适之家（Comforts of Home for Aquarium Fishes）.纽约时报：周日刊（*New York Times Sunday Magazine*），1904–06–05：3.

史蒂芬·康恩.博物馆与美国的智识生活,1876 ~ 1926（*Museums and American Intellectual Life, 1876–1926*）.芝加哥：芝加哥大学出版社，1998.

埃利奥特·考斯.对于麦克斯韦女士的科罗拉多哺乳动物展览的评论（Notice of Mrs. Maxwell's Exhibit of Colorado Mammals）//玛丽·艾玛·达特·汤普森，玛莎·麦克斯韦.平原之上与山峰之间，或麦克斯韦女士如何制作她的自然历史收藏品（*On the Plains and Among the Peaks; or, How Mrs. Maxwell Made Her Natural History Collection*）.费城：克拉克斯顿、雷姆森与哈菲林格出版公司，1878.

阿尔贾·罗宾逊·克鲁克.博物馆与保育运动（The Museum and the Conservation Movement）//美国博物馆协会会议记录：第9卷，1915年7月6日至9日在旧金山举行的第十届年度会议的记录（*Proceedings of the American Association of Museums*, vol. 9, *Records of the Tenth Annual Meeting Held in San Francisco*）.南卡罗来纳州查尔斯顿：美国博物馆协会出版，1915：93–95.

斯坦利·彼得·丹斯.自然历史的艺术（The Art of Natural History）.纽约州伍德斯托克：俯瞰出版社（Overlook Press），1978.

戴维·迪恩.博物馆展览：理论与实践（Museum Exhibition: Theory and Practice）.纽约：劳特利奇出版商，1994.

鲁思文·迪恩.乔治·伯里特·森内特的野外笔记摘录（Extracts from the Field Notes of George B. Sennett）.海雀杂志（*The Auk*），1923–10：632.

道格拉斯 · P. 德马斯特，伊恩 · 格罗特 · 斯特林 . 北极熊（Ursus maritimus）. 哺乳类物种（*Mammalian Species*），1981–05–08（145）：1–7.

玛丽 · 辛西娅 · 迪克森 . 卡尔 · 伊森 · 阿克利策划新非洲馆的建设原则：在展览方式上掀起一场革命，昭示教育型博物馆未来的辉煌（The New African Hall Planned by Carl E. Akeley: Principles of Construction Which Strike a Revolution in Methods of Exhibition and Presage the Future Greatness of the Educational Museum）. 美国博物馆杂志（*American Museum Journal*），1914–05，14（5）.

詹姆斯 · 安德鲁 · 道尔夫 . 将野生动物带到数百万人面前：威廉 · 坦普尔 · 霍纳迪 1854 ~ 1896 年的早期岁月（*Bringing Wildlife to Millions: William Temple Hornaday; The Early Years, 1854–1896*）. 博士论文 . 阿默斯特：马萨诸塞大学出版社，1975.

库克帕特里克 · 多尔西 . 环境保护外交的曙光（*The Dawn of Conservation Diplomacy*）. 西雅图：华盛顿大学出版社，1998.

保罗 · 杜夏卢 . 赤道下的野生生物（*Wild Life under the Equator*）. 纽约：哈珀兄弟出版社，1869.

凯瑟琳 · M. 杜达 . 重新聚焦北美野生动物（A New Look at North American Wildlife）. 卡内基杂志（*Carnegie Magazine*），1995，62（1）：28.

威廉 · 杜彻 .1903 年美国鸟类学家联合会委员会关于保护北美鸟类的报告（Report of the A. O. U. Committee on the Protection of North American Birds for the Year 1903）. 海雀杂志（*The Auk*），1904–01：121–124.

亨利 · 伍德 · 艾略特 . 向商务部支出委员会提交的关于阿拉斯加海狗种群的声明（*A Statement Submitted in Re The Fur-Seal Herd of Alaska to the House Committee on the Expenditures in the Department of Commerce*）. 华盛顿特区：美国政府出版局，1913.

巴顿 · W. 埃弗曼 . 众多海洋动物学问题中的一类：北方海狗问题（The Northern Fur–Seal Problem as a Type of Many Problems of Marine Zoology）. 科学月报（*Scientific Monthly*），1919–09（3）：263–282.

科学家发现了传说中的象海豹及其他珍稀生物（Fabled Sea Elephant and Other Rare Creatures Found by Scientists）. 纽约时报：周日刊（*New York Times Sunday Magazine*），1911–08–13：8.

保罗 · 法伯 . 标本剥制术的发展与鸟类学的历史（The Development of

Taxidermy and the History of Ornithology). 伊西斯（*Isis*），1977，68（244）.

威廉·洛弗尔·芬利 . 加州神鹫生活史第二部分：历史数据和神鹫的分布范围（Life History of the California Condor Part II: Historical Data and Range of the Condor）. 秃鹰：西方鸟类学杂志（*The Condor: A Magazine of Western Ornithology*），1908-01 ~ 02，10（1）：5-10.

1880 ~ 1881 年美国动物标本剥制师协会首份年度报告（*The First Annual Report of the Society of American Taxidermists, 1880–81*）. 纽约罗切斯特:《民主党和纪事报》书刊印刷公司，1881.

第一届标本剥制师展览（The First Taxidermists' Exhibition）.《纽约论坛报》的来信（Correspondence of the *New York Tribune*），1880，再版于沃德自然科学公报（*Ward's Natural Science Bulletin*），1881-06-01：14.

提姆·法兰内利，彼得·舒登 . 大自然的缺口：发现世界上已灭绝的动物（*A Gap in Nature: Discovering the World's Extinct Animals*）. 纽约：大西洋月刊出版社，2001.

丹·弗洛雷斯 . 美国塞伦盖蒂：大平原上最后的大型动物（*American Serengeti: The Last Big Animals of the Great Plains*）. 堪萨斯州劳伦斯：堪萨斯大学出版社，2016.

托马斯·W. 弗雷纳 . 标本剥制师的展览（The Taxidermists' Exhibition）. 森林与溪流（*Forest and Stream*），1883-05-17，20（16）：305.

休·吉诺韦斯 . 博物馆藏品管理的哲学与伦理学（Philosophy and Ethics of Museum Collection Management）//1984 年 1 月 19 日至 25 日在加尔各答举行的热带环境中哺乳动物收藏管理研讨会会议记录（*Proceedings of the Workshop on Management of Mammal Collection in Tropical Environments, Held at Calcutta from 19th to 25th January*）. 印度动物调查局，1988.

标本剥制艺术的好坏之分（Good and Bad Taxidermal Art）. 科学美国人（*Scientific American*），1886-08-28，55（9）：129.

乔治·布朗·古德 . 史密森尼学会董事会年度报告及美国国家博物馆的年度报告，截至 1888 年 6 月 30 日（*Annual Report of the Board of Regents of the Smithsonian Institution, and Report of the U.S. National Museum for the Year Ending June 30, 1888*）. 华盛顿特区：美国政府出版局，1890.

——.1893 年美国国家博物馆年度报告（*United States National Museum*

Annual Report for 1893）. 华盛顿特区：美国政府出版局，1895.

乔瑟夫·格林尼尔 . 博物馆的良知（The Museum Conscience）. 博物馆工作（*Museum Work*），1921，4：62–63.

科林·皮特·格罗夫斯 . 白犀（Ceratotherium simum）. 哺乳类物种（*Mammalian Species*），1972–06–16（8）：1–6.

伊丽莎白·汉森 . 动物景点：美国动物园展示的大自然（*Animal Attractions: Nature on Display in American Zoos*）. 新泽西州普林斯顿：普林斯顿大学出版社，2002.

埃德·马伯尔·哈斯布罗克 . 象牙喙啄木鸟（学名：Campephilus principalis）的现状 [The Present Status of the Ivory–Billed Woodpecker（Campephilus principalis）]. 海雀杂志（*The Auk*），1891–04：184.

凯瑟琳·霍克斯 . 对于美国自然历史博物馆的阿克利非洲哺乳动物展馆、鸟类及哺乳动物样本的状况评估（Condition Assessment AMNH Akeley Hall of African Mammals, Bird and Mammal Specimens）. 保管员的报告（*Conservator's Report*），2003.

从头到脚：史密森尼学会的标本剥制师翻新哺乳动物标本（Head to Toe: Mammal Makeovers by Smithsonian Taxidermists）. 科学新知（*Science in the News*），网址为 http://www.mnh.si.edu/museum/news/taxidermy.

杰弗里·西奥多·海尔曼 . 银行家、骨头与甲虫：美国自然博物馆的第一个世纪（*Bankers, Bones and Beetles: The First Century of the American Museum of Natural History*）. 纽约花园城：美国自然博物馆，1969.

托马斯·贺伯特 . 西奥多·罗斯福：典型美国人——他的生活于工作：爱国者、演说家、历史学家、狩猎运动员、士兵、政治家和总统（*Theodore Roosevelt, Typical American: His Life and Work: Patriot, Orator, Historian, Sportsman, Soldier, Statesman and President*）.L. H. 沃尔特，1919：314.

约瑟夫·巴西特·霍尔德 . 约瑟夫·巴西特·霍尔德的讲话（Address of Dr. J. B. Holder）//1882 ~ 1883年美国动物标本剥制师协会第三份年度报告（*The Third Annual Report of the Society of American Taxidermists, 1882 ~ 1883*）. 纽约罗切斯特:《民主党和纪事报》书刊印刷公司，1883.

威廉·雅各布·霍兰德 . 卡内基博物馆馆长年度报告，截至 1898 年 3 月 31 日（*The Carnegie Museum, Annual Report of the Director for the Year Ending*

March 31, 1898）. 匹兹堡：默多克 – 克尔出版社，1898.

——. 卡内基博物馆馆长年度报告，截至 1900 年 3 月 31 日（*The Carnegie Museum, Annual Report of the Director for the Year Ending March 31, 1900*）. 匹兹堡：默多克 – 克尔出版社，1900.

威廉・坦普尔・霍纳迪 . 佛罗里达州的鳄鱼（The Crocodile in Florida）. 美国博物学家（*American Naturalist*），1875–09，9（9）：498–504.

——. 美洲野牛的灭绝（Extermination of the American Bison）// 史密森尼学会董事会年度报告，截至 1887 年 6 月 30 日（*Annual Report of the Board of Regents of the Smithsonian Institution for the Year Ending June 30, 1887*）. 华盛顿特区：美国政府出版局，1889.

——. 我们濒于绝迹的野生动物（*Our Vanishing Wild Life*）. 纽约：纽约动物协会，1912.

——. 水牛的消失：一（The Passing of the Buffalo–I）大都会杂志（*Cosmopolitan*），1887–10，4：91.

——. 标本剥制术和动物采集（*Taxidermy and Zoological Collecting*）. 纽约：克里布纳之子公司，1902.

——. 为野生动物而战的三十年（*Thirty Years War for Wildlife*）. 纽约：斯克里布纳之子出版公司，1931.

——. 丛林中的两年（*Two Years in the Jungle*）. 纽约：斯克里布纳之子公司，1886.

——. 野生动物围捕（*A Wild Animal Round-Up*）. 纽约：斯克里布纳之子公司，1925.

海伦・莱夫科维茨・霍洛维茨 . 国家动物园："避难城"还是动物园？（The National Zoological Park: "City of Refuge" or Zoo?）// 罗伯特・J. 霍奇，威廉・A. 戴斯 . 新世界新动物：19 世纪，从私人动物展到公共动物园（*New Worlds New Animals: From Menagerie to Zoological Park in the Nineteenth Century*），巴尔的摩：约翰・霍普金斯大学出版社，1996.

埃默森・霍夫 . 威斯康星州的麋鹿（Elk in Wisconsin）森林与溪流（*Forest and Stream*），1895–05–11：369.

劳伦斯・马克汉・休伊 . 北象海豹的过去和现状以及关于瓜达卢普岛毛皮海狮的注释（Past and Present Status of the Northern Elephant Seal with a Note on the Guadalupe Fur Seal). 哺乳动物学杂志（*Journal of Mammalogy*）. 1930–05，11（2）：188–194.

大卫 · 斯塔尔 · 乔丹 . 一个人的日子：一位博物学家，教师和民主政治小先知的回忆：第 1 卷（*The Days of a Man: Being Memories of a Naturalist, Teacher and Minor Prophet of Democracy*. Vol. 1）纽约：世界图书出版公司，1922.

肯尼斯 · 贝林家族哺乳动物展厅（Kenneth E. Behring Hall of Mammals）.2003 年国家自然历史博物馆年报（*National Museum of Natural History: Annual Report for 2003*）. 网址：http://www.mnh.si.edu.

卡尔 · 沃尔顿 · 肯扬，福特 · 威尔克 . 北方海狗的迁徙（Migration of the Northern Fur Seal）. 哺乳动物学杂志（*Callorhinus ursinus*），1953–02，34（1）：86–98.

A.K. 克斯 · 希尔曼 – 史密斯，科林 · 皮特 · 格罗夫斯 . 黑犀（*Diceros bicornis*）. 哺乳类物种（*Mammalian Species*），1994–06–02（445）：1–8.

吉奥夫 · 金，克莱尔 · 马洛伊，亚尼斯 · 齐奥马基斯 . 美国独立电影：独立电影、独立好莱坞及其他电影相关产业（*American Independent Cinema: Indie, Indiewood and Beyond*）. 伦敦：劳特利奇出版商，2013.

小弗农 · M. 基斯林 . 美国动物园的起源和直至 1899 年的发展（The Origin and Development of American Zoological Parks to 1899）// 罗伯特 · J. 霍奇，威廉 · A. 戴斯 . 新世界新动物：19 世纪，从私人动物展到公共动物园 . 巴尔的摩：约翰 · 霍普金斯大学出版社，1996.

罗伯特 · E. 科勒 . 万物：博物学家、收藏家和生物多样性：1850 ~ 1950 年（*All Creatures: Naturalists, Collectors, and Biodiversity 1850–1950*）. 普林斯顿：普林斯顿大学出版社，2006.

——. 亚种分类和生物调查，1850 年代至 1930 年代（*Subspecies Classification and Biological Survey, 1850s–1930s.*）普林斯顿：普林斯顿大学出版社，2006.

萨莉 · 格雷戈里 · 科尔斯泰德 . 亨利 · 奥古斯塔 · 沃德：商人博物学家和美国博物馆的发展（Henry A. Ward: The Merchant Naturalist and American Museum Development）. 博物学书目杂志（*Journal of the Society for the Bibliography of Natural History*），1980，9（4）：4.

萨莉 · 格雷戈里 · 科尔斯泰德，保罗 · 布林克曼 . 构建大自然：美国自然博物馆的成长期（Framing Nature: The Formative Years of Natural History Museum Development in the United States）. 加利福尼亚州科学院会议录（*Proceedings of the California Academy of Sciences*），2004–09–30，55（2）：7–33.

一场成功展览的最后一夜（The Last Night of a Successful Exhibition）. 罗切斯特民主党和纪事报（*Rochester Democrat and Chronicle*），1880–12–23，再版于沃德自然科学公报（*Ward's Natural Science Bulletin*），1881–06–01，1（1）.

威廉·罗宾逊·雷 . 迷幻的边界：一位艺术家在非洲的冒险经历（*Frontiers of Enchantment: An Artist's Adventures in Africa*）. 纽约：西蒙与舒斯特出版公司，1938.

——. 为非洲展馆的群组标本绘制背景（Painting the Backgrounds for the African Hall Groups）. 自然史（*Natural History*），1930，30：575.

茱迪丝·莱文森，萨里·尤里切克 . 记录文件：阿克利非洲哺乳动物展馆的保护状况调查（Documenting the Documents: The Conservation Survey of the Akeley Hall of African Mammals）. 物品专业组后刊（*Objects Specialty Group Postprints*），2005（12）：39–61.

小威廉·赞德尔·利迪克 . 沙漠啮齿动物亚种边界的性质及其对亚种分类学的影响（The Nature of the Subspecific Boundaries in a Desert Rodent and Its Implications for Subspecific Taxonomy）. 系统动物学（*Systematic Zoology*），1962，11：160–171.

弗雷德里克·奥古斯塔·卢卡斯 . 动物标本剥制师阿克利（Akeley as a Taxidermist）. 自然史（*Natural History*），1927，27：142–152.

——. 近期灭绝或面临灭绝威胁的动物在美国国家博物馆藏品中的体现（Animals Recently Extinct or Threatened with Extermination, as Represented in the Collections of the U.S. National Museum）. 史密森尼学会董事会年度报告，截至 1889 年 6 月 30 日（*Annual Report of the Board of Regents of the Smithsonian Institution for the Year Ending June 30, 1889*）. 华盛顿特区：美国政府出版局，1891.

——. 普里比洛夫毛皮海狮的繁殖习性（Breeding Habits of the Pribilof Fur Seal）. 北太平洋毛皮海狮及毛皮海狮岛屿（*The Fur Seals and Fur-Seal Islands of the North Pacific Ocean*）. 华盛顿特区：美国政府出版局，1899.

——. 芬克岛的远征，对大海雀的历史和解剖观察（The Expedition to Funk

Island, with Observations upon the History and Anatomy of the Great Auk).1888 年美国国家博物馆的报告（*Report of the U.S. National Museum for 1888*). 华盛顿特区：美国政府印刷局，1890.

——.1921 年美国自然博物馆第五十三份年度报告（*Fifty-Third Annual Report of the American Museum of Natural History for the Year 1921*). 纽约：美国自然博物馆出版，1922.

——. 博物馆工作五十年：自传、未经发表的论文及参考文献（*Fifty Years of Museum Work: Autobiography, Unpublished Papers, and Bibliography*). 纽约：美国自然博物馆，1933.

——.1911 年美国自然博物馆董事会第四十三份年度报告（*Forty-Third Annual Report of the Trustees of the American Museum of Natural History for the Year 1911*). 纽约：美国自然博物馆出版，1912.

——. 一般性管理（General Administration)//1912 年美国自然博物馆第四十四份年度报告（*Forty-Fourth Annual Report of the American Museum of Natural History for the Year 1912*). 纽约：美国自然博物馆出版，1913：30–38.

——.1917 年美国自然博物馆第四十九份年度报告（*Forty-Ninth Annual Report of the American Museum of Natural History for the Year 1917*). 纽约：美国自然博物馆出版，1918：45–50.

——. 海狗（The Fur Seal). 美国博物馆杂志（*American Museum Journal*). 1912，12：132–133.

——. 早期博物馆掠影（Glimpses of Early Museums). 自然史（*Natural History*)，1921-01 ~ 02.

——. 芒戈的制作（The Mounting of Mungo). 科学杂志（*Science*)，1886，7（193)：337–341.

——. 博物馆新闻（*Museum News*)，1905–11：46.

——. 布鲁克林艺术与科学研究所的博物馆：关于博物馆的情况和进展的报告，截至 1905 年 12 月 31 日（*Museums of the Brooklyn Institute of Arts and Sciences: Report upon the Condition and Progress of the Museums for the Year Ending December 31, 1905*). 纽约：布鲁克林研究所，1906.

——. 正式灭绝（Official Extermination). 森林与溪流（*Forest and Stream*)，1887，28：104.

——. 鲸鱼的消失（The Passing of the Whale）. 动物协会公报的附刊（*Supplement to the Zoological Society Bulletin*），1908–07.

——. 群组标本的问题（The Question of Groups）. 博物馆新闻（*Museum News*），1909–04：97–98.

——. 动物标本剥制的范围和需求（The Scope and Needs of Taxidermy）//1882 至 1883 年美国动物标本剥制师协会第三份年度报告（*The Third Annual Report of the Society of American Taxidermists*）. 纽约罗切斯特:《民主党和纪事报》书刊印刷公司，1883.

——. 博物馆标本群组的故事（The Story of Museum Groups）. 美国博物馆杂志（*American Museum Journal*），1914–01.

——. 博物馆标本群组的故事（*The Story of Museum Groups*）：导览册系列，编号 53. 纽约：美国自然博物馆出版，1921.

恩斯特 · 瓦尔特 · 迈尔 . 动物物种和进化（*Animal Species and Evolution*）. 马萨诸塞州剑桥：哈佛大学出版社的贝尔纳普出版社，1963.

爱德华 · H. 麦金利 . 非洲的诱惑：美国对热带非洲的兴趣，1919 ~ 1939 年（*The Lure of Africa: American Interests in Tropical Africa, 1919–1939*）. 印第安纳波利斯：鲍布斯 – 梅里尔出版公司，1974.

马歇尔 · 麦克林 . 讨论与通信：普里比洛夫海狗群（Discussion and Correspondence: The Pribilof Fur Seal Herd）. 科学（*Science*），1912–02–02，35（892）：183–184.

柯林顿 · 哈特 · 梅里厄姆 . 对于生物调查起源和早期时代的回顾（The Biological Survey—Origin and Early Days—A Retrospect）调查杂志（*Survey*），1933–03，16（3）：4.

格雷格 · 米特曼 . 胶卷中的大自然：美国与野生动物的电影羁绊（*Reel Nature: America's Romance with Wildlife on Film*）. 马萨诸塞州剑桥：哈佛大学出版社，1999.

米奎尔 · 莫利纳 . 关于韦罗兄弟的更多注释（More Notes on the Verreaux Brothers）// 普拉 . 博茨瓦纳非洲研究杂志（*Botswana Journal of African Studies*），2002，16：30–36.

博物馆笔记（Museum Notes）. 科学（*Science*），1903–05–29：873–874.

国家博物馆的野牛（The National Museum Buffalo）. 森林与溪流（*Forest*

and Stream），1877–03，28（6）：3.

笔记和新闻（Notes and News）. 海雀杂志（*The Auk*），1905，22：109.

林恩 · K. 尼雅特 . 现代自然：德国生物学观点的崛起（*Modern Nature: The Rise of the Biological Perspective in Germany*）. 芝加哥：芝加哥大学出版社，2009.

丹尼尔 · 霍斯勒 · 奥布莱恩 . 大平原野牛（*Great Plains Bison*）. 林肯：内布拉斯加大学出版社，2017.

亨利 · 费尔菲尔德 · 奥斯本 .1920 年美国自然博物馆董事会第五十二份年度报告（*Fifty-Second Annual Report of the American Museum of Natural History for the Year 1920*）. 纽约：美国自然博物馆出版，1921.

——.1925 年美国自然博物馆第五十七份年度报告（*Fifty-Seventh Annual Report of the American Museum of Natural History for the Year 1925*）. 纽约：美国自然博物馆，1926.

——. 威廉 · 坦普尔 · 霍纳迪 . 我们濒于绝迹的野生动物：前言，vii–viii 页（Foreword to *Our Vanishing Wild Life*, vii–viii）. 纽约：纽约动物协会，1912.

——.1916 年美国自然博物馆第四十八份年度报告（*Forty-Eighth Annual Report of the American Museum of Natural History for the Year 1916*）. 纽约：美国自然博物馆，1917.

——.1913 年美国自然博物馆第四十五份年度报告（*Forty-Fifth Annual Report of the American Museum of Natural History for the Year 1913*）. 纽约：美国自然博物馆，1914.

——. 纽约动物园和水族馆（The New York Zoological Park and Aquarium）. 科学（*Science*），1903–02–13，17（424）：265.

——. 北美野生动物的保护（Preservation of the Wild Animals of North America）// 布恩和克罗克特俱乐部发表的讲话（*Address before the Boone and Crockett Club*）. 华盛顿：布恩和克罗克特俱乐部私人印刷，1904.

——. 世界动物生命的保护（Preservation of the World's Animal Life）. 美国博物馆杂志（*American Museum Journal*），1912，12：124.

——. 主席报告（Report of the President）//1912 年美国自然历史博物馆董事会第四十四份年度报告（*Forty-Fourth Annual Report of the Trustees of the American Museum of Natural History for the Year 1912*）. 纽约：欧文出版社，

1913.

亨利·费尔菲尔德·奥斯本，哈罗德·埃尔默·安东尼.哺乳动物时代的终结（The Close of the Age of Mammals）.哺乳动物学杂志（*Journal of Mammalogy*），1922–11，3（4）：219–237.

威尔弗雷德·哈德森·奥斯古德，爱德华·亚历山大·普雷伯和乔治·霍华德·帕克.1914年的阿拉斯加普里比洛夫群岛上的海狗及其他生物（*The Fur Seals and Other Life of the Pribilof Islands*）// 渔业局公报：第34卷（*Bulletin of the Bureau of Fisheries*, vol. 34）.华盛顿特区：美国政府出版局，1914.

我们的百年纪念：第八封信（Our Centennial Letters—No. 8）.森林与溪流（*Forest and Stream*），1876–08–03：423.

我们的鸭嘴兽群组（Our Group of Ornithorhynchus）.沃德自然科学公报（*Ward's Natural Science Bulletin*），1883–04–01，2（2）：9.

我们的罗切斯特来信（Our Rochester Letter）.森林与溪流（*Forest and Stream*），1880–12–23：409.

肯尼斯·卡罗尔·帕克斯.纪念沃尔特·埃德蒙德·克莱德·托德（In Memoriam: Walter Edmond Clyde Todd）.海雀杂志（*The Auk*），1987–10，87（4）.

查尔斯·威尔逊·皮尔.查尔斯·威尔森·佩尔自传（The Autobiography of Charles Willson Peale）// 斯坦利·哈特，莉莲·米勒，西德尼·哈特，等.查尔斯·威尔逊·皮尔及其家族的论文选集：第5卷（Vol. 5 of *The Selected Papers of Charles Willson Peale and His Family*）.纽黑文：耶鲁大学出版社，史密森尼学会国家肖像画廊，2000.

帕勒·B. 佩特森.当摄像机进入野外：制作早期野生动物和探险影片的历史：1895 ~ 1928（*Cameras into the Wild: A History of Early Wildlife and Expedition Filmmaking*）.北卡罗来纳州杰斐逊：麦克法兰出版公司，2011.

美国博物馆协会会议记录：第1卷（Proceedings of the American Association of Museums. Vol. 1）//1907年6月4日至6日卡内基学会旗下博物馆举行的会议的记录（*Records of the Meeting Held at the Museum of the Carnegie Institute, June 4–6, 1907*）.匹兹堡：美国博物馆协会，1908.

美国博物馆协会会议记录：第2卷（Proceedings of the American Association of Museums. Vol. 2）//1908年5月5日至7日在伊利诺伊州芝加哥举行的第三次

年度会议的记录（*Records of the Third Annual Meeting Held at Chicago, Illinois, May 5–7, 1908*）. 南卡罗来纳州查尔斯顿：美国博物馆协会，1908.

美国博物馆协会会议记录：第 9 卷（Proceedings of the American Association of Museums. Vol. 9）//1915 年 7 月 6 日至 9 日在旧金山举行的第十届年度会议的记录（*Records of the Tenth Annual Meeting Held in San Francisco, July 6–9, 1915*）. 南卡罗来纳州查尔斯顿：美国博物馆协会出版，1915.

约翰 · F. 瑞格 . 美国狩猎运动员与物种保护起源：第三版（*American Sportsmen and the Origins of Conservation*. 3rd ed）. 科瓦利斯：俄勒冈州立大学出版社，2001.

史密森尼学会指导下的美国国家博物馆的年度报告，截至 1886 年 6 月 30 日（*Report of the U.S. National Museum under the Direction of the Smithsonian Institution for the Year Ending June 30, 1886*）. 华盛顿特区：美国政府出版局，1889.

史密森尼学会指导下的美国国家博物馆的年度报告，截至 1889 年 6 月 30 日（*Report of the U.S. National Museum under the Direction of the Smithsonian Institution for the Year Ending June 30, 1889*）. 华盛顿特区：美国政府出版局，1891.

史密森尼学会指导下的美国国家博物馆的年度报告，截至 1886 年 6 月 30 日（*Report upon the Condition and Progress of the U.S. National Museum during the Year Ending June 30, 1888*）. 华盛顿特区：美国政府出版局，1889.

标本剥制术的革命（Revolution in Taxidermy）. 纽约商业广告报（*New York Commercial Advertiser*），1883–05–03，再版于沃德自然科学公报（*Ward's Natural Science Bulletin*），1883–04–01，2（2）：16.

路易丝 · 伊丽莎白 · 罗宾斯 . 大象奴隶与被娇惯的鹦鹉：十八世纪巴黎的外来动物（*Elephant Slaves and Pampered Parrots: Exotic Animals in EighteenthCentury Paris*）. 巴尔的摩：约翰斯 · 霍普金斯大学出版社，2002.

罗伯特 · 亨利 · 洛克威尔 . 我成为一名猎人的方式（*My Way of Becoming a Hunter*）纽约：诺顿出版社，1955.

西奥多 · 罗斯福 . 非洲游猎路线：一位美国猎人——博物学家在非洲的漫游记录（*African Game Trails: An Account of the African Wanderings of an American Hunter-Naturalist*）. 纽约：斯克里布纳之子公司，1910.

劳拉·纽博尔德·伍德·罗珀.FLO：弗雷德里克·劳·奥姆斯特德的传记（*FLO: A Biography of Frederick Law Olmsted*）.巴尔的摩：约翰霍普金斯大学出版社，1983.

珍妮丝·C.萨科，杜安·A.施利特.阿拉伯信使的回归：19世纪北非沙漠中的戏剧（The Return of the Arab Courier: 19th–Century Drama in the North African Desert）.卡内基杂志（*Carnegie Magazine*），1994，62（2）：31–32，38–41.

科学期刊和文章（Scientific Journals and Articles）.科学（*Science*），1905–11–10：596.

科学的笔记和新闻（Scientific Notes and News）.科学（*Science*），1897–12–31：991.

科学的笔记和新闻（Scientific Notes and News）.科学（*Science*），1909–09–03：305.

1881 ~ 1882年美国动物标本剥制师协会第二份年度报告（*The Second Annual Report of the Society of American Taxidermists, 1881–1882*）.纽约罗切斯特：《民主党和纪事报》书刊印刷公司，1882.

乔治·H.舍伍德.1926年美国自然博物馆第五十八份年度报告（*Fifty-Eighth Annual Report of the American Museum of Natural History for the Year 1926*）.纽约：美国自然博物馆，1927.

——.美国自然史博物馆展馆通用导览（*General Guide to the Exhibition Halls of the American Museum of Natural History*）// 美国自然博物馆导览册系列第35篇（*Guide Leaflet Series of the American Museum of Natural History*, no. 35）.纽约：美国自然博物馆，1911.

罗伯特·威尔逊·薛斐尔.用于博物馆的科学标本剥制术（Scientific Taxidermy for Museums）// 美国国家博物馆的年度报告，截至1892年6月30日（*Report of the National Museum for the Year Ending June 30, 1892*）.华盛顿特区：美国政府出版局，1893.

第十六届美国鸟类学家联合会大会（Sixteenth Congress of the American Ornithologists' Union）.海雀杂志（*The Auk*），1899–01：54.

抓拍（Snap Shots）.户外生活杂志（*Journal of Outdoor Life*），1893–01–26：1.

美国标本剥制师协会（The Society of American Taxidermists）. 科学美国人（*Scientific American*），1883，48（20）：305.

标本剥制师协会（The Society of Taxidermists）. 沃德自然科学公报（*Ward's Natural Science Bulletin*），1883，2（1）：2.

苏珊 · 雷伊 · 斯塔尔 . 工艺与商品，混沌与超越：在标本剥制和自然历史的案例中，正确的工具如何变成了错误的工具（Craft vs. Commodity, Mess vs. Transcendence: How the Right Tool Became the Wrong One in the Case of Taxidermy and Natural History）// 阿黛尔 · 克拉克，琼 · 藤村秀子 . 工作中的正确工具：20 世纪生命科学中的工作（*The Right Tools for the Job: At Work in Twentieth-Century Life Sciences, ed*）. 普林斯顿：普林斯顿大学出版社，1992.

布伦特 · S. 斯图尔特，哈丽雅特 · R. 休伯 . 北象海豹（Mirounga angustirostris）. 哺乳类物种（*Mammalian Species*），1993,（449）449：1–10.

毁灭的故事（A Story of Destruction）. 森林与溪流（*Forest and Stream*），1888，31（10）：181.

《美国国际法》期刊第 6 卷增刊（Supplement to the *American Journal of International Law*. Vol. 6）. 纽约：贝克、沃里斯联合公司为国际法协会出版，1912.

标本剥制师的展览（The Taxidermists' Exhibition）. 沃德自然科学公报（*Ward's Natural Science Bulletin*），1883，2（2）：13.

在家里制作动物标本（Taxidermy at Home）. 沃德自然科学公报（*Ward's Natural Science Bulletin*），1883–01–01.

1882 ~ 1883 年美国动物标本剥制师协会第三份年度报告（*The Third Annual Report of the Society of American Taxidermists, 1882 ~ 1883*）. 纽约罗切斯特:《民主党和纪事报》书刊印刷公司，1883.

查尔斯 · 哈斯金斯 · 汤森 . 加利福尼亚的海之象（The California Sea-Elephant）. 森林与溪流（*Forest and Stream*），1887–01–13：485.

——. 讨论与通信：普里比洛夫海狗群（Discussion and Correspondence: The Pribilof Fur Seal Herd）. 科学（*Science*），1912，35（896）：334–336.

——. 象海豹并未灭绝（The Elephant Seal Not Extinct）. 世纪（*Century*），1912–06：205–211.

——. 被圈养的海豚的寿命（Endurance of the Porpoise in Captivity）. 科学

（*Science*），1916，43（1111）：534–535.

——. 鲸鱼的命运（The Fate of the Whale）. 森林与溪流（*Forest and Stream*），1908–08–08：2.

——. 纪念弗雷德里克·奥古斯塔·卢卡斯（In Memoriam: Frederic Augustus Lucas）. 海雀杂志（*The Auk*），1930，47：147–158.

——. 与鸟儿共度的旧时光：带两张肖像的自传（Old Times with the Birds: Autobiographical with Two Portraits）. 秃鹰杂志（*The Condor*），1927，29（5）：224–232.

——. 鲸鱼的消失（The Passing of the Whale）.《动物协会公报》附刊（*Supplement to the Zoological Society Bulletin*），1908–07：446.

——. 普里比洛夫海狗群及其数量增长前景（The Pribilof Fur Seal Herd and the Prospects for Its Increase）. 科学（*Science*），1911，34（878）：569.

——. 象海豹展览（Sea Elephants on Exhibition）. 森林与溪流（*Forest and Stream*），1911–03–18：412.

——. "信天翁"号于1911年前往加利福尼亚湾的航行（Voyage of the 'Albatross' to the Gulf of California in 1911）. 美国自然博物馆公报（*Bulletin of the American Museum of Natural History*），1916，35.

——. 纽约水族馆的西印度僧海豹（West Indian Seals at New York Aquarium）. 森林与溪流（*Forest and Stream*），1909–09–04：372.

查尔斯·哈斯金斯·汤森，乔治·阿奇博尔德·克拉克. 讨论与通信：普里比洛夫海狗群（Discussion and Correspondence: The Pribilof Fur Seal Herd）. 科学（*Science*），1912，35（896）：334–336.

弗雷德里克·W. 特鲁. 鲸鱼纸浆铸模展览（The Exhibition of Cetaceans by Papier Mach é Casts）. 科学（*Science*），1898，8（186）：109.

麦尔斯·特纳. 我的塞伦盖蒂岁月：一位非洲狩猎监管员的回忆录（*My Serengeti Years: The Memoirs of an African Game Warden*）. 纽约：W.W. 诺顿公司，1988.

约瑟夫·华莱士. 奇观荟萃：美国自然历史博物馆的幕后故事（*A Gathering of Wonders: Behind the Scenes at the American Museum of Natural History*）. 纽约：圣马丁出版社，2000.

罗斯维尔·豪厄尔·沃德. 亨利·奥古斯塔·沃德：美国博物馆建设者（*Henry A. Ward: Museum Builder to America*）纽约罗切斯特：罗切斯特历史学

会，1948.

弗雷德里克·史密斯·韦伯斯特 . 栖息地群组的诞生——写于他 95 岁时的回忆录（The Birth of Habitat Groups: Reminiscences Written in His Ninety Fifth Year）. 卡内基博物馆年度报告（*Annals of the Carnegie Museum*），1945，30.

——. 装饰性标本剥制（Taxidermy as a Decorative Art）. 1882 ~ 1883 年美国动物标本剥制师协会第三份年度报告（*The Third Annual Report of the Society of American Taxidermists*, 1882 ~ 1883）. 纽约罗切斯特:《民主党和纪事报》书刊印刷公司，1883.

威廉·莫顿·惠勒 . 卡尔·阿克利的早期工作与环境（Carl Akeley's Early Work and Environment）. 博物学（*Natural History*），1927，27（2）：133–141.

——. 密尔沃基公共博物馆董事会第七份年度报告，1889 年 10 月 1 日（*Seventh Annual Report of the Board of Trustees of the Public Museum of the City of Milwaukee, October 1, 1889*）. 密尔沃基：密尔沃基公共博物馆，1890.

斯蒂芬·L. 威廉姆斯，凯瑟琳·A. 霍克斯 . 近期哺乳动物标本所使用的制备材料的历史（History of the Preparation Materials Used for Recent Mammal Specimens）// 休·吉诺韦斯，克莱德·琼斯，奥尔加·L. 罗索里莫哺乳动物标本管理（*Mammal Collection Management*）. 拉伯克：得克萨斯理工大学，1987.

玛丽·皮卡德·温瑟 . 阿加西的博物馆观念：愿景与神话（Agassiz's Notions of a Museum: The Vision and the Myth）// 迈克尔·特南特·吉塞林，阿伦·E. 利维顿 . 博物学的文化与机构：科学的历史和哲学论文集（*Cultures and Institutions of Natural History: Essays in the History and Philosophy of Science*）. 旧金山：加利福尼亚科学院，2000：249–271.

卡伦·万德斯 . 栖息地立体景观模型：自然博物馆中的荒野幻觉（*Habitat Dioramas: Illusions of Wilderness in Museums of Natural History*）. 斯德哥尔摩：阿尔姆奎斯特与维克塞尔出版社，1993.

从一个狩猎运动员的角度来看世界博览会（The World's Exposition: From a Sportsman's Standpoint）. 森林与溪流（*Forest and Stream*），1885，24（4）：64.

动物协会年度会议（Zoological Society Annual Meeting）. 森林与溪流（*Forest and Stream*），1912–01–20：83.

索 引

注：页码后面有 f 代表的是图片。

J

K

L

W

X

Y

Z